审计案例

AUDITING CASES

九江学院管理学院《审计案例》编写组　编

东北财经大学出版社 | 大连
Dongbei University of Finance & Economics Press

图书在版编目（CIP）数据

审计案例 / 九江学院管理学院《审计案例》编写组编. —大连：东北财经大学出版社，2022.12

ISBN 978-7-5654-4734-1

Ⅰ. 审… Ⅱ. 九… Ⅲ. 审计-案例 Ⅳ. F239

中国版本图书馆CIP数据核字（2022）第248211号

东北财经大学出版社出版

（大连市黑石礁尖山街217号 邮政编码 116025）

网 址：http：//www.dufep.cn

读者信箱：dufep@dufe.edu.cn

大连东泰彩印技术开发有限公司印刷 东北财经大学出版社发行

幅面尺寸：185mm×260mm 字数：325千字 印张：15

2022年12月第1版 2022年12月第1次印刷

责任编辑：孙晓梅 责任校对：蔡 丽

封面设计：原 皓 版式设计：原 皓

定价：54.00元

教学支持 售后服务 联系电话：（0411）84710309

前言

在中国式现代化进程中，审计是实现国家治理体系和治理能力现代化的重要保障。审计专业人才是市场经济人才的重要组成部分，对我国经济社会发展起着至关重要的作用。为了适应经济社会发展对高级审计人才的需要，更好地培养高级应用型人才，探索职业岗位需求与专业课程教学有机结合的路径，我们在已经出版了《会计案例》的基础上，编写了这本《审计案例》。本教材以习近平总书记在全国高校思想政治工作会议上指出的“使各类课程与思想政治理论课同向同行，形成协同效应”为指导，将审计实务及专业课程教学的特点、思维方式和价值理念有机结合，深入挖掘审计课程的思政元素，以讲好“中国审计故事”为主线，突出审计执业过程中勤勉尽责的核心要求，并以“知识要点融合，综合素养提升”为特色来设计案例。

本教材所选案例均改编自我国资本市场中真实发生的案件，以近年来中国证监会披露的行政处罚案件为主，广泛涉及审计责任、内部控制、风险管理、专业胜任能力、职业判断等关键问题和难题，具有典型性和实用性。本教材由九江学院管理学院《审计案例》编写组编写，编写组主要成员有廖康礼、陈秋云、陈霞、戴卓、郭英、胡胜、胡淑娟、黄伟亚、任高飞、王玉勤、袁德利、张琴、卢凌、何文章、王秋红、刘婷、段春明。

本教材可以作为高等院校会计硕士、审计硕士教学用书，亦可作为会计、审计、财务管理等本科专业的教学辅导用书，实务界人员也可作为学习参考书。

本教材在编写过程中得到了众多学界专家和实务界人士的支持和帮助，再次向他们表示衷心感谢。

由于编者能力有限，本教材难免有疏漏和不足之处，恳请各位读者批评指正。

编　者

2022年10月

目录

案例1　信永中和与中国证监会之辩：关于审计责任的经典案例

案例正文

专业领域/方向

审计学

适用课程

审计理论与实务

编写目的

1.理解和掌握会计责任、审计责任、重要性、审计风险、职业谨慎、勤勉尽责等重要概念。

2.理解和掌握三包索赔费用、贴现费用、关联方交易等重要实务问题。

3.通过中国证监会的行政处罚决定加深对审计理论与实务关键问题的理解。

知识点

会计责任、审计责任、重要性、审计风险、职业谨慎、勤勉尽责

关键词

中国证监会、信永中和、登云股份、行政处罚

案例摘要

2017年12月6日，中国证监会发布了对信永中和会计师事务所（以下简称信永中和）的行政处罚决定书。信永中和为怀集登云汽配股份有限公司（以下简称登云股份）IPO（三年又一期）及2014年年报提供审计服务过程中违反依法制定的业务规则，在审计中未勤勉尽责，对登云股份2013年年报出具的审计报告存在虚假记载。在行政处罚决定书中，中国证监会对信永中和提出的申辩事项进行了答复，双方都体现出极高的专业水准，涉及会计师事务所和注册会计师执业过程中的诸多重要理论与实务问题。对本案例进行认真解读和扩展探索，有助于我们加深对审计准则、审计理论、审计实务、国家政策法规等的理解和掌握。

一、引言

2017年12月6日，中国证监会发布了对信永中和的行政处罚决定书，在资本市场引起了很大反响。信永中和的违法事实主要包括两个方面：一是信永中和在为登云股份IPO（三年又一期）及2014年年报提供审计服务过程中违反依法制定的业务规则；二是在审计中信永中和未勤勉尽责，对登云股份2013年年报出具的审计报告存在虚假记载。据此中国证监会对信永中和作出了责令改正、没收业务收入、没收违法所得、处以罚款的处罚，对涉案注册会计师给予警告和罚款。信永中和作为一家颇具声望的专业机构，在此前5年，从未登上中国证监会的处罚名录。根据2015年《国际会计公告》（International Accounting Bulletin）发布的国际会计师事务所排名，信永中和名列全球第19位。对这次处罚，审计机构不仅不服，而且和中国证监会展开了唇枪舌剑的长篇申辩，在中国证监会过去5年发布的财务造假处罚公示中，本案的申辩极为罕见。整个申辩过程冗长，仅从文字长度，就已是近5年之最。审计机构和监管层围绕上市公司的财务问题，罕见地进行高水平巅峰对决，双方均体现了极高的专业水准。审计机构专业范儿十足，但监管层也毫不示弱，面对挑战，毫不犹豫地亮剑出鞘。这次申辩被称为中国审计领域、财务领域最高水平的辩论，就像大学里的辩论赛，双方申辩文字尽显理性、逻辑缜密，但若细心品读，其实能感觉到背后十足的火药味。信永中和在申辩中提出“信永中和在行业里享有很高的声誉口碑，是行业的一面旗帜，是正能量的代表，请求在本案处理时考虑该情况”。如何看待专业机构在行业中的声誉口碑，成为值得探究思考的话题。

二、信永中和审计登云股份存在的问题分析

（一）案例背景

登云股份主营业务为汽车发动机进排气门系列产品的研发、生产与销售，于2014年2月19日在中小板上市。2015年10月20日，登云股份收到中国证监会的调查通知书。根据调查通知书，登云股份因IPO申请文件、上市后年报存在虚假记载、重大遗漏而被中国证监会责令改正，给予警告，并处以60万元罚款；同时，中国证监会拟对该公司时任董事及高管欧洪先、潘炜各处以30万元罚款及5年市场禁入，其余责任人被分别处以20万元至5万元不等的罚款。

经查，登云股份IPO申请文件中存在虚假记载、重大遗漏的违法事实，具体包括：2010年至2013年6月，登云股份存在部分三包索赔费、咨询服务费、会务费不入账，以及票据贴现费用不入账、提前确认收入等情形；未按规定披露关联方关系及交易；未有效执行资金内控制度，存在违规对外借款等情形。

（二）登云股份的造假情况

根据《中国证监会行政处罚决定书（怀集登云汽配股份有限公司、欧洪先、潘炜等26名责任人员）》（〔2017〕60号），登云股份主要存在以下违法事实：

1.登云股份首次公开发行股票并在中小板上市申请文件存在虚假记载、重大遗漏

（1）2010年至2013年6月，登云股份存在部分三包索赔费、咨询服务费、会务费

不入账，以及票据贴现费用不入账、提前确认收入等情形。

（2）未按规定披露关联方关系及关联方交易。

（3）未有效执行资金内控制度，存在违规对外借款等情形。

（4）招股说明书表决和签署情况。

2.登云股份上市后披露的定期报告中存在虚假记载、重大遗漏

（1）2013年年报存在虚假记载、重大遗漏。

（2）2014年年报存在虚假记载、重大遗漏。

（3）2015年第一季度报告少确认主营业务成本4 212 385.54元，导致第一季度财务报告由亏转盈。

3.其他情况

（1）2016年6月23日，登云股份向无锡市梁溪区人民法院就与一汽锡柴争议金额较大的三包索赔费用提起诉讼。2016年11月28日，无锡市梁溪区人民法院下发民事调解书，确认一汽锡柴退还登云股份三包索赔扣款270.75万元，一汽锡柴不得再以2011—2014年三包索赔款问题要求登云股份承担任何违约、补偿或赔偿责任。该退还金额占登云股份与一汽锡柴三包索赔款争议总额的23%。

（2）登云股份9位一致行动人及财务总监已签署承诺，如果在2017年12月31日之前，登云股份未能就上述三包索赔争议与客户达成谅解，并回收相关应收账款，对于争议金额较大的三包索赔款项（合计1 482万元），将以现金方式弥补登云股份的相关损失。

（三）信永中和的主要问题

根据《中国证监会行政处罚决定书（信永中和会计师事务所、郭晋龙、夏斌）》（〔2017〕101号），信永中和主要存在以下违法事实：

1.信永中和在为登云股份IPO（三年又一期）及2014年年报提供审计服务过程中违反依法制定的业务规则

（1）信永中和在审计过程中未对三包索赔费用予以充分关注，未充分追查函证回函差异、执行函证替代程序不充分等，导致函证程序失效。

登云股份2011—2013年的三包索赔费用存在巨幅波动：2011年较2010年大幅增长，2012年后又呈逐年明显下降趋势，特别是2013年上半年三包索赔费用仅为3.4万元。信永中和的审计工作底稿中未取得相应证据核实登云股份给出的解释。

三包索赔费用客户的回函存在以下问题：对于潍柴动力（潍坊）备品资源有限公司（以下简称潍柴备品）回函盖章不符的情况未作出有效解释；未充分追查广西玉柴机器股份有限公司（以下简称广西玉柴）、东风康明斯发动机有限公司（以下简称东风康明斯）函证回函差异；在未收到东风朝阳朝柴动力有限公司（以下简称东风朝柴）回函的情况下，执行函证替代程序不充分。

信永中和的上述行为违反了《中国注册会计师审计准则第1312号——函证》第十九条、第二十一条和《中国注册会计师审计准则问题解答第2号——函证》第四条第（一）款第5项的规定。

（2）未对登云股份与江苏申源特钢有限公司资金往来的性质持续保持应有的职业审

慎，从而未能发现登云股份少确认贴现费用的情形。

按照合同约定，登云股份向江苏申源特钢有限公司（以下简称申源特钢）以承兑汇票方式支付货款的金额不得超过总采购金额的70%。2013年1—6月，登云股份向申源特钢的采购金额为3 258.72万元（含税），登云股份实际向申源特钢支付的承兑汇票为3 926.01万元，超出合同约定可使用承兑汇票限额1 644.9万元；2014年，登云股份向申源特钢的采购金额为6 545.59万元（含税），登云股份实际向申源特钢支付的承兑汇票为10 030.06万元，超出合同约定可使用承兑汇票限额5 448.15万元。

信永中和的上述行为违反了《中国注册会计师审计准则第1101号——注册会计师的总体目标和审计工作的基本要求》第二十八条的规定。

（3）未对登云股份2013年6月的销售收入进行充分核查。

信永中和对登云股份2012年年报的审计工作中，登云股份美国子公司（以下简称美国登云）“主营业务收入”科目审计工作底稿部分，注册会计师抽凭范围包括“发票号码、装箱单、运单等单据是否齐全，装箱单、运单的型号数量与记账凭证是否一致，快递是否到达目的地，提货单是否齐全”；对登云股份2013年年报的审计工作中，美国登云“主营业务收入”科目审计工作底稿部分，注册会计师抽凭范围包括“与发票信息是否一致，提货单/快递单是否签字，单据是否齐全，发票号、订单号、装箱单号/快递单号”。信永中和仅抽查了2013年6月15日、6月21日美国登云业务“是否制作了装箱单、是否提供发票”两项内容，抽凭范围不恰当。

信永中和检查了登云股份对美国登云两笔业务的销售发票和发货清单，两批货物在登云股份登记的出具发票日期为2013年6月15日及6月16日，发货时间也为2013年6月15日及6月16日；而美国登云对Golden Engine Parts，Inc.的销售发票日期显示为2013年6月15日及6月21日。美国登云确认收入的时间与登云股份发货时间相差无几，明显不符合正常的海运周期。信永中和未对上述异常情况保持职业谨慎，未按规定对登云股份2013年6月末的销售收入进行充分核查。

信永中和的上述行为违反了《中国注册会计师审计准则第1301号——审计证据》第九条、第十三条的规定。

（4）在相关公司存在异常关联线索的情况下，未保持应有的职业审慎，未进行充分核查或者追加必要的审计程序。

信永中和工作底稿显示，山东旺特汽车零部件有限公司（以下简称山东旺特）原名为山东登云汽配销售有限公司（2011年7月13日更名），信永中和对此异常联系并未予以充分关注。信永中和在核查中发现，山东富达美汽车零件有限公司（以下简称山东富达美）接替两名自然人成为山东旺特唯一的法人股东，并未对山东富达美股东信息采取进一步核查措施。

信永中和获取登云股份管理层声明书和登云股份9名一致行动人出具的承诺书：截至2012年12月31日，本公司9名一致行动人均不存在对外投资企业情况，与其关系密切的家庭成员亦不存在与登云股份存在关联方关系的对外投资。经查，信永中和未获取登云股份副总经理王某枢出具的类似承诺书。

信永中和获取的美国律师出具的American Powertrain Components，Inc.（以下简称

APC公司）股权转让律师函显示，2010年1月10日，APC公司股东由王某枢、Charles John Wick变更为Bryan John Wick、Mei Fang Huang和Flora Deng。

信永中和收集的APC公司相关单据显示，该公司与登云股份存在以下异常联系：①APC公司装箱单的制作人与美国登云仓库的装箱单制作人相同；②APC公司装箱单上的联系地址、联系方式与美国登云相同；③APC公司客户Jasper公司开具给APC公司订单上的联系人为美国登云总经理；④登云股份时任副总经理王某枢2010年之前持有APC公司40%股权。信永中和未保持应有的职业谨慎，未对上述异常情况采取进一步恰当核查措施。

信永中和的上述行为违反了《中国注册会计师审计准则第1323号——关联方》第十六条的规定。

（5）报告签署情况。

信永中和对登云股份2010年年报、2011年年报、2012年年报、2013年半年报、2014年年报出具了无保留意见的审计报告，签字注册会计师为郭晋龙和夏斌。

2.信永中和未勤勉尽责，对登云股份2013年年报出具的审计报告存在虚假记载

信永中和未充分关注三包索赔费用的异常情况，未考虑三包索赔费用回函差异的影响，未进一步采取恰当核查措施，导致其未能发现登云股份三包索赔费用未入账的情况。登云股份2013年三包索赔费用未计入当年销售费用5 020 406.98元，其中信永中和因未勤勉尽责而未能发现的三包索赔费用为2 422 328.73元。

信永中和未对登云股份与申源特钢资金往来的性质持续保持应有的职业审慎，从而未能发现登云股份少确认贴现费用的情形。登云股份2013年贴现票据产生的利息未计提费用2 929 311.2元。

信永中和未保持应有的职业审慎，未对相关公司进行充分核查或者追加必要的审计程序，导致2013年未能发现山东旺特、山东富达美、广州富匡全贸易有限公司（以下简称广州富匡全）、肇庆市达美汽车零件有限公司（以下简称肇庆达美）、APC公司等与登云股份的关联方关系及关联方交易。

信永中和对登云股份2013年年报出具了无保留意见的审计报告。

（四）中国证监会对信永中和的处罚情况

信永中和在为登云股份IPO及2014年年报提供审计服务过程中违反依法制定的业务规则，构成《中华人民共和国证券法》（以下简称《证券法》，这里指2014年《证券法》）第二百二十六条第三款所述“证券服务机构违反本法规定或者依法制定的业务规则”的行为。根据当事人违法行为的事实、性质、情节与社会危害程度，依据2014年《证券法》第二百二十六条第三款的规定，我会决定：责令信永中和改正，没收违法所得188万元，并处以188万元罚款。

信永中和未勤勉尽责，出具的登云股份2013年审计报告存在虚假记载，构成2014年《证券法》第二百二十三条所述“证券服务机构未勤勉尽责，所制作、出具的文件有虚假记载”的行为，郭晋龙、夏斌是直接负责的主管人员。根据当事人违法行为的事实、性质、情节与社会危害程度，依据2014年《证券法》第二百二十三条的规定，我会决定：责令信永中和改正，没收业务收入32万元，并处以32万元罚款；对郭晋龙、

夏斌给予警告，并分别处以5万元罚款。

三、信永中和与中国证监会的经典之辩

（一）关于审计责任的划分

1.信永中和

信永中和履行了勤勉尽责义务，不违反法律规定或依法制定的业务规则，不应对登云股份的虚假陈述行为承担责任。信永中和已根据审计准则要求执行审计程序，基于审计存在的固有限制，对于未能发现的故意舞弊行为，信永中和不应承担责任。

2.中国证监会

信永中和未对三包索赔费用予以充分关注，未充分追查函证回函差异、执行函证替代程序不充分，未对登云股份与申源特钢资金往来的性质持续保持应有的职业审慎，未对登云股份部分销售收入进行充分核查，在相关公司存在异常关联线索的情况下，未保持应有的职业审慎，未进行充分核查或者追加必要的审计程序。上述行为均属违反审计准则的行为，构成“未勤勉尽责”。

我会在作出行政处罚决定时，已考虑了审计的固有限制，我会评判注册会计师工作的标准是注册会计师是否按照审计准则的规定，恰当地计划和执行了审计工作，而非要求注册会计师对审计对象的财务报表提供绝对保证。因此，对此项申辩意见不予采纳。

（二）审计的“合理保证”与“绝对保证”

1.信永中和

会计师事务所的审计责任不同于会计责任，会计师事务所根据审计准则要求恰当地运用“重要性概念”，对财务报表整体是否不存在由于舞弊或错误导致的重大错报获取“合理保证”，既符合审计准则要求，亦应被认为履行了勤勉尽责义务。

2.中国证监会

我会严格按照2014年《证券法》等法律法规及中国注册会计师执业准则、规则等相关规定，认定会计师事务所及其签字注册会计师的违法责任，并区分上市公司的会计责任与注册会计师的审计责任。

登云股份财务造假的会计责任与注册会计师的审计责任是相互独立的，我会追究注册会计师行政责任的依据并非登云股份的财务造假行为，而是注册会计师在执业过程中违反了业务规则、未勤勉尽责、出具的文件存在虚假记载的行为。对此项申辩意见不予采纳。

（三）三包索赔费用、贴现费用、关联方交易等审计实务

1.信永中和

《中国证监会行政处罚决定书（信永中和会计师事务所、郭晋龙、夏斌）》（以下简称处罚决定书）指责信永中和在为登云股份IPO及2014年年报提供审计服务过程中违反依法制定的业务规则，没有事实和法律依据，不能成立；登云股份2010年年报本身不存在错报问题，信永中和不应承担审计责任；登云股份2011年年报的错报问题仅涉及一汽解放汽车有限公司无锡柴油机厂的未入账三包索赔费用，信永中和对此客户的函

证程序不存在违反业务规则的情况，不应承担审计责任。信永中和在为登云股份2013年年报提供审计服务过程中，勤勉尽责地履行了审计职责，对于登云股份2013年年报虚假记载不承担责任。

（1）关于三包索赔费用问题。信永中和对三包索赔费用进行了审慎核查，充分关注了登云股份三包索赔费用的波动情况；对潍柴备品、广西玉柴、东风康明斯、东风朝柴等四家主机厂执行的函证程序符合审计准则规定；处罚决定书对2013年未入账三包索赔费用502万元认定错误；登云股份账外存在的三包索赔费用属于未决争议，处罚决定书直接将未入账发票金额认定为应入账而未入账的金额，没有事实和法律依据；登云股份刻意隐瞒存在争议的三包索赔事项，调查人员是通过行政执法手段予以发现的，而注册会计师即使穷尽所有手段也难以查出；调查人员在工作中存在不恰当行为。

（2）关于登云股份少确认贴现费用事宜。信永中和对申源特钢执行了有效的审计程序，保持了应有的职业怀疑，已履行勤勉尽责义务。票据贴现费用实际由申源特钢承担，处罚决定书认定登云股份少确认贴现费用没有事实和法律依据。

（3）关于关联方问题。信永中和已经保持了应有的职业审慎，对登云股份的关联方关系及交易实施了充分的审计程序，履行了勤勉尽责义务。登云股份时任董事兼总经理欧某先未参与广州富匡全、肇庆达美、山东富达美、山东旺特的实际经营，未对上述四家公司形成实际控制，根据实质重于形式原则，应当认定登云股份与上述四家公司不存在关联方关系；信永中和已经注意到存在“异常联系”的山东旺特并对此进行充分核实，已经获得合理解释，并未发现关联方关系；美国登云通过APC公司向客户Jasper公司销售产品，是为了满足Jasper公司对少数族裔采购以享受税收优惠的要求，不能认定APC公司是登云股份的关联方。信永中和的行为并不违反《中国注册会计师审计准则第1323号——关联方》第十条的规定。即使信永中和未识别出上述公司构成登云股份关联方，所导致的未能发现的关联方交易金额在历年收入中的占比也极低，不影响财务报表的可信赖程度，注册会计师未能发现并不违反审计准则，不构成未勤勉尽责。

（4）即使认为信永中和对登云股份的IPO审计程序存在瑕疵，所导致的未能发现的累计错报也极小，远未达到重要性水平，不构成重大错报。会计师事务所即使未能发现，也不违反审计准则，不构成未勤勉尽责。

2.中国证监会

（1）关于三包索赔费用问题。

①三包索赔费用问题涉及登云股份的销售及回款，直接关系到登云股份的应收账款金额及利润，信永中和虽然对三包索赔费用的波动情况予以关注，但分析程序对三包索赔费用2011年大幅增长、2012年至2013年6月末又大幅下降的分析性描述没有提供相应的客观证据支持，也没有采取进一步审计程序。

②关于潍柴备品、广西玉柴、东风康明斯、东风朝柴等四家主机厂函证的情况：第一，潍柴备品的询证函由潍柴动力（潍坊）集约配送有限公司（以下简称潍柴配送）盖章后寄回。根据潍柴配送《集约配送关于登云股份的资料说明》，潍柴配送知悉潍柴备品各年采购的产品详细型号、数量，不知悉潍柴备品各年采购的准确金额、各年准确的

销售退回金额、各年准确的三包索赔金额、潍柴备品各年年末与登云股份准确的往来余额。因此，当事人关于潍柴备品的询证函可以由潍柴配送盖章后寄回的解释不具有合理性，也没有证据支持。第二，2013年广西玉柴的询证函回函差异1 370 770.53元，登云股份向信永中和提供了8张金额相似的发票，解释差异原因为双方入账时间不一致造成的，但是信永中和收到发票后并没有对发票内容和差额进行核实，对造成函证差异的真实原因没有实施进一步审计程序。第三，对东风康明斯回函应收账款中未查明差异原因的金额，注册会计师以占应收账款回函金额的比例较小，且低于重要性水平为由，未做进一步追查。三包索赔费用问题直接关系到登云股份的应收账款金额及利润，注册会计师应当考虑其性质对利润的影响，仅以回函差异金额低于重要性水平金额而未做进一步追查的解释不能成立。第四，抽查发票等替代程序只能验证已经入账部分财务事项的真实性，并不能发现未入账的财务费用，信永中和在未收到东风朝柴2012年、2013年半年度回函的情况下，执行的函证替代程序不充分。

③处罚决定书中表述的“登云股份2013年三包索赔费未计入当年销售费用5 020 406.98元”事实准确，5 020 406.98元是2013年登云股份未计入销售费用的三包索赔费金额，其中当年注册会计师审计中因未勤勉尽责而未能发现的三包索赔费用为2 422 328.73元。

④登云股份于2016年6月向人民法院对某客户争议金额较大的三包索赔费提起诉讼，2016年11月人民法院下发民事调解书。诉讼时间明显晚于信永中和实施审计行为、为登云股份出具审计报告的时间，民事调解是双方事后对债权债务达成新的认识，对认定信永中和在执业当时是否违反业务规则、是否勤勉尽责、出具的文件是否存在虚假记载、是否应承担审计责任没有影响。

⑤信永中和辩称登云股份故意隐瞒三包索赔费用未入账的事实，通过正常审计程序无法发现，只有通过行政执法手段才得以发现。我会认为，登云股份确有隐瞒三包索赔费用的情节，我们在对中介机构处罚时已充分考虑到该情节，但信永中和在审计过程中确实存在未对三包索赔费用予以充分关注、未充分追查函证回函差异、执行函证替代程序不充分等违反业务规则、未勤勉尽责的问题。我会并非苛求信永中和在审计过程中发现登云股份财务报表的全部问题，而是要求其在审计过程中遵守相关业务规则，审计程序到位，勤勉尽责，出具的文件不存在虚假记载。

⑥调查人员给潍柴动力打电话问询问题核实情况是调查人员的调查方式之一，现有证据未发现调查人员存在不当行为，信永中和也未提出相关证据。

综上，对此项申辩意见不予采纳。

（2）关于贴现费用问题。

①按照合同约定，登云股份向申源特钢以承兑汇票方式支付货款的金额不得超过总采购金额的70%，而登云股份2013年1—6月及2014年向申源特钢支付的承兑汇票均超过采购金额的100%，注册会计师对该异常情况未充分关注。注册会计师对登云股份与申源特钢的采购业务真实性进行了核查，函证往来余额无误，但注册会计师未对登云股份支付给申源特钢的非采购款的性质、背景等予以充分关注，登云股份与申源特钢之间的业务有融资性质，而注册会计师对贴现费用的承担主体问题没有予以充分关注。

②登云股份与申源特钢于2016年5月28日签署了承兑汇票贴现利息承担协议，最终由申源特钢承担了涉及双方2013—2014年期间业务的全部票据贴现费用，协议签署时间明显晚于信永中和履行审计责任、为登云股份出具审计报告的时间，是双方事后对债权债务达成新的认识，对认定信永中和在执业当时是否违反业务规则、是否勤勉尽责、出具的文件是否存在虚假记载、是否应承担审计责任没有影响。

综上，对此项申辩意见不予采纳。

（3）对于关联方关系的审计，重点是关注和识别有关主体是否构成关联方关系。对关联方的界定，根据《中国注册会计师审计准则第1323号——关联方》第九条、第二十九条以及《公开发行证券的公司信息披露编报规则第15号——财务报告的一般规定》第二条、第五十一条、第五十二条和《企业会计准则第36号——关联方披露》第三条、第四条第（十）项的规定进行判断。

①本案中，从相关企业的股权结构上看，2010年8月至2013年2月（处于登云股份IPO报告期内），登云股份时任董事兼总经理欧某先客观上对处罚决定书认定的广州富匡全、肇庆达美、山东富达美、山东旺特能够实施直接或间接控制。当事人辩称，欧某先未参与上述公司的实际经营，根据实质重于形式的原则并未对上述公司实施实际控制。我会认为，欧某先的持股事实足以能够客观、直观地反映其对上述公司的实际控制，当事人辩称的"未参与实际经营"没有客观证据支持。

②当事人辩称，其在审计过程中已经注意到山东旺特曾用名为"山东登云汽配销售有限公司"，并就此向公司财务总监进行询问，核查了登云股份与山东旺特签署的代理协议，对山东旺特进行了实地走访，此外还通过查询山东旺特的工商档案发现其股东为山东富达美，但即使对山东富达美的股权情况再进行核查，也只能获悉其股东为肇庆达美、段某魁和景某东，无法发现其与登云股份的关系。我会认为，只有通过全面了解股权结构，才能够直接、客观地识别出关联方关系，访谈和走访等方式可以作为辅助调查方式，但只有全面调查和描绘出完整的股权结构，才足以作出排除关联方关系的判断。在股权结构图的描绘过程中，逐级向上追溯到最终实际控制人（多数情况下应追溯到自然人以获取足够合理保障）是普通人都能理解的、调查应进行到的程度，而当事人查询到山东旺特的股东为山东富达美即止，并认为即便再对山东富达美的股东进行核查也发现不了与登云股份的关联方关系，显然该关联方核查程序不够充分到位。

③当事人辩称，美国登云通过APC公司向客户Jasper公司销售产品，是为了满足Jasper公司对少数族裔采购以享受税收优惠的要求，不能据此认定APC公司是登云股份的关联方。而信永中和收集的APC公司相关单据显示，该公司与登云股份存在多项异常联系，如APC公司装箱单的制作人与美国登云仓库的装箱单制作人相同，APC公司装箱单上的联系地址、联系方式与美国登云相同，美国登云副总经理王某枢2010年之前持有APC公司40%股权等，足以证明APC公司与登云股份之间存在异常联系，注册会计师应进一步核查APC公司与登云股份之间的关系。

综上，注册会计师未保持应有的职业审慎，未对相关公司进行充分核查或者追加必要的审计程序，在关联方审计程序中未勤勉尽责，对此项申辩意见不予采纳。

（4）当事人辩称，信永中和的行为不违反《中国注册会计师审计准则第1323

号——关联方》（2010年11月1日修订版）第十条的规定。经核查，我会认为，信永中和未充分核查的行为不违反《中国注册会计师审计准则第1323号——关联方》第十条的规定，而是违反第十六条“某些安排或其他信息可能显示管理层以前未识别或未向注册会计师披露的关联方关系或关联方交易，在审计过程中检查记录或文件时，注册会计师应当对这些安排或其他信息保持警觉”的规定，我会对此申辩意见采纳并予以更正。

（5）我会在作出行政处罚时，对当事人提出的重要性水平给予了关注。2013年信永中和未能发现的累计错报共计5 351 639.93元（包括三包索赔费用2 422 328.73元及贴现费用2 929 311.20元），超过其2013年确定的重要性水平（4 049 763.54元）。对此项申辩意见不予采纳。

（6）当事人提出登云股份2010年年报本身不存在错报问题，信永中和不应承担审计责任；登云股份2011年年报的错报问题仅涉及一汽解放汽车有限公司无锡柴油机厂的未入账三包索赔费用，信永中和对此客户的函证程序不存在违反业务规则的情况，不应承担审计责任。经核查，对此项申辩意见予以采纳，并在处罚金额中扣减2010年审计费用26万元、2011年审计费用48万元。

（四）行政处罚时效

1.信永中和

针对信永中和对登云股份IPO申请文件、2013年年报的审计工作涉嫌未勤勉尽责的问题，中国证监会于2016年12月向信永中和下发调查通知书，已过两年追诉时效，依法不应给予行政处罚。

2.中国证监会

当事人提出，信永中和对登云股份IPO申请文件、2013年年报的审计工作涉嫌未勤勉尽责的问题，中国证监会于2016年12月向信永中和下发调查通知书，已过两年追诉时效，依法不应给予行政处罚。经核查，我会于2015年4月27日向信永中和发出调查通知书（编号：调查通字151330号），说明“发现违法行为”的时间明显不晚于2015年4月27日，发现违法行为的时间距信永中和为登云股份IPO项目出具审计报告之日（2013年12月4日）未超过两年时效。对此项申辩意见不予采纳。

（五）处罚力度

1.信永中和

即使认定信永中和在审计过程中存在微小瑕疵，也属情节显著轻微，并且相关事项未造成严重危害，根据《中华人民共和国行政处罚法》规定的行政处罚应遵循的“过罚相当”原则，依法应对信永中和不予行政处罚。

2.中国证监会

信永中和为登云股份IPO及2014年年报提供审计服务过程中违反依法制定的业务规则；为登云股份2013年年报提供审计服务过程中未勤勉尽责，出具的登云股份2013年审计报告存在虚假记载。其审计过程中存在的问题并非显著轻微，其出具的审计报告存在虚假记载影响了投资者的判断，对资本市场健康发展产生了不利影响，造成了一定的社会危害后果，不存在减轻处罚或不予处罚的情节。对此项申辩意见不予采纳。

（六）专业机构的声誉口碑

1.信永中和

信永中和在行业里享有很高的声誉口碑，是行业的一面旗帜，是正能量的代表，请求在本案处理时考虑该情况。

2.中国证监会

信永中和在行业中的声誉口碑与本案处罚事项无关，对此项申辩意见不予采纳。

四、案例总结和思考

本案是资本市场关于审计责任的经典案例，会计师事务所和中国证监会都展现了极高的专业水准。信永中和作为一家在业内享有盛誉、极少登上中国证监会处罚名录的专业机构[①]，这次在登云股份的审计中被中国证监会重罚，信永中和进行了申辩，中国证监会予以一一回复，整个申辩和回复过程精彩纷呈，涉及会计师事务所和注册会计师执业过程中的诸多重要理论与实务问题。

本案涉及的重要审计实务问题主要包括：

（1）对于费用的审计，我们往往要关注其完整性，而费用完整性一般通过分析程序再结合细节测试进行核实。比如本案中的三包索赔费用，各年度变化异常，且最后一期仅有3.4万元，明显过低。在执行函证程序时，对于回函异常情况未予以足够重视，即分析程序和细节测试并没有达到预期目标，审计程序执行了但执行得并不到位，审计证据明显异常，但并未继续核实。这是需要我们注意的事项。

（2）对于少计贴现费用的情况，我们应该关注合同约定的相关条款，对约定的事项与实际执行中合同义务的履行情况要认真核查，加强审计程序执行过程中的职业审慎，对合同签署内容与实际执行不符的情况应保持职业怀疑态度。

（3）对收入的检查，一般要检查三流，即实物流、票据流、资金流。对于实物流的检查，应关注内外部证据的逻辑关系。比如本案中的收入确认时间与发货时间，是否符合收入确认的条件。另外，如何抽查有效样本并认真核查有效证据，也是本案中需要进一步思考的问题。有时候，异常证据就在那里，而我们却没有发现，或已发现但没有识别出风险，这是让人非常痛心的事情。

（4）对于关联方的核查，尤其是那些隐蔽的关联方、企业未予披露的关联方，是审计人员目前面临的最大难题。由于受到程序所限以及覆盖范围广泛，在实务中，审计人员容易忽视企业未披露的关联方，但是，这不是我们不执行关联方审计程序的理由。我们仍然需要对发生重大交易的客户或供应商，尤其是名称相近、地址相近、存在同一联系人和联系方式等情况的公司，合理利用职业怀疑和职业判断，充分识别是否存在关联方关系。

---

① 2022年4月18日，中国证监会发布行政处罚决定书，对信永中和在乐视网信息技术（北京）股份有限公司2015年、2016年年报审计业务中未勤勉尽责进行了处罚，这是信永中和再次登上中国证监会处罚名录，但总体来看，信永中和被中国证监会立案处罚的次数相对较少。

五、分析与讨论

1.如果客户故意舞弊，如何划分会计责任与审计责任？

2.如何理解审计的“合理保证”？

3.在审计实务中，对三包索赔费用、贴现费用、关联方交易等业务需要重点关注哪些事项？

4.如何理解行政处罚时效？

5.结合中国证监会的其他行政处罚决定，对会计师事务所及注册会计师的处罚有哪些规律？

6.如何理解会计师事务所的声誉口碑？

六、参考文献

［1］中国证券监督管理委员会. 中国证监会行政处罚决定书（信永中和会计师事务所、郭晋龙、夏斌）〔2017〕101号［R/OL］.（2017-12-06）［2022-07-25］. http：//www.csrc.gov.cn/csrc/c101928/c1042645/content.shtml.

［2］中国证券监督管理委员会. 中国证监会行政处罚决定书（怀集登云汽配股份有限公司、欧洪先、潘炜等26名责任人员）〔2017〕60号［R/OL］.（2017-05-31）［2022-07-25］. http：//www.csrc.gov.cn/csrc/c101928/c1042686/content.shtml.

［3］中国注册会计师协会. 中国注册会计师执业准则（2017）［M］. 北京：中国财政经济出版社，2017.

［4］中国注册会计师协会. 中国注册会计师执业准则应用指南（2017）［M］. 北京：中国财政经济出版社，2017.

案例说明书

一、本案例要解决的关键问题

1.理解和掌握会计责任、审计责任、重要性、审计风险、职业谨慎、勤勉尽责等重要概念；

2.理解和掌握三包索赔费用、贴现费用、关联方交易等重要实务问题；

3.通过中国证监会的行政处罚决定加深对审计理论与实务关键问题的理解。

二、案例讨论的准备工作

（一）理论背景

注册会计师审计的基本理论与实务知识。

（二）行业背景

登云股份主营业务为汽车发动机进排气门系列产品的研发、生产与销售，于2014年2月19日在中小板上市。2015年10月20日，登云股份收到中国证监会的调查通知书。根据该调查通知书，登云股份因IPO申请文件、上市后年报存在虚假记载、重大遗漏而被中国证监会责令改正，给予警告，并处以60万元罚款；同时，中国证监会拟对该公司时任董事及高管欧洪先、潘炜各处以30万元罚款及5年市场禁入，其余责任人被分别处以20万元至5万元不等的罚款。经查，登云股份IPO申请文件中存在虚假记载、重大遗漏的违法事实，具体包括：2010年至2013年6月，登云股份存在部分三包索赔费、咨询服务费、会务费不入账，以及票据贴现费用不入账、提前确认收入等情形；未按规定披露关联方关系及交易；未有效执行资金内控制度，存在违规对外借款等情形。

（三）制度背景

《证券法》《中国注册会计师审计准则》《企业会计准则》。

三、教学组织方式

（一）问题清单及提问顺序

1.本案例中，登云股份主要涉及哪些方面的造假行为？

2.本案例中，信永中和在审计中有哪些违规行为？

3.如何理解会计责任与审计责任？

4.在审计实务中，对三包索赔费用、贴现费用、关联方交易等业务需要重点关注哪些事项？

5.从信永中和与中国证监会之辩中，我们能够得到哪些启示？

（二）课时分配

1.课前完成案例阅读和初步思考：约3小时。

2.小组讨论并提交分析报告提纲：约3小时。

3.课堂小组代表发言，主题讨论：约3小时。

4.进行归纳总结：约0.5小时。

（三）讨论方式

本案例可以采用小组形式进行讨论。

（四）课堂讨论总结

课堂讨论总结的关键是：归纳、评价发言小组的主要观点；重申重点及亮点；提醒学生对关键问题或有争议的观点进行进一步思考和讨论；鼓励学生发散思维，对案例素材进行扩展研究和深入分析。

案例2　注册会计师勤勉尽责辨析：中国证监会对信永中和处罚的案例

案例正文

专业领域/方向

审计学

适用课程

审计理论与实务

编写目的

1. 明确在注册制背景下，注册会计师是资本市场“守门人”的意义。
2. 从案例处罚视角，认识勤勉尽责的内容、判断依据、特点和应用效应。

知识点

勤勉尽责、会计责任、审计原则、会计信息质量

关键词

行政处罚、信永中和、勤勉尽责、穿行测试、控制测试

案例摘要

信永中和为上市公司乐视网信息技术（北京）股份有限公司（以下简称乐视网）提供审计服务。经中国证监会立案查明，乐视网2007—2016年连续10年虚增业绩，其中2015年、2016年分别虚增利润总额38 295.18万元、43 276.33万元。信永中和为乐视网2015年、2016年年度财务报表提供审计服务，分别出具了无保留意见及带强调事项无保留意见的审计报告（强调事项与销售收入及利润无关），审计报告的签字注册会计师均为常晓波、白西敏，各年度审计服务费均为754 717元，共计收取1 509 434元。

依据2005年修订的《证券法》（以下简称2005年《证券法》）的有关规定，中国证监会对信永中和在乐视网2015年、2016年年报审计业务中未勤勉尽责一案进行了立案调查、审理，并依法向当事人告知作出行政处罚的事实、理由、依据及当事人依法享有的权利。当事人均未提出陈述、申辩意见，也未要求听证，本案现已调查、审理终结。

一、现行《证券法》与注册会计师的法律责任

现行《证券法》压实了注册会计师的法律责任，从《证券法》第六十一条到第一百七十二条的修改可以看出以下几个变化：

第一，虚假陈述实行过错推定，举证责任倒置，也就意味着以后投资者起诉，实际上加大了注册会计师的责任。

第二，明确了连带责任主体，发行人、上市公司要承担连带责任。

第三，《证券法》扩大了会计师事务所的法律责任范围。注册会计师对所出具报告内容的真实性、准确性和完整性进行核查认定，这是2005年《证券法》的规定；现行《证券法》扩大了范围，有虚假记载、误导性陈述或者重大遗漏也包括在内，更加全面，而且不再以是否存在主观故意为构成要件。

第四，以"勤勉尽责"这一较为抽象的原则取代了原独立审计准则的职业规定来源，扩大了注册会计师责任认定的范围。

二、案例背景

信永中和为上市公司乐视网提供审计服务。经中国证监会立案查明，乐视网2007—2016年连续10年虚增业绩，其中2015年、2016年分别虚增利润总额38 295.18万元、43 276.33万元。信永中和为乐视网2015年、2016年年度财务报表提供审计服务，分别出具了无保留意见及带强调事项无保留意见的审计报告（强调事项与销售收入及利润无关），审计报告的签字注册会计师均为常晓波、白西敏，各年度审计服务费均为754 717元，共计收取1 509 434元。

信永中和在对乐视网2015年度财务报表审计时，未勤勉尽责，出具的报告存在虚假记载。注册会计师在进行风险评估时，认定乐视网客户管理层、股东、关键管理人存在舞弊风险，该风险与公司所有内部控制相关、与财务报表整体广泛相关、与报表中所有科目相关，是仅通过实质性程序无法应对的重大错报风险；认定"收入的真实性及收入确认时点是否正确的风险"跟销售与收款循环内部控制相关，与财务报表整体广泛相关，与营业收入、成本的真实性、完整性及相关科目的准确性相关。

依据2005年《证券法》的有关规定，中国证监会对信永中和在乐视网2015年、2016年年报审计中未勤勉尽责一案进行了立案调查、审理，并依法向当事人告知作出行政处罚的事实、理由、依据及当事人依法享有的权利。当事人均未提出陈述、申辩意见，也未要求听证，本案现已调查、审理终结。

三、中国证监会对信永中和未勤勉尽责的判断和处罚

（一）未对广告业务"销售与收款循环"内部控制中的重要环节进行穿行测试

乐视网广告业务内部控制流程有"对账与调节"环节，应收账款主管每月复核与客户的对账报告，即向客户寄发的对账单是否均已收回，客户回复金额是否与明细账记录金额一致；如有差异，差异原因是否已经调查，是否需要调整会计记录。注册会计师未对这一重要环节进行穿行测试。

（二）未执行控制测试

注册会计师未选取样本对广告业务“销售与收款循环”内部控制有效性进行测试，却得出“内控有效”的审计结论。

（三）IT审计测试——方舟系统的审计结论缺少证据支持

注册会计师通过访谈了解了乐视网广告业务系统——方舟系统的基本情况，认为广告业务较为人工控制，要求提取奥凯航空有限公司天津分公司（以下简称奥凯航空）、北京易美广告有限公司（以下简称易美广告）等5家公司广告投放量、排期等系统数据。注册会计师在审计工作底稿中记载：“五家公司投放量、排期等系统数据提取尚未提供，无样本”，注册会计师也未进行穿行测试、控制测试，却得出“未发现异常”的审计结论。

（四）未对广告业务收入设计有针对性的审计程序

2015年乐视网广告业务收入263 367.78万元，占当期营业收入的20.23%，较2014年广告业务收入增长67.53%。注册会计师在进行风险评估时，认定乐视网客户管理层、股东、关键管理人存在舞弊风险，认定销售收入存在舞弊风险。

在此情况下，针对广告业务收入的重大错报风险，注册会计师在“重大错报风险及特别风险的应对措施”中仅设计了两个审计程序：一是将本期收入与上期收入对比，关注波动大的产品；二是合同排期是否与广告业务系统排期一致，收入金额是否与合同金额一致。注册会计师未结合乐视网广告业务的特点以及上述风险评估情况设计有针对性的审计程序。

信永中和上述行为违反了《中国注册会计师审计准则第1211号——通过了解被审计单位及其环境识别和评估重大错报风险》第十六条“在了解与审计相关的控制时，注册会计师应当综合运用询问被审计单位内部人员和其他程序，以评价这些控制的设计并确定其是否得到执行”；《中国注册会计师审计准则第1231号——针对评估的重大错报风险采取的应对措施》第八条“当存在下列情形之一时，注册会计师应当设计和实施控制测试，针对相关控制运行的有效性，获取充分、适当的审计证据：（一）在评估认定层次重大错报风险时，预期控制的运行是有效的（即在确定实质性程序的性质、时间安排和范围时，注册会计师拟信赖控制运行的有效性）；（二）仅实施实质性程序并不能够提供认定层次充分、适当的审计证据”；《中国注册会计师审计准则第1301号——审计证据》第十条“注册会计师应当根据具体情况设计和实施恰当的审计程序，以获取充分、适当的审计证据”；《中国注册会计师审计准则第1141号——财务报表审计中与舞弊相关的责任》第三十一条“按照《中国注册会计师审计准则第1231号——针对评估的重大错报风险采取的应对措施》的规定，注册会计师应当设计和实施进一步审计程序，审计程序的性质、时间安排和范围应当能够应对评估的由于舞弊导致的认定层次的重大错报风险”的规定。

（五）未有效执行应收账款函证替代测试程序

注册会计师对乐视网92家客户应收账款进行函证，36家客户回函，回函金额占期末应收账款余额的17.87%；56家客户未回函。注册会计师未对全部未回函的客户进行替代测试，仅选取了36家未回函客户执行了替代测试程序。

在执行函证替代测试程序的下列客户中，注册会计师仅获取了应收账款明细表或乐视网广告业务系统部分销售订单，或前述二者，未获取其他相关、可靠的审计证据。这些客户包括上海高钧广告有限公司、上海久尚广告传播有限公司、奥凯航空、广东南方新视界传媒科技有限公司、易美广告、上海魔山广告传播有限公司、北京德荣佳益广告有限公司、广州唯品会信息科技有限公司、天津数集科技有限公司（以下简称天津数集）、上海睦集网络科技有限公司、北京灵集科技有限公司。此外，未发函、未有效执行函证替代测试程序的北京博思百川国际广告传媒有限公司、北京鼎诚文众广告有限公司以及发函未回函且未做替代测试的上海河马动画设计股份有限公司连同上述11家客户均系2015年乐视网虚假业务客户，共计虚增利润32 797.51万元，占当年披露利润总额的442.20%。

信永中和的上述行为违反了《中国注册会计师审计准则第1312号——函证》第十九条“在未回函的情况下，注册会计师应当实施替代程序以获取相关、可靠的审计证据”的规定。

（六）信永中和在对乐视网2016年度财务报表审计时，未勤勉尽责，出具的报告存在虚假记载

注册会计师在进行风险评估时，认定乐视网客户管理层、股东、关键管理人存在舞弊风险，该风险与公司所有内部控制相关、与财务报表整体广泛相关、与报表中所有科目相关，是仅通过实质性程序无法应对的重大错报风险；认定“收入是否真实、收入确认政策是否合理、收入确认时点是否正确、收入成本是否存在跨期的风险”跟销售与收款循环内部控制相关，与财务报表整体广泛相关，与营业收入、成本的真实性、完整性及相关科目的准确性相关。

1.对乐视网内部控制缺陷的判断存在错误

注册会计师对乐视网广告业务“销售与收款循环”进行了内控测试。控制目标“主要风险和报酬转移后对销售收入进行确认”对应的控制措施描述为：广告实际投放后，应收账款主管复核与客户的对账报告，即向客户寄发的对账单是否均已收回，客户回复金额是否与明细账记录金额一致；如有差异，差异原因是否已经调查，是否需要调整会计记录。控制频率为每月一次。注册会计师将此控制认定为关键控制，以防止未经发布的广告确认了收入。

注册会计师在穿行测试时即发现这一控制措施未得到执行，即没有收到客户的对账回单，但仍得出“未发现销售与收款循环中有缺失的环节”的审计结论，也未选取样本进行控制测试。

注册会计师在“业务层面缺陷评估表”中将发现的两个内控缺陷描述为：第一，乐视网每月根据广告的实际投放进度与客户进行对账，但未留下纸质对账单；第二，乐视网签订的广告合同约定有第三方检测报告，但实际业务执行过程中大部分为内部数据信息，该信息财务未留存。对方收到对账邮件后未反馈就视同认可，建议该公司留存对方确认信息或双方签字确认。注册会计师将上述两个缺陷认定为一般缺陷。

根据乐视网广告业务特点、广告行业的通常做法以及注册会计师对此控制措施的认定，上述缺陷应属内部控制的重大缺陷，注册会计师判断错误。同时，注册会计师也未意识到上述重大缺陷增加了广告业务的舞弊风险。

2.对乐视网内部生成的信息，未获取充分、适当的审计证据证明内部生成信息的可靠性、完整性与准确性

注册会计师在重点审计领域策略中提出：要利用IT审计人员对乐视网广告业务系统——方舟系统进行审计，了解该公司在广告投放过程中相关数据是否存在舞弊。在内部控制测试以及营业收入实质性测试程序中，注册会计师均使用方舟系统的曝光量数据。用广告客户订单中约定的单价乘以方舟系统中的曝光量，二者的乘积即为广告实际投放收入。将其与订单金额进行比较，用以确认广告实际投放金额与订单金额是否相符、金额是否准确。经查，注册会计师未获取充分、适当的审计证据证明方舟系统曝光量数据的可靠性、完整性与准确性。经我会另案查明，新疆数集科技有限公司、北京鸿鑫元熙智库信息技术有限公司（以下简称鸿鑫元熙）从未与乐视网发生过广告业务，但审计工作底稿显示存在曝光量数据。

3.营业收入实质性测试程序中，对于发现的异常情况，注册会计师未采取进一步审计程序以获取充分、适当的审计证据

注册会计师从广告业务系统——方舟系统中提取了40家广告客户2016年全年按订单汇总的曝光次数，以下2家客户在方舟系统中未检索到：北京懿利文化传媒有限公司（以下简称懿利文化）、中荷德昌盛网络技术（北京）股份有限公司（以下简称中荷德）。注册会计师在对上述提取数据进行复核时，对于上述两家公司2016年有广告收入但在方舟系统检索不到公司名称的原因解释为：上述两家公司分别代替海南阿洋科技有限公司及北京迅鲨科技有限公司投放广告，方舟系统未更替信息。但注册会计师未调取替代公司广告业务合同或广告订单等证据以印证上述解释的合理性。经我会另案查明，懿利文化与中荷德均为乐视网2016年虚假广告业务客户，共计虚增利润9 837.28万元，占当年披露利润总额的29.93%。

4.营业收入实质性测试程序中，部分测试样本计算的广告实际投放收入与订单金额存在重大差异，注册会计师未采取进一步审计程序以获取充分、适当的审计证据

注册会计师在营业收入实质性审计程序中，抽取了10家大额广告客户261笔线上广告投放订单，用订单中约定的单价乘以方舟系统中的曝光量，与订单金额进行比较，用以确认广告实际投放金额与订单金额是否相符、金额是否准确。

审计工作底稿显示，有17笔订单的差异率在±40%以上，其中正向差异率最大为2 343.52%，负向差异率最大为-99.91%。这17笔订单包括乐视网2016年虚假业务客户鸿鑫元熙，其有2笔订单的差异率均为-50%。据我会另案查明，鸿鑫元熙从未与乐视网发生广告业务往来。在上述17笔订单存在重大差异的情况下，注册会计师未执行进一步审计程序，直接得出“测算差异较小，未发现异常”的审计结论。上述重大差异也在一定程度上表明，方舟系统曝光量数据的可靠性、完整性与准确性存在疑虑。

综上，信永中和的上述行为违反了《中国注册会计师审计准则第1301号——审计证据》第十条“注册会计师应当根据具体情况设计和实施恰当的审计程序，以获取充分、适当的审计证据”，第十三条“在使用被审计单位生成的信息时，注册会计师应当评价该信息对实现审计目的是否足够可靠，包括根据具体情况在必要时实施下列程序：

（一）获取有关信息准确性和完整性的审计证据；（二）评价信息对实现审计目的是否足够准确和详细”；《中国注册会计师鉴证业务基本准则》第二十八条“注册会计师应当以职业怀疑态度计划和执行鉴证业务，获取有关鉴证对象信息是否不存在重大错报的充分、适当的证据”；《中国注册会计师审计准则第1314号——审计抽样》第二十一条“注册会计师应当调查识别出的所有偏差或错报的性质和原因，并评价其对审计程序的目的和审计的其他方面可能产生的影响”，第二十四条“注册会计师应当对下列方面进行评价：（一）样本结果；（二）使用审计抽样是否已为注册会计师针对所测试的总体得出的结论提供合理基础”的规定。

上述违法事实，有相关审计报告、审计工作底稿、相关人员询问笔录、审计业务收款凭证及发票、乐视网相关年度报告、乐视网相关虚假客户资料等证据证明，足以认定。

我会认为，信永中和的上述行为违反了2005年《证券法》第一百七十三条的规定，构成2005年《证券法》第二百二十三条“证券服务机构未勤勉尽责，所制作、出具的文件有虚假记载、误导性陈述或者重大遗漏”的行为。在相关年度审计报告上签字的注册会计师常晓波、白西敏为直接负责的主管人员。

根据当事人违法行为的事实、性质、情节与社会危害程度，依据2005年《证券法》第二百二十三条的规定，我会决定：

（1）责令信永中和改正违法行为，没收业务收入1 509 434元，并处以3 018 868元罚款；

（2）对常晓波、白西敏给予警告，并分别处以5万元罚款。

上述当事人应自收到本处罚决定书之日起15日内，将罚没款汇交中国证券监督管理委员会，开户银行：中信银行北京分行营业部，账号：7111010189800000162，由该行直接上缴国库。当事人还应将注有其名称或姓名的付款凭证复印件送中国证券监督管理委员会行政处罚委员会办公室备案。当事人如果对本处罚决定不服，可在收到本处罚决定书之日起60日内向中国证券监督管理委员会申请行政复议，也可在收到本处罚决定书之日起6个月内直接向有管辖权的人民法院提起行政诉讼。复议和诉讼期间，上述决定不停止执行。

四、案例总结与思考

（一）勤勉尽责的理解与执行

学界和业界对勤勉尽责并没有完全一致的理解，这也导致执行过程中会存在偏差。通常认为，审计只能提供合理保证，不能提供绝对保证。如果提供了合理保证，就可以认定其勤勉尽责。那么判断注册会计师的法律责任就需要审查审计行为，也就是说，审查其是否遵循了相应的审计准则，以及在审计过程中是否运用了合理的职业判断、保持了合理的职业怀疑，以此来判断其在审计过程中是否勤勉尽责。显然，这样的观点也存在很大弹性，并没有给勤勉尽责划定明确界限和范围。

（二）本案例对勤勉尽责的判断与执行

在本案例中，从中国证监会对勤勉尽责的判断和执行可以形成以下结论：

（1）中国证监会对信永中和未勤勉尽责的判断具有事实基础和法规依据。从法规依据来看，中国证监会主要根据《中国注册会计师审计准则》判断信永中和未勤勉尽责。

（2）从企业业务来看，主要是广告业务涉及注册会计师未履行勤勉尽责义务。虽然乐视网是一家网络公司，广告业务是其主要业务，但是由于广告业务自身的特点，上市公司存在更高的舞弊风险，从而导致了注册会计师未能勤勉尽责。

（3）上市公司虽然制定了详尽的内部控制制度，但是在企业运营过程中可能形同虚设，而审计人员在审计过程中没有对控制程序进行测试，并作出正面审计意见，导致未能勤勉尽责，这在本案例中是一种多见现象。

（4）对上市公司内部控制缺陷没有在能力范围内作出正确判断，导致未能勤勉尽责。

（5）在实质性测试程序中，对于发现的异常情况，注册会计师没有执行进一步审计程序以获取充分、适当的审计证据，导致未能勤勉尽责。

（6）对上市公司内部生成的信息，未获取充分、适当的审计证据证明内部生成信息的可靠性、完整性与准确性，导致未能勤勉尽责。

五、问题与讨论

1.如何尽量界定勤勉尽责的边界和范围，以免被各方利用？

2.网络信息技术、人工智能等金融工具在解决勤勉尽责的弹性问题上是否有意义？如何将这些工具引入审计工作？

3.合理保证、职业能力、职业道德、勤勉尽责等是什么关系？

4.如何借鉴发达国家在解决勤勉尽责问题上的经验？

六、参考文献

［1］中国注册会计师协会．中国注册会计师执业准则（2017）［M］．北京：中国财政经济出版社，2017.

［2］中国注册会计师协会．中国注册会计师执业准则应用指南（2017）［M］．北京：中国财政经济出版社，2017.

案例说明书

一、本案例要解决的关键问题

1.理解和掌握合理保证、会计责任、审计责任、重要性、审计风险、职业谨慎、勤勉尽责等重要概念；

2.理解和掌握勤勉尽责的弹性与操作难度、审计工作中的各种测试程序、关联方交易等重要实务问题；

3.通过中国证监会的行政处罚决定加深对审计理论与实务关键问题的理解。

二、案例讨论的准备工作

（一）理论背景

注册会计师审计的基本理论与实务知识。

（二）行业背景

民事法律责任给注册会计师行业带来巨大的挑战。现行《证券法》实施后，行政、民事和刑事责任并举，从长远来看，对注册会计师行业的规范发展和高质量发展将起到积极作用。《证券法》没有对会计师事务所及其他主体各自的责任进行相应区分，在会计师事务所不存在主观故意的情况下，仍然判定其承担责任的案件也时有发生。注册会计师行业在为资本市场服务时面临收益和风险极不相称的问题。监管压力的加大，使得注册会计师行业的吸引力下降。

（三）制度背景

《证券法》《中国注册会计师审计准则》《企业会计准则》。

三、教学组织方式

（一）问题清单及提问顺序

1.本案例中，上市公司主要涉及哪些方面的造假行为？

2.本案例中，信永中和是否还存在其他未能勤勉尽责的行为？

3.如何理解合理保证与勤勉尽责？

4.本案例中，信永中和与上市公司是否存在串谋现象？

5.通过本案例学习，你认为中国证监会是否也有不当之处？

（二）课时分配

1.课前完成案例阅读和初步思考：约3小时。

2.小组讨论并提交分析报告提纲：约3小时。

3.课堂小组代表发言，主题讨论：约3小时。

4.进行归纳总结：约0.5小时。

（三）讨论方式

本案例可以采用小组形式进行讨论。

（四）课堂讨论总结

课堂讨论总结的关键是：归纳、评价发言小组的主要观点；重申重点及亮点；提醒学生对关键问题或有争议的观点进行进一步思考和讨论；鼓励学生发散思维，对案例素材进行扩展研究和深入分析。

案例3　大华审计长园集团案例

案例正文

专业领域/方向

审计学

适用课程

审计理论与实务、内部控制

编写目的

1.理解和掌握财务报表审计风险分析。

2.理解和掌握企业并购估价方法、并购溢价会计减值处理。

3.理解和掌握会计师事务所业务质量管理控制要素与具体要求。

知识点

审计风险评估、财务舞弊迹象识别、内部控制与财务报告、注册会计师法律责任

关键词

审计风险、业绩对赌、企业并购、法律责任、财务舞弊

案例摘要

2022年5月16日，中国证监会发布行政处罚决定书，没收长园科技集团股份有限公司（以下简称长园集团）2016年度、2017年度审计师大华会计师事务所业务收入，并处以两倍罚款；对审计报告签字注册会计师处以行政警告并处以罚款。该项审计失败起源于长园集团子公司长园和鹰智能科技有限公司（以下简称长园和鹰）管理层财务舞弊。长园和鹰管理层通过虚构海外销售、提前确认收入、重复确认收入、签订“阴阳合同”、项目核算不符合会计准则等方式虚增营业收入和利润以实现业绩承诺并实现巨额对赌收益。长园集团内部控制失效，对子公司长园和鹰财务舞弊未能进行有效监控，导致集团合并财务报表发生重大错报。会计师事务所在获取客户或计划审计工作时未能充分评估审计风险，在审计过程中未能设计充分有效的审计程序以识别、发现重大错报风险，一系列错误行为导致审计失败。因审计失败给中国资本市场、被审计单位投资者造成重大损失，也给会计师事务所和签字注册会计师带来严重的声誉损失与法律责任，一

系列行政处罚与民事诉讼接踵而至。此案再次为注册会计师财务报表审计敲响警钟。在被审计单位内外部环境发生重大变化之后，注册会计师在执行审计业务时如何应对以降低审计风险，本案例将给我们一些启发。

一、引言

2022年5月16日，中国证监会发布行政处罚决定书，没收大华会计师事务所（以下简称大华所）业务收入386.79万元，并处以两倍罚款；对2016年度、2017年度审计报告签字负责的4名注册会计师处以行政警告，分别处以6万元罚款。大华所对长园集团2016年度、2017年度存在虚假记载的财务报表出具标准无保留意见的审计报告。长园集团控股子公司长园和鹰管理层为完成业绩对赌协议，通过虚构海外销售、提前确认收入、重复确认收入、签订"阴阳合同"、项目核算不符合会计准则等方式虚增营业收入和利润，虚增利润占集团公司利润总额（追溯调整前）的15.21%。长园集团虚假财务信息披露之所以得逞，除集团公司内部控制缺陷因素外，审计机构在对被审计单位及其经营环境风险评估等方面也存在重大过失。中国证监会认为，大华所在审计过程中未勤勉尽责而导致出具的审计报告存在虚假记载，应当承担审计责任。与其他审计失败案例一样，本案例给予审计执业者以警示。风险导向审计的核心在于判断企业管理层的诚信水平，从企业经营战略、经营目标角度分析企业财务业绩的合理性。当管理层面临经营业绩重大压力时，如存在业绩对赌协议，企业财务舞弊的风险大大增加。注册会计师在进行风险评估时，应特别考虑因此产生的审计风险，采取更加谨慎的应对措施。在执行审计程序过程中，对发现的不合常规的业务凭单，应执行进一步审计程序。审计人员应充分了解被审计单位的业务性质，以判断被审计单位的会计政策运用的适当性。大华所即使面临其他会计师事务所的激烈竞争，也应创建质量为本的经营理念与文化环境，建立以审计质量为目标的会计师事务所内部控制制度。

二、案例背景

（一）中国证监会处罚的财务造假事实

2022年5月10日，中国证监会深圳监管局发布了对大华所（特殊普通合伙）的行政处罚决定书，对大华所因出具的审计报告存在虚假记载、审计时未勤勉尽责实施行政处罚，没收业务收入3 867 924.53元，并处以2倍罚款；对4名签字注册会计师处以行政警告，分别处以6万元罚款。

1.中国证监会公布的终结审理处罚原因

（1）大华所出具的长园集团2016年度、2017年度审计报告存在虚假记载。大华所为长园集团2016年度、2017年度财务报表提供审计服务，并分别于2017年3月、2018年4月出具了标准无保留意见的审计报告，这些审计报告存在虚假记载。长园集团控股子公司长园和鹰通过虚构海外销售、提前确认收入、重复确认收入、签订"阴阳合同"、项目核算不符合会计准则等多种方式虚增业绩，导致长园集团2016年度、2017年度财务报告中披露的财务数据存在虚假记载。

（2）识别、评估重大错报风险方面存在缺陷。2016年6月，长园集团以现金方式收购长园和鹰80%股权。该收购存在业绩承诺，长园和鹰在2016年度、2017年度累积合并财务报表口径扣除非经常性损益后净利润不少于35 000万元；若长园和鹰业绩未达到承诺目标，则业绩补偿义务人须进行业绩补偿，补偿金额=（3.5亿元-业绩承诺期间累积合并财务报表口径扣除非经常性损益后净利润）÷3.5亿元×股份转让价款总额×64.20%。长园集团披露，长园和鹰2016年度、2017年度两年扣除非经常性损益后净利润合计33 200.62万元，业绩承诺完成率约95%，接近达标。

大华所2016年未充分了解被审计单位及其环境，未识别出长园和鹰因业绩承诺产生的舞弊动机和压力，未恰当评估长园和鹰在收入确认方面的舞弊风险。

（3）未保持应有的职业怀疑审慎评价已获取的审计证据。长园和鹰及其子公司对出口销售产品在报关出口时点确认销售收入；长园和鹰与客户的销售合同约定了“在买方货款全部付清之前，标的物所有权归卖方所有”“未经授权，买方无权抵押、转卖或转租该等设备”“在终端客户安装之后产生付款义务”等条款，在报关出口时点，与商品所有权相关的主要风险和报酬未发生转移。大华所在2016年、2017年年报审计审查上述销售合同时，未保持应有的职业怀疑对审计证据进行审慎评价，导致未发现提前确认收入的错报情形。长园和鹰智能设备有限公司（以下简称和鹰设备，系长园和鹰控股子公司上海欧泰科智能科技股份有限公司的全资子公司）就与东莞倍成服装设备有限公司金额为349 840元的同一份裁剪机销售合同，分别于2017年12月27日、30日两次确认了349 840元（含税）收入，并两次开具349 840元的发票。大华所未对重复开具发票并确认收入的异常情况保持应有的关注，审计结论为“未见异常可以确认”，未识别出相关错报并实施进一步审计程序。2016年12月26日，长园和鹰与安徽红爱实业股份有限公司（以下简称安徽红爱）签订了金额为7 470万元的销售合同（以下简称“7 470万元合同”），约定就智能工厂项目向安徽红爱销售智能裁剪系统、服装吊挂系统及183套智能三维人体扫描仪。2016年12月29日，和鹰设备又与安徽红爱签订了金额为3.4亿元的合同，约定向安徽红爱提供智能工厂系统全面解决方案，该合同取代以往达成的各项协议。2016年长园和鹰依据“7 470万元合同”和销售出库单，按照销售商品确认收入6 384.62万元、成本5 340.86万元。

2.业绩对赌协议

大华所被长园集团财务业绩造假牵连，起源于长园集团2016年的并购协议。

长园集团总部位于深圳市南山区，在深圳、苏州等城市拥有11个产业园区。其智能工厂装备产业主要包含测试系统和自动化装备两大产品系列，为电子、汽车、医疗、新能源、服装、照明等行业提供全面解决方案；其智能电网设备产业覆盖了从发电、输电、变电、配电到用电的全网各领域，在国际智能电网解决方案一体化趋势方面，具有领先优势。

该公司于1986年由中科院创立，1995年由李嘉诚旗下长和投资控股，2000年进行股份制改造。2002年，长园集团登陆上海证券交易所。上市之初，主营热缩材料、电网设备、电路保护元件。有研报显示，长园集团专业从事工业与电力系统智能化、数字化的研发、制造与服务，在国内厂商中稳居热缩材料、电力电缆附件、高分子PTC行业第一，变电站微机五防行业第二，拥有13家主要控股子公司。2014年5月，长和投资清空长园集团股票。在此之前，长园集团发布了非公开发行股票预案，欲实行MBO

（管理层收购）。在MBO接盘实施之际，沃尔核材及其董事长周和平等在二级市场迅速买入长园集团股份，成为长园集团第一大股东。长园集团无法接受自己是行业老大却受控于老二，双方开始了长达4年多的股权争夺战，直到2018年，双方达成一致行动人协议，最终解决了股权争斗。与其他上市公司一样，从2013年开始，长园集团走上并购扩张之路。2014年，长园集团纳入合并财务报表范围的主体有42家，2015年有52家，2016年有72家，2017年有79家。快速扩张的结果是，随着营业收入的攀升，应收账款急剧上升，从2013年的15.18亿元升至2018年的36.43亿元。总资产周转率从2013年的0.62次降至2018年的0.37次。资产负债率也逐年攀升，从2013年的43.63%上升到2018年的69.19%。更加突出的是公司商誉，2017年年末，长园集团商誉达到54.76亿元。与2013年相比，长园集团商誉4年增长了13倍。其中，2016年长园集团并购和鹰智能科技有限公司（以下简称和鹰科技，并购后称长园和鹰）不仅贡献了1/3的合并商誉，同时也贡献了大额虚假营业收入和营业利润。

和鹰科技成立于2006年，是全球服装数字化设备全面解决方案提供商。和鹰科技数控裁剪系统连续8年全国销量领先，行业市场占有率达80%以上。2012年，和鹰科技准备登陆中国创业板。在其上会之前，由于被举报销售数据做假，关联公司陷入诉讼，招股说明书未披露，招股说明书数据互相矛盾，被中国证监会取消了IPO上会审查资格。2016年6月，长园集团以现金18.8亿元收购上海和鹰实业、王信投资等16名股东合计持有的和鹰科技80%股权。2016年7月28日，完成股权变更登记，长园和鹰成为长园集团控股子公司。

长园集团之所以并购和鹰科技，其战略意图是，和鹰科技作为服装行业专用自动化设备制造企业，在数控裁剪设备、铺布设备以及吊挂系统领先优势明显，综合实力排名稳居世界前三位，并购符合长园集团“智能工厂装备”的长期发展战略定位；与同为智能装备生产企业的子公司珠海运泰利在诸多核心技术，尤其是数字控制技术方面，能产生协同效应；可以提供更全面、更完备的智能工厂方案。此次并购采用未来收益评估法，以和鹰科技预期未来能够获取的利润为基础，包含有形资产以及可辨认无形资产所能带来的收益，还包含该公司存在的不可确指的无形资产（如管理经验、销售渠道、团队研发能力、参与制定行业标准等）所能带来的收益。并购前三年和鹰科技的营业收入和净利润如下：

2015年12月31日，和鹰科技合并股东权益账面价值3.14亿元。和鹰科技、王信投资承诺，2016年度、2017年度合并口径扣非净利润不少于1.5亿元和2亿元，2016年度、2017年度累积扣非净利润不少于3.5亿元；若不能完成承诺，原股东和鹰科技、王信投资需要进行现金补偿。长园集团2016年及2017年年度财务报告显示，长园和鹰2016年扣非后归母净利润为15 628.51万元，“踩线”完成业绩承诺；2017年扣非后归母净利润为17 572.11万元，未完成2017年业绩承诺，承诺补偿方和鹰实业与王信投资同意业绩补偿6 205万元。

以未来收益为估价基础，采用未来收益评估法对被并购企业进行价值评估是我国企业并购的通行做法，此次并购标的评估价为23.63亿元，增值20.49亿元，增值率为652.02%，长园集团商誉增加11.94亿元。长园集团2016年、2017年、2018年上半年

（1—6月）财务报告披露，2016年、2017年、2018年第二季度，营业收入增长率分别为40.54%、27.6%和-55.34%，扣非净利润增长率分别为41.51%、15.76和-79.2%，子公司长园和鹰在业绩对赌期内。长园集团并购长园和鹰后业绩的不寻常变化引起监管层的关注，上海证券交易所上市公司监管一部于2018年9月21日向长园集团发出问询函，要求对经营业绩同比增减幅度超过30%的原因进行解释。2018年10月25日，长园集团发布公告披露，子公司长园和鹰涉嫌业绩造假。2019年4月27日，发布会计差错追溯调整公告，长园和鹰2016年、2017年分别亏损5 992.02万元、22 992.49万元，均未实现业绩承诺，分别调减2016年、2017年归属于上市公司股东净利润53 365 93万元、103 016.96万元，调整金额占更正后披露数据的比重为530%、1 386%。该项调整直接导致长园集团2017年盈亏性质发生变化。长园和鹰采用虚假项目和合同虚增收入、提前确认收入、重复确认收入、销售费用跨期核算等方式，导致长园集团财务信息披露不真实、不准确；同时，长园集团重新对其合并商誉进行商誉减值测试，对2017年、2016年商誉计提99 378万元、36 222万元的商誉减值准备。在此过程中，长园集团大股东乘机减持套现28亿元。

长园和鹰作为上市公司大额现金收购的标的公司，其对外披露的财务数据是投资者获知交易标的生产经营情况及交易完成后公司发展情况的重要信息来源，是投资者进行投资决策的重要依据。上述财务造假行为使得投资者无法获取、了解关于该公司财务状况、标的公司业绩承诺实现和生产经营情况的真实信息。根据该公司2019年4月27日披露的会计差错更正公告，长园和鹰存在业绩造假，追溯调整后，长园和鹰2016年、2017年分别亏损5 992.02万元、22 992.49万元，且与承诺业绩出现盈亏性质的重大差异。业绩承诺补偿义务人和鹰实业、王信投资未履行业绩补偿义务。

业绩补偿是交易双方必须遵守的公开承诺。业绩承诺补偿义务人应当在标的公司业绩未达标时按约定及时补偿，弥补上市公司损失、保护投资者利益。但在此案中，业绩承诺方在业绩不达标后，未按承诺履行业绩补偿义务，其行为严重违反公开承诺，背离了全体投资者的合理信赖。

（二）内部控制方面的缺陷

2019年4月，上会会计师事务所对长园集团2018年度财务内部控制进行审计，因未建立有效的内部控制机制，长园集团2018年内部控制被出具否定意见审计报告。涉及事项中，子公司长园和鹰的内部控制失控是导致长园集团财务错报的重要原因。长园和鹰被长园集团收购后，原管理层保持不变，长园集团未对长园和鹰实施有效的控制，与财务报告相关的内部控制失效，如事后检查发现的存货管理、成本核算的内控失效，导致重大财务风险。在2018年6月委派长园和鹰董事长和财务总监之前，长园和鹰存在重大虚假销售、提前确认收入及管理层截留补贴款等情况，相关内部控制薄弱甚至失效，给长园集团造成重大经济损失。长园集团于2018年10月开始对长园和鹰的财务情况进行核查，确认长园和鹰存在重大虚假销售、提前确认收入、管理层截留补贴款等问题，对2017年及以前年度的财务报表进行了重大会计差错更正。

三、相关法律责任的认定情况

长园集团于2020年10月23日收到深圳监管局下达的行政处罚决定书后，投资者开始索赔。投资者以长园集团虚假陈述造成损失为由，向人民法院起诉，要求长园集团承担民事赔偿责任，投资者索赔诉讼累计金额约为20 263.93万元。深圳市中级人民法院于2021年11月19日判决442名投资者胜诉，确认被告长园集团构成证券虚假陈述侵权行为，判决长园集团于判决生效之日起10日内向原告支付赔偿款合计5 317.01万元，后续不断有投资者提起诉讼，人民法院判令长园集团赔偿投资者损失金额也不断增加。

四、案例总结和思考

长园集团财务造假案系一起上市公司并购标的财务造假的典型案件，被中国证监会列入“2020年证监稽查20起典型违法案例”。自2013年开始，我国资本市场进入并购高速增长阶段，合并商誉也大幅增高。至2018年，资本市场合并商誉从2013年的1 781亿元增长至1.39万亿元。巨额商誉一方面表明资本市场对交易后资产增值的预期，另一方面也为后期的业绩埋雷。为解决企业并购双方的信息不对称问题，被并购方往往与并购方签订业绩对赌协议，约定未来一定时期被并购实体必须实现的业绩标准；否则，原股东需要对未能完成的业绩差额进行补偿。此案中，长园和鹰为完成承诺业绩，由时任董事长组织虚构海外销售，提前、重复确认收入，累计虚增利润3亿元。大华所在对长园集团2016年度、2017年度财务报表进行审计时，未能充分考虑长园和鹰原管理层在业绩压力下的财务舞弊风险，导致审计程序存在缺陷而未能通过适当的审计程序识别长园集团财务报表中的重大业绩舞弊，致使审计失败而遭受行政处罚，会计师事务所与注册会计师个人声誉受到严重损害，后续的法律风险也无法估计。注册会计师在承接审计业务时，应充分评估被审计单位的审计风险。长园集团以在资本市场进行激进并购的方式实现业绩的增长，并购所需资金主要依赖借款，并购标的价格以原管理层业绩承诺为基础计算，这些对长园集团整合内部控制政策并以适当措施保证内部控制合规、有效提出了新的要求；若无法保证，因并购加入合并范围的子公司内部控制失效，将导致财务报表舞弊事件的发生。此类客户在审计风险评估时应被评估为高风险客户，在审计过程中，注册会计师应更加谨慎地设计审计程序以合理保证检查出重大错报风险，应重点关注管理层在业绩压力下的财务舞弊风险。长园集团子公司长园和鹰曾经被举报财务信息舞弊，这导致其在IPO过会前被中国证监会发审委取消资格。长园集团频繁更换审计人员。种种现象显示，长园集团是一个高风险客户，但是，大华所在承接业务时采取了激进政策，在被审计单位商业失败时，因审计风险大增最终导致审计失败。中国注册会计师协会为促进内资所做大做强，从2003年开始对会计师事务所实行年度排名，其中，业务收入是影响会计师事务所名次的最主要因素。在会计师事务所百强排名中，大华所多年处于10名左右的位置，最高排名是第八名，一不小心则落于10名之外，与另外三四家会计师事务所在排名竞争中处于胶着状态。这也引起相关人员的思考，注册会计师审计失败的根本原因是注册会计师风险评估不足与风险应对措施不够的技术原因，还是审计市场竞争过于激烈的外部原因？促进内资所做大做强的政策激励手段是否实现了目标初衷？

五、分析与讨论

1.结合本案例，注册会计师应如何分析被审计单位及其环境以确定重大审计风险？

2.结合本案例，被审计单位哪些账户可能存在重大错报风险？为什么？

3.企业并购对价有哪些评估模式？各种评估模式的运用前提是什么？

4.本案例并购对价评估方法适当吗？为什么？后果是什么？

5.注册会计师的法律责任如何界定？本案例中，注册会计师的法律责任后果如何？

6.结合本案例分析企业内部控制如何影响财务报表质量、注册会计师应如何设计审计程序。

六、参考文献

[1] 中国证券监督管理委员会. 中国证券监督管理委员会深圳监管局行政处罚决定书〔2022〕3 号 [R/OL]. (2022-05-16) [2022-07-25]. http://www.csrc.gov.cn/shenzhen/c104320/c2654924/content.shtml.

[2] 中国注册会计师协会. 中国注册会计师执业准则（2017）[M]. 北京：中国财政经济出版社，2017.

[3] 中国注册会计师协会. 中国注册会计师执业准则应用指南（2017）[M]. 北京：中国财政经济出版社，2017.

案例说明书

一、本案例要解决的关键问题

1.理解并掌握审计风险的构成与形成原因；

2.理解并掌握审计风险的分析方法；

3.了解被审计单位的舞弊方式，掌握发现舞弊迹象的具体方法；

4.根据现行《证券法》与相应的司法解释分析注册会计师的法律责任；

5.掌握企业并购会计处理方式，掌握企业并购的审计风险评估与应对措施。

二、案例讨论的准备工作

（一）理论背景

代理理论、公司治理理论、保险理论。

（二）行业背景

长园集团总部位于深圳市南山区，在深圳、苏州等城市拥有11个产业园区。其智能工厂装备产业主要包含测试系统和自动化装备两大产品系列，为电子、汽车、医疗、新能源、服装、照明等行业提供全面解决方案；其智能电网设备产业覆盖了从发电、输电、变电、配电到用电的全网各领域，在国际智能电网解决方案一体化趋势方面，具有领先优势。2002年，长园集团登陆上海证券交易所。上市之初，主营热缩材料、电网设备、电路保护元件。有研报显示，长园集团专业从事工业与电力系统智能化、数字化的研发、制造与服务，在国内厂商中稳居热缩材料、电力电缆附件、高分子PTC行业第一，变电站微机五防行业第二，拥有13家主要控股子公司。2014年5月，长和投资清空长园集团股票。在此之前，长园集团发布了非公开发行股票预案，欲实行MBO（管理层收购）。在MBO接盘实施之际，沃尔核材及其董事长周和平等在二级市场迅速买入长园集团股份，成为长园集团第一大股东。长园集团无法接受自己是行业老大却受控于老二，双方开始了长达4年多的股权争夺战，直到2018年，双方达成一致行动人协议，最终解决了股权争斗。与其他上市公司一样，从2013年开始，长园集团走上并购扩张之路。2016年6月，长园集团以现金18.8亿元收购上海和鹰实业、王信投资等16名股东合计持有的和鹰科技80%股权。2016年7月28日，完成股权变更登记，长园和鹰成为长园集团控股子公司。2022年5月10日，中国证监会深圳监管局发布了对大华所的行政处罚决定书，对大华所因出具的审计报告存在虚假记载、审计时未勤勉尽责实施行政处罚。

（三）制度背景

《证券法》《中国注册会计师审计准则》《企业会计准则》《关于审理证券市场虚假陈述侵权民事赔偿案件的若干规定》《内部控制基本规范》。

三、教学组织方式

（一）问题清单及提问顺序

1.本案例中，长园集团主要在哪些方面进行财务舞弊？

2.本案例中，大华所审计失败的原因有哪些？

3.公司治理失败与内部控制失效如何影响财务信息质量？

4.在审计实务中，如何测试相关业绩项目的审计风险？

5.企业并购在什么背景下导致审计风险增加？注册会计师应如何应对？

6.注册会计师的法律责任如何界定？相关法律责任后果如何？

7.本案例的启示是什么？

（二）课时分配

1.课前完成案例阅读和初步思考：约3小时。

2.小组讨论并提交分析报告提纲：约3小时。

3.课堂小组代表发言，主题讨论：约3小时。

4.进行归纳总结：约0.5小时。

（三）讨论方式

本案例可以采用小组形式进行讨论。

（四）课堂讨论总结

课堂讨论总结的关键是：归纳、评价发言小组的主要观点；重申重点及亮点；提醒学生对关键问题或有争议的观点进行进一步思考和讨论；鼓励学生发散思维，对案例素材进行扩展研究和深入分析。

案例4　上市公司关联方交易舞弊及审计策略：以紫鑫药业为例

案例正文

专业领域/方向

审计学

适用课程

审计理论与实务

编写目的

1.理解和掌握会计责任、审计责任、重要性、审计风险、职业谨慎、勤勉尽责等重要概念。

2.理解和掌握虚假资本交易、成本分摊舞弊、关联方交易等重要实务问题。

知识点

会计责任、审计责任、重要性、审计风险、职业谨慎、勤勉尽责、关联方交易

关键词

紫鑫药业、关联方交易、财务舞弊、审计策略

案例摘要

本案例以吉林紫鑫药业股份有限公司（以下简称紫鑫药业）为例，分析了其涉嫌财务造假的原因、手段和后果。紫鑫药业是一家主营中成药和人参产业的上市公司，自2011年开始大量囤积人参，并通过虚构上下游客户、关联方交易、资产购置等方式夸大其营收和利润，吸引投资者和券商的关注。2012年，该公司因涉嫌关联方交易违法违规行为被中国证监会立案稽查，股价暴跌；此后，又多次被曝出存在财务舞弊的嫌疑，如隐瞒与境外客户的关联方关系、与新合作方存在“张冠李戴”的情况等。本案例通过分析紫鑫药业的财务造假情况，让学生了解财务舞弊的常见动因、手段和监管措施，提高学生的财务分析能力和职业道德意识。

一、引言

在全球化背景下，企业之间的竞争愈发激烈。企业要发展，就必须通过创新，降低

成本和增加利润，为此，一些企业利用不法手段虚增利润和粉饰报表，误导消费者作出错误的选择。然而，一旦企业的非法手段被揭露出来，就会对企业的发展产生极其恶劣的影响。如今，企业经常使用关联方交易舞弊手段，原因有二：首先，会计准则对关联方交易的规定不够明确，加之有些财务人员的职业素养不高，关联方交易舞弊就有了发生的可能性。其次，有些上市公司为了增加利润和现金流，隐瞒关联方交易，没有按照要求披露会计信息，交易的核心信息，如性质、金额和内容都模糊不清。

二、关联方交易舞弊概念及相关手段

关联方交易舞弊是指通过关联方交易来弥补损失以达到操控利润的目的，并且在财务报表和注释中没有进行适当和充分披露，从而误导用户的舞弊行为。一般而言，上市公司会使用以下类型的关联方交易来弥补损失：

（一）与购买和销售有关的舞弊行为

关联公司购销舞弊是指上市公司通过关联方之间的收购和销售活动的舞弊行为。当上市公司与其子公司和母公司进行买卖时，如果交易记录需要在合并财务报表中抵消而不能抵消，关联方交易就要在财务报表注释中披露。

（二）委托业务中的舞弊行为

委托业务中的舞弊行为是指上市公司利用我国委托经营法律法规缺失的制度缺陷，采取委托经营方式，达到操纵利润的目的。在实际中，有些上市公司把不良资产委托给相关方并且获取巨额回报。

（三）虚假资本交易

虽然我国法律不允许企业互相借款，但仍有许多上市公司由于缺乏良好的投资项目，将未包括在合并财务报表中的款项借给母公司或其他相关方，以收取高额利息来增加利润。

（四）成本分摊舞弊

成本分摊舞弊是指通过和关联方共享销售和管理费用来达到调整利润的目的。上市公司和集团公司对费用分摊达成协议，这已经成为上市公司常用的手段。

三、紫鑫药业关联方交易中的舞弊分析

（一）案例背景

1998年5月25日，紫鑫药业由康平保健食品有限公司、吉泰经贸有限公司联合设立。1998年11月，根据股东大会的决定，该公司的资本增加了300万元。2007年3月2日，该公司在深圳证券交易所上市。

上市之后，该公司的每股收益逐年下降，从2007年的0.74元下降到2009年的0.3元。2009年年底，吉林省出台了支持人参产业的利好政策，紫鑫药业筹集了10亿元进入人参产业。此后，紫鑫药业成为第一家试点企业，获得了12项产品的批准。2010年，其营收达到6.4亿元，同比增长1.5倍；净利润达到1.73亿元，同比增长1.8倍；每股收益为0.84元。2011年上半年，紫鑫药业持续蓬勃发展，营业收入和净利润分别为3.7亿元和1.11亿元，分别增长2.26倍和3.25倍。

然而，紫鑫药业快速增长的业务表现引发了监管机构对其参与关联方交易和虚构人参交易的疑虑。2011年10月，中国证监会调查了紫鑫药业涉嫌隐瞒关联方交易及其他违法行为。2014年2月，紫鑫药业收到中国证监会的行政处罚决定书，显示紫鑫药业隐瞒关联方交易，向其发出警告，处以40万元罚款，并且对中准会计师事务所的两名注册会计师进行通报批评。

（二）紫鑫药业关联方交易舞弊概况

紫鑫药业是一家高科技制药公司，主要业务是动植物医药的研发、生产和销售，自2007年上市以来表现普通。然而，其2010年财务报告让人眼前一亮。营业收入6.4亿元，净利润1.73亿元，同比增长1.51倍和1.84倍。一年后其营业收入和净利润同比增长2.26倍和3.25倍。紫鑫药业惊人的业绩受到了外界的关注，之后紫鑫药业被曝借助空壳公司进行自买自卖的行为。中国证监会于2011年3月就其涉嫌非法活动进行调查，2014年对紫鑫药业进行了警告和处罚。

仅从财务报表来看，紫鑫药业的人参业务具有独立的业务运营和良好的业绩，会带来持久的利润。然而，根据媒体报道和中国证监会的调查，紫鑫药业的巨额利润完全是通过内部关联方交易产生的。紫鑫药业的5个客户表面上似乎没有任何关系，但经过实地调查，这5家企业与紫鑫药业有着不可分割的联系。有的公司是由紫鑫药业控制的，有的公司的供应商与紫鑫药业有联系，有些甚至是空壳公司，用来隐瞒真相。在紫鑫药业的巨额利润背后，事实暴露无遗，紫鑫药业长期停牌，复盘后股价暴跌，人参贸易创造的神话就此破灭。

（三）紫鑫药业关联方交易舞弊手段

1.虚构下游客户

2010年年报显示，四川平大生物制品有限公司、亳州千草药业饮品厂、吉林正德药业有限公司、通化立发人参贸易有限公司、通化文博人参贸易有限公司是紫鑫药业的五大客户。它们创造了2.3亿元的收入，占紫鑫药业2010年营业收入的36%。可是，这五大客户并没有出现在紫鑫药业过往的财务报表中。在紫鑫药业2009年年报中，前五大客户的购买金额不足2 700万元，仅占紫鑫药业2009年营业收入的1/10。2010年，这五大客户却凭空出现，其背景令人好奇。在进行了大量的取证之后，某证券杂志的记者发现了许多疑点。这5家公司的名字、地点、注册资金、联系电话等信息有许多相似之处，郭春生是联结这些公司的纽带。

这些大客户与紫鑫药业有着错综复杂的关系，紫鑫药业此后业绩腾飞的表现很可能就是通过关联方交易舞弊达到的。

2.虚拟上游供应商

除了虚构下游客户以外，紫鑫药业还涉嫌虚构上游供应商。延边嘉益、延边耀宇、延边欣鑫、延边劲辉是紫鑫药业的上游供应商。它们的成立时间、业务范围和住所都极其相似，这也引起了外界的怀疑。这4家公司都于2010年成立，经营范围都是人参以及人参的粗加工，最初的公司住所都是延边州新兴工业集中区，郭春生都是最终控制人。这些公司的注册、变更，高管、股东等信息中很难忽略紫鑫药业及其关联方的影子，但这些并未在紫鑫药业的年报中充分披露。

根据紫鑫药业2010年年报，2009年预付延边嘉益等4家公司的采购款共计2亿元。至此，紫鑫药业的舞弊手段逐渐清晰。紫鑫药业控制着其上游供应商和下游客户，当紫鑫药业把采购原材料的款项支付给延边系的公司之后，延边系的公司把资金转移给通化系的公司，通化系的公司再用这些资金购买紫鑫药业的产品。可以看出，紫鑫药业可以自由调节自身的收入。这种自购自销的行为存在重大的关联方交易舞弊嫌疑。虽然它的交易确实是存在的，也发生了付款和交货行为，但是没有披露关联方交易。更令人吃惊的是，延边系和通化系的公司在其经营收入中占据了极大的比重，可是紫鑫药业没有按照实际情况披露与延边系和通化系公司之间的关系，其原因是否为关联方交易舞弊已经是不言而喻了。

四、案例总结与思考

（一）紫鑫药业关联方交易舞弊动因的总结与思考

1.外部环境影响

在紫鑫药业案中，监管机构难辞其咎。注册会计师在这个案件中有明显的失职行为，面对如此多的虚假数据，没有抱着职业怀疑的态度去审视和调查。这也就解释了为什么注册会计师在没有进一步调查关联方交易的情况下，就给出了无保留审计意见。这种行为严重违反了审计人员的职业道德和审计准则，对证券市场的发展产生了不良影响。

纷繁复杂的会计信息要分门别类地进行汇总，但是分类的标准和界限不明确，会计人员往往根据自己的经验进行分类。会计准则不能涵盖所有的会计活动，因为会计活动是多种多样的，不同公司有不同的会计活动。不同公司的会计核算方法往往是由公司自行确定的，对于同一时期的相同交易活动，不同企业之间的核算方法也具有质的区别。即使是同一家公司，不同时期的核算方法也会有差别。这些都为舞弊的发生提供了机会和借口。

2.治理结构不合理

紫鑫药业的董事、独立董事和监事会成员人数虽然都符合公司法的要求，但是，紫鑫药业一直存在董事兼任管理者的现象。不仅是独立董事，董事会的其他人员也在管理层有职位。这就形成了同一个群体既是管理层也是治理层的局面。在这种情况下，治理层监督管理层的作用就失效了。郭春生是该公司的最终控制人，他不仅是董事长，还是总经理，兼任管理层和治理层双重角色。郭春生控制着紫鑫药业，包括最底层的公司。在这种结构中，最终控制人就可以通过控制底层公司的董事会进而控制监事会，达到牟取私利的目的。

3.内控机制形同虚设

虽然在紫鑫药业的独立董事中有各行各业的权威人士，但是，面对由于关联方交易舞弊所带来的会计数据异常的事实，独立董事却没有发现任何问题，也没有提出必要的建议。这显然不是因为独立董事的专业水平欠缺，很可能是独立董事睁一只眼闭一只眼，受到利益的驱动而玩忽职守。从以上事实可以看出，独立董事只是名义上的存在，并没有发挥相应的作用，所以紫鑫药业可以毫无顾忌地进行关联方交易舞弊。

紫鑫药业设立了监事会，董事会每年聘请会计师事务所对财务报告进行审计，公司内部没有独立的审计部门。监事会的作用是对日常经营活动进行监督、检查公司的财务情况、监督高管履行职责。然而，监事会对财务报表中的巨额利润没有丝毫怀疑，也没有调查出现巨额利润的原因。事实上，紫鑫药业的实际控制人已经将监事会的控制权放到了自己的手中，监事会已经变成了一个空壳。一方面，审计师没有抱着怀疑的态度进行审计；另一方面，监事会没有发挥其监督作用。这些原因使得紫鑫药业能够进行关联方交易舞弊，伪造财务报表。

（二）审计失败的原因分析

1.风险导向审计执行不到位

现代风险导向审计要求审计师尽可能识别、评估和处理关联方交易，但是，中准会计师事务所没有做到。紫鑫药业通过隐瞒关联方交易虚增营业利润，使其财务报表中的数据明显高于同行业水平。在这种情况下，审计师理应保持职业怀疑。此外，审计准则要求审计师对所有的审计证据都进行复核，特别是包含重大交易的证据资料。从2009年到2010年，紫鑫药业前五大客户带来的收入从10%增加到36%，而且在这两年间客户的名字都不一样。无中生有的客户是值得注册会计师怀疑和深究的。

2.对舞弊风险的识别不够

关联方交易舞弊是造成审计失败的一个常见原因，审计师不但要尽可能地搜集更多的审计证据来支撑自己的调查，而且要对审计证据的真假进行识别。四川平大生物制品有限公司是紫鑫药业的第一大客户。2010年，该公司的营业收入只有3 011万元，却用了7 000多万元采购紫鑫药业的人参，这是一件匪夷所思的事情。如果注册会计师能够注意到这件事情，那么紫鑫药业也很难顺利地完成关联方交易舞弊。

3.分析性复核程序的执行不到位

审计准则要求审计师对关联方交易实施必要的审计程序，并仔细查看被审计单位提供的资料，确定关联方交易的完整性和公允性。在审计结束的时候，也要对财务报表进行总体复核。

如果中准会计师事务所根据审计程序对紫鑫药业的关联方关系进行调查，那么就能发现问题。短短一年的时间，紫鑫药业的利润就成倍增长，然而在2010年，紫鑫药业已经入不敷出了。这些迹象都表明审计师没有对异常的经营活动给予重视。中国注册会计师协会的调查报告也显示，中准会计师事务所的签字审计师在项目审计过程中没有保持应有的职业怀疑态度，在审计程序的计划和实施、审计证据的获取以及审计结论的形成方面存在不当，主要在初步业务活动、风险评估程序的执行方面存在不足，对预付账款、收入、关联方及其交易未获取充分、适当的审计证据，特别是在关联方及其交易的审计方面违反了中国注册会计师审计准则和职业道德守则。

4.审计软件运用不到位

在我国，财务软件的供应商很多，可是开发审计软件的企业很少，在实际工作中还会遇到版本兼容性的问题。可是，审计师也不是专业的计算机人才，对于这个问题无法立刻解决，这样一来就会影响审计工作的进度。此外，审计软件无法对被审计单位的内控进行符合性测试，也无法对数据采集的完整性和信息系统的可靠性进行测试。审计软件无法通过建模等方法对隐藏的有用信息进行挖掘和深究。

基于这种现状，中准会计师事务所的审计师也只能实施一些简单的步骤，例如获取财务数据和备份电子表格等。那么，在有限的时间内，中准会计师事务所的审计师就不能深入了解紫鑫药业的关联方交易，加之关联方交易本身就不容易被发现，这就给审计工作加大了难度。另外，审计软件也无法适应紫鑫药业复杂的关联方交易网络。如果审计软件可以在短时间内提取出行业的相关数据，那么审计师就可以发现紫鑫药业的数据明显高于同行业水平，这样就可以降低审计失败的概率。

五、分析与讨论

1.在审计风险评估的哪个阶段应特别注意关联方交易舞弊？

2.实施进一步审计程序的基础是什么？

3.在审计时应特别注意哪些事项？

4.如何加强总体性分析复核？

六、参考文献

[1] 中国证券监督管理委员会. 中国证监会行政处罚决定书（紫鑫药业股份有限公司、郭春生、曹恩辉等9名责任人）〔2014〕24号 [R/OL].（2014-02-13）[2022-09-26]. http://www.csrc.gov.cn/csrc/c101928/c1043060/content.shtml.

[2] 中国注册会计师协会. 中国注册会计师执业准则（2017）[M]. 北京：中国财政经济出版社，2017.

[3] 中国注册会计师协会. 中国注册会计师执业准则应用指南（2017）[M]. 北京：中国财政经济出版社，2017.

[4] 张玥，梁上坤，李超颖. 公司违规受罚会损失什么？——以紫鑫药业为例的研究 [J]. 中国会计评论，2018，16（02）.

案例说明书

一、本案例要解决的关键问题

1.理解和掌握会计责任、审计责任、重要性、审计风险、职业谨慎、勤勉尽责等重要概念；

2.理解和掌握虚假资本交易、成本分摊舞弊、关联方交易等重要实务问题。

二、案例讨论的准备工作

（一）理论背景

注册会计师审计的基本理论与实务知识。

（二）行业背景

紫鑫药业是一家高科技制药公司，主要业务是动植物医药的研发、生产和销售，自

2007年上市以来表现普通。然而，其2010年的财务报告却让人眼前一亮。营业收入6.4亿元，净利润1.73亿元，同比增长1.51倍和1.84倍。一年后其营业收入和净利润同比增长2.26倍和3.25倍。紫鑫药业惊人的业绩受到了外界的关注，之后紫鑫药业被曝借助空壳公司进行自买自卖的行为。中国证监会于2011年3月就其涉嫌非法活动进行调查，2014年对紫鑫药业进行了警告和处罚。

（三）制度背景

《证券法》《中国注册会计师审计准则》《企业会计准则》。

三、教学组织方式

（一）问题清单及提问顺序

1.在审计风险评估的哪个阶段应特别注意关联方交易舞弊？

2.实施进一步审计程序的基础是什么？

3.在审计时应特别注意哪些事项？

4.如何加强总体性分析复核？

（二）课时分配

1.课前完成案例阅读和初步思考：约3小时。

2.小组讨论并提交分析报告提纲：约3小时。

3.课堂小组代表发言，主题讨论：约3小时。

4.进行归纳总结：约0.5小时。

（三）讨论方式

本案例可以采用小组形式进行讨论。

（四）课堂讨论总结

课堂讨论总结的关键是：归纳、评价发言小组的主要观点；重申重点及亮点；提醒学生对关键问题或有争议的观点进行进一步思考和讨论；鼓励学生发散思维，对案例素材进行扩展研究和深入分析。

案例5　广东融泰关联方交易舞弊案：关联方交易审计问题

案例正文

专业领域/方向

审计学

适用课程

审计理论与实务

编写目的

1. 理解和掌握会计责任、审计责任、审计风险、职业谨慎、勤勉尽责等重要概念。
2. 理解和掌握细节测试、审计程序、关联方交易等重要实务问题。
3. 通过中国证监会的行政处罚决定加深对审计理论与实务关键问题的理解。

知识点

关联方、审计责任、审计风险、职业谨慎、勤勉尽责、保理业务

关键词

广东监管局、广东榕泰、大华所、行政处罚、警示函

案例摘要

2021年5月13日，广东榕泰收到中国证监会的行政处罚决定书，该公司违法原因为未按规定披露关联方关系及日常经营性关联方交易、虚增利润，导致2018年年度报告、2019年年度报告存在虚假记载。广东榕泰成为新《证券法》实施后首个收到千万罚单的上市公司。2022年5月，广东正中珠江会计师事务所在审计广东榕泰财务报告中未勤勉尽责，出具了标准无保留意见而被没收收入并罚款1倍。2022年7月28日，大华所在为广东榕泰提供审计服务过程中因对应收账款回款的细节测试执行不到位和保理业务收入审计程序执行不到位，收到广东监管局发布的《关于对大华会计师事务所、张晓辉、熊玲采取出具警示函措施的决定》。对本案例进行认真解读和扩展探索，有助于我们加深对审计准则、审计理论、审计实务、国家政策法规等的理解和掌握。

一、引言

应计项目，如应收应付款、预收预付款、其他应收应付款等，历来是分析财务舞弊、会计信息质量的重点科目。典型的学术研究应用以琼斯模型为代表的一系列模型，检测公司应计盈余管理程度。在财务管理领域，应计项目是企业利用上下游资金的能力和商业信用情况的重要体现。但是，随着交易造假类财务舞弊手法的增多，利用应计项目，特别是应收账款配合舞弊的手法也出现了一些新变化，如利用真实资金流虚构销售回款以降低应收账款，或利用保理、质押融资等业务将应收账款移出表外，这些都对应收账款舞弊的识别和应对提出了新的挑战。

2020年，随着修订后的《证券法》开始施行，监管层加大了对财务舞弊的惩处力度。2021年7月，中国证监会通报了适用新《证券法》的首批财务舞弊案件，其中广东榕泰关联方交易舞弊案被认定为造假手段隐蔽、利用新型或复杂金融工具的典型案件。尽管广东榕泰的舞弊金额相比康美药业、康得新少得多，但其舞弊手法既涉及利用关联方虚构应收账款、虚增保理业务收入，亦涉及虚减和隐藏应收账款的情形，不失为值得关注的新动向。

二、广东榕泰关联方交易舞弊案分析

（一）案例背景

广东榕泰2001年上市，从事化工材料的生产和销售业务。2016年，全资收购北京森华易腾通信技术有限公司（以下简称森华）后，广东榕泰开始了双主业模式，增加了互联网数据中心（IDC）、云计算、内容分发网络业务（CDN）等业务。自此，其分部收入来源分为三类：ML氨基复合材料；苯酐、二辛酯及其他化工产品；互联网综合服务。自上市以来，广东榕泰的大股东一直是广东榕泰高级瓷具有限公司。

广东榕泰的财务舞弊问题始发于无法按时披露年报。2020年4月29日，广东榕泰因与审计机构、评估机构无法达成一致，无法按期披露2019年年报和2020年一季报，继而停牌，同日便收到上交所的监管工作函；2020年5月7日，广东监管局就未按期披露问题要求该公司进行整改。2020年5月21日，中国证监会决定对广东榕泰信息披露违法违规立案调查。2021年，广东榕泰收到中国证监会广东监管局行政处罚事先告知书和决定书，其中披露的问题包括：未按期披露年报；未披露关联方关系、关联方交易；利用关联方虚构销售回款减少应收账款，从而虚增利润；虚构应收账款保理业务，虚增利润。值得关注的是，上市公司应真实披露各类公告，否则将被惩处。在中国证监会调查期间，广东榕泰曾就媒体报道的《广东榕泰疑隐瞒三大供应商关联方关系，2018年合计采购逾4.5亿元》发布澄清公告，这一澄清公告也被认定存在虚假记载。最终，作为首例适用新《证券法》的案件，广东榕泰被处以300万元罚款，董事长被处以330万元罚款，财务总监、董秘和多位监事、董事、独立董事被处以20万元至160万元不等的罚款，累计罚款1 450万元，远高于按旧《证券法》规定对康美药业案件累计顶格处罚的595万元。此外，广东榕泰还面临投资者的民事索赔诉讼。

广东榕泰2018年度以及之前的年报均由广东正中珠江会计师事务所审计，审计结果为标准无保留意见，2019年12月更换为大华所，2019—2020年年报均为保留意见，涉及的问题包括无法确认关联方关系和商业实质的采购、子公司内部控制缺陷、坏账准备、资产减值准备及存货损失、关联方资金占用等。虽然2019年年报是在立案调查后公布的，但是如行政处罚决定书所述，该年报无法按期披露的原因之一是审计机构持不同意见。可见审计机构在这一舞弊事件中起到一定的“揭发”作用。

2022年5月，广东正中珠江会计师事务所因广东榕泰的审计问题被没收收入，并罚款1倍。

2022年7月28日，广东监管局发布《关于对大华会计师事务所、张晓辉、熊玲采取出具警示函措施的决定》。该决定指出，大华所在对广东榕泰2019年年报审计执业中存在以下问题：对应收账款回款的细节测试执行不到位、保理业务收入审计程序执行不到位。大华所的上述行为不符合中国注册会计师执业准则的有关要求，违反了《上市公司信息披露管理办法》（中国证监会令第40号）第五十二条、第五十三条的规定。张晓辉、熊玲作为广东榕泰2019年度审计报告签字注册会计师，对相关违规行为负有主要责任。广东监管局决定对大华所和张晓辉、熊玲采取出具警示函的行政监管措施。

（二）广东榕泰造假情况

2021年5月13日，因涉嫌信息披露违法违规，广东榕泰收到广东监管局处罚通知书。广东监管局指出，广东榕泰涉嫌以下违法事实：

一是未在规定限期内披露2019年年度报告。

二是相关报告未按规定披露关联方关系、日常经营性关联方交易。2018年年度报告、2019年年度报告未按规定如实披露关联方关系，2019年年度报告问询函回复、澄清公告存在虚假记载，2018年年度报告、2019年年度报告未按规定披露日常经营性关联方交易。

三是2018年年度报告、2019年年度报告虚增利润。

广东榕泰2018年度通过虚构销售回款虚增利润1 224.69万元；2019年度通过虚构销售回款虚增利润3 124.23万元，通过虚构保理业务虚增利润1 177.99万元，合计共虚增利润4 302.22万元。

根据这份行政处罚决定书，我们看到广东榕泰大量运用了关联方关系进行财务造假。

1.设立关联方，并进行大量关联方交易

（1）设立关联方。

2008年6月至2019年4月，该公司实控人先后安排他人注册中粤农资、和通塑胶、永佳农资、国华机电4家公司，这4家公司的挂名股东是该公司员工，这些公司的相关公章、法人印鉴、网银账户等也都掌握在广东榕泰员工手中。广东榕泰的实控人是这4家公司的实控人，这4家公司应当是广东榕泰的关联方，但广东榕泰在年报中未披露关联方关系。

（2）通过关联方进行材料采购。

根据广东榕泰的采购需求，和通塑胶、永佳农资、中粤农资3家关联方企业与外部原材料供应商接洽并签订原材料购销合同。这些原材料采购大多采用“先付款后发货”的方式进行，由广东榕泰以银行转账或承兑汇票转让的方式将货款分别支付给3家关联方企业，再由关联方企业将货款支付给外部原材料供应商，实际上所有货物均由广东榕泰直接收货。多数情况下，3家关联方企业根据外部供应商开具的销售发票及前期与外部供应商签订的购销合同，按照1%左右的毛利率确定对广东榕泰的销售价格，并向广东榕泰开具销售发票。

2018年，广东榕泰合计向3家关联方企业采购原材料41 903.02万元（不含增值税），占广东榕泰2018年净资产的13.16%。2019年，广东榕泰合计向3家关联方企业采购原材料40 376.68万元（不含增值税），占广东榕泰2019年净资产的15.36%。2018年年度报告、2019年年度报告均未披露广东榕泰与和通塑胶、永佳农资、中粤农资发生的上述日常经营性关联方交易情况。

（3）利用关联方虚增利润。

①虚构回款，避免计提坏账。

2018年，广东榕泰有3家客户应收账款合计1 224.69万元，无法收回，本应当全额计提减值准备，但广东榕泰利用自有资金通过和通塑胶、中粤农资及第三方机构循环支付，并制作虚假的代付款协议，虚构从这3家客户收取货款1 224.69万元，从而避免计提坏账准备，虚增利润。

2019年，广东榕泰发现有10家客户应收账款合计3 124.23万元，无法收回。广东榕泰同样利用中粤农资及第三方机构循环支付，并制作虚假的代付款协议，虚构从这10家客户收到货款，避免计提坏账准备。

②虚构保理业务，虚增利润。

2019年4月初，杨宝生利用其同时控制广东榕泰全资子公司深圳金财通商业保理有限公司（以下简称金财通）以及和通塑胶、永佳农资、中粤农资的地位，组织人员虚构了金财通与和通塑胶、永佳农资、中粤农资开展保理业务的协议，约定金财通以受让应收账款债权为条件分别向和通塑胶、永佳农资、中粤农资提供融资9 000万元、9 000万元、8 000万元并收取利息收入，达到增加广东榕泰2019年利润的目的。在制作保理协议的时候，由于和通塑胶、永佳农资、中粤农资没有可转让的应收账款，杨宝生将这3家企业的应收账款进行模糊化处理，保理协议本身没有列明应收账款的具体内容。保理协议制作完成后，杨宝生将其交给财务总监郑创佳保管，以便在协议约定的时间节点，由郑创佳提醒和通塑胶、永佳农资、中粤农资归还保理款本金及利息。2019年11—12月，共收回保理款2.6亿元；2019年6—12月，共收到保理利息款1 213.33万元，确认其他业务收入1 177.99万元（不含增值税），造成广东榕泰2019年年度报告虚增利润1 177.99万元。

2.被监管层问询，被媒体质疑，均否认关联方关系

2020年7月20日，上交所对广东榕泰2019年年报发出了问询函，其中包括请该公司补充披露国华机电是否为该公司的关联方。8月18日，该公司的回复公告中称，未发现国华机电、和通塑胶、永佳农资、中粤农资与控股股东存在关联方关系，控股股东及关联方确认与国华机电、和通塑胶、永佳农资、中粤农资不存在关联方关系，也不存在资金借贷关系或者业务往来。

《每日经济新闻》在2020年8月15日发表了《广东榕泰疑隐瞒三大供应商关联方关

系，2018年合计采购逾4.5亿元》，质疑广东榕泰未披露与供应商之间的关联方关系。8月18日，该公司在回复上交所问询函的同时也发布了《关于媒体报道的澄清公告》，同样否认与这4家公司存在关联方关系。

2021年4月30日，广东榕泰发布2020年年报，大华所仍然给出了保留意见的审计报告，保留事项主要是对资产减值的计提依据以及控股股东及其关联方的资金占用情况有所保留。2020年，广东榕泰计提了大额减值，同时控股股东及其关联方非经营性资金占用大概5亿多元。对这些数据是否公允、准确，注册会计师有所保留。

由于该公司在2021年3月11日已经收到广东监管局发送的行政处罚及市场禁入事先告知书，该告知书已经明确指出上面描述过的虚增利润行为，因此，在2020年年报中对之前的舞弊行为进行了"前期重大差错更正"，追溯调整了报表。

2020年年报报出之后，上交所又针对年报发出了监管问询函，重点问询了各种往来款项的明细、经济实质、是否存在关联方关系等问题。对该问询函的回复在延期了很多次之后，2021年7月24日，广东榕泰发布公告回复问询函。回复函很长，对问询函中提到的诸多问题进行了回答，没有对2020年年报数字再做追溯调整，但对2020年一季报、半年报、三季报的相关科目进行了追溯调整。

（三）大华所在审计执业中存在的问题

2022年7月28日，广东监管局发布《关于对大华会计师事务所、张晓辉、熊玲采取出具警示函措施的决定》。根据这份警示函，我们看到大华所在审计中存在如下问题：

对应收账款回款的细节测试执行不到位。大华所对广东榕泰应收账款回款情况进行了抽样测试，审计工作底稿记录的是广东榕泰部分应收账款回款财务凭证抽样检查情况与相关财务凭证实际记载不一致，审计工作底稿记录存在错误。大华所未能完整检查并记录部分被抽取凭证样本所记载应收账款回款为委托付款的情况，从相关凭证样本获取的审计证据不支持相应检查结论。上述情形不符合《中国注册会计师审计准则第1301号——审计证据》第十条、《中国注册会计师审计准则第1131号——审计工作底稿》第十条的相关规定。

保理业务收入审计程序执行不到位。一是对广东榕泰子公司金财通相关保理收入，大华所仅检查了保理协议及对应发票、银行回单，未获取并检查保理业务对应的基础交易合同及发票清单、结算清单等资料，未就相关保理收入获取充分、适当的审计证据。二是大华所未对金财通保理业务基础交易资料不完整的情况保持职业怀疑，未执行进一步审计程序获取审计证据。上述情形不符合《中国注册会计师审计准则第1101号——注册会计师的总体目标和审计工作的基本要求》第二十八条、《中国注册会计师审计准则第1301号——审计证据》第十条的相关规定。

三、案例总结和思考

结合对广东榕泰关联方交易舞弊案的分析，可以总结出应收账款异常或舞弊的五种表现：一是虚增应收账款以配合虚增的收入舞弊；二是应收账款因行业低迷或经营不善等问题导致余额畸高；三是利用会计操纵手法，如调整坏账计提比例少计坏账准备；四是虚构"真实"现金回款，避免应收账款出现异常；五是利用保理和质押融资等新型金融工具转移应收账款。前二者涉及应收账款来源，后三者涉及应收账款去向。

面对外部环境的压力，为实现企业的业绩目标，上市公司，尤其是ST类上市公司，往往选择披露对自己有利的会计信息，隐藏对自身不利的信息，因此当被审计单位和注册会计师出现审计意见分歧时，被审计单位会选择购买审计意见，以便得到自己想要的审计结果。这时候注册会计师的专业胜任能力和独立性就显得极为重要，大华所坚持了职业道德准则和审计准则，出具了保留意见的审计报告，为投资者作出决策提供了真实可信的审计信息，减少了不必要的损失。

四、分析与讨论

1.如果客户故意舞弊，如何划分会计责任与审计责任？

2.如何界定关联方交易？

3.如何利用关联方交易进行财务造假？

4.在审计实务中，对关联方交易等业务需要重点关注哪些事项？

5.结合中国证监会的其他行政处罚决定，对会计师事务所及注册会计师的处罚有哪些规律？

6.如何理解会计师事务所的声誉口碑？

五、参考文献

[1] 中国注册会计师协会. 中国注册会计师执业准则（2017）[M]. 北京：中国财政经济出版社，2017.

[2] 中国注册会计师协会. 中国注册会计师执业准则应用指南（2017）[M]. 北京：中国财政经济出版社，2017.

[3] 叶凡，叶钦华，黄世忠. 应收账款舞弊的识别与应对——基于广东榕泰的案例分析 [J]. 财务与会计，2021（21）.

[4] 王小琪. 会计信息披露引起会计师事务所和上市公司意见分歧问题研究——以广东榕泰实业股份有限公司为例 [J]. 广西质量监督导报，2021（3）.

案例说明书

一、本案例要解决的关键问题

1.了解和掌握关联方识别和关联方交易披露的法律法规、会计准则和信息披露规定，以及相关的方法和技巧；

2.理解和运用应收账款核实的程序和方法，以及专业怀疑精神和专业判断，对应收账款进行有效的审计验证；

3.分析和讨论利润调节的原因和影响，以及利润调节的方式和手段，从而提高对财务报表真实性的审计判断能力。

二、案例讨论的准备工作

（一）理论背景

对关联方关系、关联方和关联方交易的界定。

根据《中华人民共和国公司法》的规定，关联关系是指公司控股股东、实际控制人、董事、监事、高级管理人员与其直接或者间接控制的企业之间的关系，以及可能导致公司利益转移的其他关系。

《企业会计准则第36号——关联方披露》规定，一方控制、共同控制另一方或对另一方施加重大影响，以及两方或两方以上同受一方控制、共同控制或重大影响的，构成关联方。

对于关联方交易，不同国家和地区的法律规范有不同的界定。《企业会计准则第36号——关联方披露》第七条规定，关联方交易是指关联方之间转移资源、劳务或义务的行为，而不论是否收取价款。上海证券交易所和深圳证券交易所出具的关于股票上市交易规则文件对关联方及关联方交易也有明确的规定。《德国股份法》提到“关联人是指对一方经营决策具有控制或重大影响的人，关联人的外延由公司内部人（主要包括公司的控股股东、董事、经理等人员）及与内部人有利益关系的第三人两部分组成，关联人在关联方交易中施加控制或重大影响是通过内部人实现的”。

（二）行业背景

自上交所和深交所成立以来，上市公司财务舞弊案时有发生。财务舞弊不但损害了资本市场的信誉，而且给经济发展造成了严重的负面影响，使广大投资者蒙受巨大的经济损失。财务舞弊的手段复杂多样，关联方交易舞弊因其隐蔽性强、错综复杂且难以被识破，成为上市公司虚增利润、粉饰业绩的常用手段，从而使注册会计师的审计难度加大，审计风险增加，发生审计失败的可能性也不断增加；还使注册会计师公正诚信的形象受到社会公众的质疑，面临严重的信任危机。

广东榕泰2001年上市，从事化工材料的生产和销售业务。2016年，全资收购森华后，广东榕泰开始了双主业模式，增加了互联网数据中心（IDC）、云计算、内容分发网络业务（CDN）等业务。自此，其分部收入来源分为三类：ML氨基复合材料；苯酐、二辛酯及其他化工产品；互联网综合服务。上市以来，广东榕泰的大股东一直是广东榕泰高级瓷具有限公司。

广东榕泰的财务舞弊问题始发于无法按时披露年报。2020年4月29日，广东榕泰因与审计机构、评估机构无法达成一致，无法按期披露2019年年报和2020年一季报，继而停牌，同日便收到上交所的监管工作函；2020年5月7日，广东监管局就未按期披露问题要求该公司进行整改。2020年5月21日，中国证监会决定对广东榕泰信息披露违法违规立案调查。2021年，广东榕泰收到中国证监会广东监管局行政处罚事先告知书和决定书，其中披露的问题包括：未按期披露年报；未披露关联方关系、关联方交易；利用关联方虚构销售回款减少应收账款，从而虚增利润；虚构应收账款保理业务，虚增利润。值得关注的是，上市公司应真实披露各类公告，否则将被惩处。在中国证监会调查期间，广东榕泰曾就媒体报道的《广东榕泰疑隐瞒三大供应商关联方关系，2018

年合计采购逾4.5亿元》发布澄清公告，这一澄清公告也被认定存在虚假记载。最终，作为首例适用新《证券法》的案件，广东榕泰被处以300万元罚款，董事长被处以330万元罚款，财务总监、董秘和多位监事、董事、独立董事被处以20万~160万元不等的罚款，累计罚款1 450万元，远高于按旧《证券法》的规定对康美药业案件累计顶格处罚的595万元。此外，广东榕泰还面临投资者的民事索赔诉讼。

（三）制度背景

《公司法》《企业会计准则第36号——关联方披露》。

三、教学组织方式

（一）问题清单及提问顺序

1. 找出本案例中广东榕泰的关联方有哪些，判断本案例中与广东榕泰相关的关联方交易。

2. 结合本案例，从哪些数据可以看出广东榕泰可能存在关联方交易舞弊现象？

3. 请从注册会计师的角度出发，就本案例给出的财务数据进行详细分析，看看广东榕泰是否存在关联方交易舞弊问题。

4. 结合本案例，找出广东榕泰关联方交易舞弊的主要原因。

5. 本案例有哪些问题值得进一步关注和思考？

（二）课时分配

1. 课前完成案例阅读和初步思考：约3小时。

2. 小组讨论并提交分析报告提纲：约3小时。

3. 课堂小组代表发言，主题讨论：约3小时。

4. 进行归纳总结：约0.5小时。

（三）讨论方式

本案例可以采用小组形式进行讨论。

（四）课堂讨论总结

课堂讨论总结的关键是：归纳、评价发言小组的主要观点；重申重点及亮点；提醒学生对关键问题或有争议的观点进行进一步思考和讨论；鼓励学生发散思维，对案例素材进行扩展研究和深入分析。

案例6　粤传媒并购香榭丽审计失败案例

案例正文

专业领域/方向

审计学

适用课程

审计理论与实务

编写目的

1.理解和掌握并购审计、审计责任、审计风险、审计失败、职业道德等重要概念。

2.理解和掌握影响并购审计成功的因素。

3.通过中国证监会的行政处罚决定加深对审计理论与实务关键问题的理解。

知识点

并购审计、审计失败、审计风险、职业道德、审计责任

关键词

并购审计、粤传媒、香榭丽、审计失败

案例摘要

2013年，主营业务为传统纸媒的广东广州日报传媒股份有限公司（以下简称粤传媒）为实现业务转型，跟上互联网媒体的发展步伐，选择以4.5亿元并购户外LED大屏广告龙头企业上海香榭丽广告有限公司（以下简称香榭丽）。然而，并购后仅3年，粤传媒就以1元的价格将香榭丽98.61%的股权转让出去，宣告并购失败。2018年，中国证监会对此次并购进行调查发现，在此次并购中，粤传媒高层涉嫌受贿，香榭丽涉嫌合同诈骗、财务造假。作为此次并购审计机构的中天运会计师事务所却对这些财务造假手段毫无察觉。本案例对中天运会计师事务所产生审计判断偏差最终导致审计失败的过程、原因进行分析，对相关企业有一定的借鉴意义。

一、引言

2019年2月27日，粤传媒发布的一条关于该公司收到中国证监会行政处罚事先告

知书的公告在资本市场引起了轩然大波，从而使一桩惊天骗局浮出水面。为谋求转型发展，国有上市企业粤传媒于2013年10月同香榭丽签订了并购协议，粤传媒通过现金购买和发行股票两种方式，以4.5亿元获取了香榭丽的全部股份，并于2014年6月完成了并购。然而好景不长，仅在不到两年的时间里，香榭丽便被曝出财务造假。2016年3月，香榭丽总经理叶玫等人便因涉嫌合同诈骗被公安机关立案调查，而后香榭丽因连年亏损，资不抵债，最终申请破产，粤传媒不得已以1元的价格将香榭丽98.61%的股份转让给关联方。粤传媒作为一家大型上市国有企业，被一家广告公司戏弄得团团转，亏损超过4.5亿元，令人瞠目结舌。最终香榭丽涉及本次并购的企业高层因合同诈骗罪、行贿罪等被判刑，粤传媒相关高层也因受贿罪、行贿罪、国有企业人员失职罪等被追究刑事责任。这次并购涉及的中介机构，包括保荐机构东方花旗证券、资产评估机构北京中企华资产评估有限责任公司、中天运会计师事务所、大成律师事务所均受到中国证监会的处罚。香榭丽进行财务舞弊及合同诈骗固然是事实，然而作为本次并购的审计机构，中天运会计师事务所却显得极不专业，在已经发现香榭丽财务状况中的异常之后，仍然没有进行重点审查，以至于没有发现其舞弊行为。中天运会计师事务所在此次并购审计中的审计失败，是导致此次并购出现问题的重要原因。那么在此次并购中，在国内久负盛名的老牌会计师事务所中天运会计师事务所是如何出现审计失败问题的？此次并购审计失败又暴露出当前审计机构、审计人员、审计程序的什么问题？我们可以从中吸取什么经验，以防范并购审计的失败？这些都是值得我们探讨与思考的问题。

二、粤传媒并购香榭丽审计失败案例描述

（一）粤传媒并购香榭丽概况

1.并购双方及中天运会计师事务所简介

粤传媒是大型国有上市企业，于1992年成立，经过10多年的发展，于2007年在深交所上市，曾用名为“广东九州阳光传媒股份有限公司”，2012年完成资产重组后改为现用名。粤传媒的主营业务包括广告制作、广告发布、广告设计、出版物印刷、新媒体等。粤传媒是国内第一家上市的报业传媒企业，总资产达44亿元，员工超4 000人，拥有数十家报刊、网站、子公司及分公司，曾荣登“中国500最具价值品牌”排行榜第二位，在中国报业品牌中排名第二，遥遥领先于其他报刊品牌。近年来，随着互联网技术的快速发展，像粤传媒这样依靠印刷、广告和发行等传统业务的传媒企业备受打击。从粤传媒的财务数据可以看出，自2011年起，粤传媒的营业收入就出现增长乏力现象，2013年之后更是连年下降。粤传媒2011—2016年营业收入情况见表6-1。同时，国家为了鼓励传媒业发展，也出台了一系列支持政策，把文化产业作为国民经济支柱性产业发展，鼓励文化企业进行跨行业、跨地区的并购，以此形成一批竞争力强、影响大的综合性传媒集团。粤传媒本身的盈利大多数来源于广告利润，业务主要集中于广东省，业务结构和区域分布均比较单一，因此，粤传媒开始积极寻求并购，以扩大企业规模，拓宽业务范围，扩展业务市场。经过中介推荐以及一系列决策程序后，粤传媒最终选择香榭丽作为并购标的。

表6-1 粤传媒2011—2016年营业收入情况

年份	营业收入（万元）	营业收入增长率
2011	33 259.74	-1.77%
2012	188 073.29	0.15%
2013	167 100.69	-11.15%
2014	151 513.79	-9.33%
2015	128 585.16	-15.13%
2016	102 082.96	-20.61%

资料来源 根据Wind数据库中上市公司年报数据整理而得。

香榭丽于2003年10月在上海成立，其主营业务包括媒体执行、媒体经营和媒体计划等，2006年开始进军户外LED大屏广告市场，经过A、B两轮融资后，成为中国最主要的户外大型LED媒体网络运营商之一。香榭丽的经营范围覆盖全国近百座城市，与众多国际广告代理公司及国内外知名品牌建立了长期稳固的合作关系。因有利于粤传媒实现对户外大屏媒体资源的扩张以及构建“互联网+”平台，扩张市场版图及整合优质客户资源，2013年，香榭丽同粤传媒签订收购协议，后粤传媒通过现金收购及发行股票的方式全额收购香榭丽。

中天运会计师事务所（以下简称中天运）成立于1994年3月，是全国百强会计师事务所之一，并且是全球著名商业咨询组织华利信国际的成员所。中天运总部设在北京，分支机构遍及香港、浙江、新疆、天津、广东、四川、深圳、辽宁、山东等地，业务已基本覆盖长三角、珠三角和环渤海经济圈等中国主要经济中心及经济发达的中西部内陆城市，并且已向欧洲、美洲、非洲等地区延伸。在此次粤传媒对香榭丽的并购中，由粤传媒聘请中天运提供审计服务，因审计活动出现重大失误，中天运未能发现香榭丽的舞弊等行为，致使粤传媒遭到合同诈骗，受到重大损失，中天运也受到中国证监会的相应处罚。

2.并购过程及结果

为顺应党中央推动文化产业发展的战略，打破自身发展桎梏，推动业务多元化发展和拓宽市场版图，粤传媒计划开展并购活动，经过商讨及市场调研，决定进军LED大屏广告市场。而后，通过东方花旗证券投行部董事总经理郑剑辉介绍，粤传媒同香榭丽开始对并购的相关事宜进行洽谈。2013年6月至8月，粤传媒赵文华、陈广超同香榭丽总经理叶玫、副总经理乔旭东就并购事宜进行了多次洽谈，最终于2013年9月签订了并购意向书。粤传媒随后披露了重大事项停牌公告，并向有关部门申请停牌，同时聘请中天运担任审计机构、东方花旗证券担任财务顾问、中企华资产评估公司（以下简称中企华）担任资产评估机构、大成律师事务所担任法律顾问。2013年10月，粤传媒同香榭丽正式签订并购协议，并于同月披露了香榭丽审计报告、资产评估报告、财务顾问报告、法律意见书等文件，正式披露本次并购总金额为4.5亿元，支付方式为现金支付和发行股票，收购香榭丽的全部股份。10月28日，粤传媒正式复牌，直到2014年6月，并购工商登记手续完成，代表并购交易彻底完成。

为了促成并购，香榭丽曾承诺其将在2014年、2015年、2016年实现扣非净利润5 683万元、6 870万元及8 156万元。由于被之前香榭丽进行的财务舞弊蒙蔽了双眼，粤传媒选择信任其承诺并与其签订了并购协议，然而事实上，香榭丽的真实财务状况使其根本无法实现承诺。2014年9月和2015年1月，通过向粤传媒提供“业绩向好”的虚假财报，香榭丽分别获得了3 500万元和1 000万元的增资。香榭丽的承诺不但没有实现，反而连年亏损，2014年、2015年、2016年共亏损4.04亿元。纸包不住火，最终香榭丽的舞弊行为被发现，粤传媒为了止损，将香榭丽告上法庭，要求其主要责任人承担法律责任。2016年3月，香榭丽总经理叶玫等人因涉嫌合同诈骗被公安机关立案调查，同年8月，粤传媒向人民法院申请香榭丽因资不抵债破产，并于2017年9月以1元的价格将香榭丽转让给关联方广州同乐投资有限责任公司。此次并购如此惨淡地结束了，在此次并购中，粤传媒累计亏损5.2亿元，并购主要负责人陈广超、赵文华、李名智均被判刑，而香榭丽的主要负责人叶玫等人也因犯合同诈骗罪等被判入狱，与本次并购有关的中天运等中介机构也受到中国证监会调查，并作出不同程度的处罚，结局令人唏嘘。

（二）粤传媒并购香榭丽审计失败的表现

在本次并购中，粤传媒聘请中天运提供审计服务，向中天运支付服务费用66万元；而中天运于2013年10月出具了对香榭丽的审计报告，审计意见为标准无保留意见，项目签字注册会计师为李朝阳、朱晓葳。中国证监会在后续调查中发现，中天运在本次并购项目的审计过程中出具了存在虚假记载的审计报告，具体表现有以下几方面：

1.香榭丽相关文件存在虚假记载

在并购活动中，由于并购双方信息不对称，并购方对被并购方的真实财务状况并不十分了解，而被并购方为了将自己“卖出个好价钱”，往往有动机进行财务舞弊，隐瞒真实财务状况，提高公司的估值。在并购中，购买方往往以标的资产项目的盈利数据作为基础来评判并出价，而香榭丽是非上市公司，没有股价作为依托，如果要提高收购价格，就要提高财报利润。香榭丽采取了三种手段对其财报进行粉饰：一是伪造电子章和电子签名来制作虚假合同，找广告公司工作人员配合签名、盖章以制作虚假合同，以已经取消的合同来顶替有效合同，以合同扫描件来代替没有签署的正式合同；二是与广告代理公司签订合同，然后再取消合同，但仍然作为实际履行的合同进行财务记账；三是调节合同折扣百分比，通过调高合同折扣、按照合同折扣入账方式来虚增利润。通过以上方式，香榭丽在2011年、2012年、2013年年报中虚增净利润3.2亿元。

2.风险评估阶段存在异常

企业并购中必不可少的一环就是风险评估，在此环节中需要谨慎评估风险状况，为并购提供必要的安全保障。在粤传媒并购香榭丽项目的审计过程中，看看香榭丽2011—2013年应收账款占总资产比例就可以发现，其应收账款占比过高，“公司单”在单笔金额及审批流程上都存在异常状况。“公司单”单笔金额基本都在100万元以上，而正常业务单单笔金额在几万元到几十万元不等，并且香榭丽总经理叶玫自己承接了很大比例的“公司单”。在发现这些异常情况之后，中天运却并未对其进行重点审查，以至于并未发现香榭丽的舞弊行为，严重缺乏职业谨慎和职业怀疑态度。表6-2为2011—2013年香榭丽应收账款占总资产比例。

表6-2　　2011—2013年香榭丽应收账款占总资产比例

年份	应收账款/总资产
2011	37.58%
2012	48.11%
2013	60.87%

资料来源　根据中国证监会对中天运行政处罚公告整理而得。

3.内部控制测试审计结论有偏差

内部控制测试是指审计人员通过调查，获取有关单位内部控制设置以及运行的情况，并通过相关测试来对内部控制的健全性、有效性和合理性进行评价。内部控制测试的主要内容有：审查内部控制的恰当程度，评价内部控制的有效性，评价内部控制的健全性。中天运在对香榭丽进行的内部控制测试中，发现其抽取的多份合同存在有关人员签名不全的问题，在明知香榭丽存在内部控制缺陷的情况下，仍然没有进行深入调查，反而给出了“内部控制有效并得到执行”的审计结论，也没有给出相应的提示，严重违背了执业规范。

4.实质性程序存在严重缺陷

在函证过程中，对询证函保持有效控制极为重要，而中天运在审计工作中发现，留存的快递单存在缺失，其中发函快递单缺失6份、回函快递单缺失7份，而缺失的快递单所对应的公司存在虚假销售业务。另外，中天运在函证过程中还发现了其他异常现象，如发函地址与查询地址不一致、有回函快递单但没有发函记录、未加盖香榭丽公章的发函却收到回函等。

（三）本次并购审计失败的影响

1.相关责任人得到处罚

粤传媒方面，总经理赵文华因犯受贿罪以及国有企业人员失职罪被判处有期徒刑11年，副总经理陈广超和驻派代表李明智则因行贿罪、受贿罪和国有企业人员失职罪分别被判处有期徒刑11年和8年。香榭丽方面，总经理叶玫因犯合同诈骗罪、行贿罪被判处有期徒刑15年6个月，副总经理乔旭东和财务总监周恩海因合同诈骗罪分别被判处10年和4年有期徒刑，香榭丽因合同诈骗罪和单位行贿罪被判处追缴合同成交金额4.95亿元、处罚金1 100万元。东方花旗证券的郑剑辉作为项目中间人，因犯行贿罪被判处有期徒刑3年。

同时，中国证监会出具了多份行政处罚决定书，对中天运、中企华、东方花旗证券、大成律师事务所及相关责任人进行了相应处罚。由于中天运在审计过程中出具了具有虚假记载的审计报告，并且给出了不当的审计意见，因此决定没收中天运所得业务收入66万元、罚款198万元，对两名相关注册会计师分别处以罚金5万元，中天运直接损失264万元。中企华的工作底稿中未见对快递单以及发、回函过程保持控制的记录，也并未制作相应的收发统计表；在评估中所使用的数据为香榭丽提供的电子数据，中企华没有对数据的可靠性进行核查，也没有对其他中介机构出具的意见进行相关审慎核查，导致其并未发现香榭丽的财务造假行为。中国证监会责令中企华改正，没收其业务收入25万元、罚款75万元，对两名相关评估师分别处以罚金5万元、给予警告处分。东方花旗证券作为本次并购的财务顾问，在调查中并未勤勉尽责，并未全面评估风险，未对应收账款及缺失收入进行核查，未能发现香榭丽的财务舞弊行为，因此中国证监会没收其业务收入594万元、罚款1 785万元，项目负责人郑剑辉及蔡军强分别被罚款5万元。大成律师事务所在并购中出具的法律意见书存在虚假陈述内容，并且未做好对香榭丽的审慎检查，因此中国证监会没收大成律师事务所业务收入30万元，并处罚金90万元，两名相关律师分别被处罚金5万元。

2.并购双方均受到不利影响

粤传媒作为本次并购的主并方，在本次并购中共支付5.2亿元，而最后仅以1元的价格转让香榭丽，损失惨重。尽管人民法院判决香榭丽退还粤传媒交易款项4.95亿元，然而由于香榭丽本身经营状况不好，已然资不抵债，根本无法将全部款项退还粤传媒。此次并购失败使粤传媒受到重大损失，严重影响了粤传媒的经营。并购以后，粤传媒的业务收入连年下滑，直到2020年才有所缓解，其资产负债率在并购后也整体呈现上升态势。此次并购失败也阻碍了粤传媒的并购转型之路，随着近些年相关并购政策的改变，粤传媒很难获得更好的并购机会。

香榭丽作为被并购企业，企图通过财务舞弊来提高自身估值，以获得更高的并购交易价格，然而最终被揭穿，主要负责人锒铛入狱，公司声誉受到了严重打击，由于本身经营不善，更是出现了连年亏损，以至于最后陷入破产转让的境地。

三、并购审计失败的原因

（一）中天运对香榭丽调查不充分

1.忽略外部环境压力可能导致香榭丽的舞弊行为

作为此次并购的双方主体，粤传媒和香榭丽都属于文化传媒行业。不同的是，粤传媒依赖纸媒业务，属于传统媒体行业；而香榭丽属于依赖LED大屏广告收入的广告行业。并购发生前的2009—2013年，随着互联网媒体的兴起，实力强劲的互联网企业逐步在广告行业占据了主要市场，形成了垄断力量，这就使得行业竞争压力不断加剧。香榭丽的主要利润来源是户外LED大屏广告收入，2011—2013年，户外LED大屏广告收入占该公司总收入的比例达到了100%。香榭丽的业务结构比较单一，在行业整体发展面临巨大压力的情况下，其自身发展必然受到不利影响。根据香榭丽提供的财务数据，其业绩在2011—2013年虽处于增长阶段但增速不断下滑，其实香榭丽的真实经营情况更糟糕，根据并购审计失败后的实际数据披露，香榭丽在2011—2013年的实际净利润一直为负。为了将自己伪装成并购企业会选择的“香饽饽”，香榭丽的净利润数据一直处于虚高状态，而中天运在项目承接阶段却没有充分调查香榭丽的实际运营情况来规避可能的风险。

2.忽略香榭丽为实现快速上市的目的，存在粉饰财务报表的行为

除了外部环境对香榭丽经营施加的压力外，香榭丽如此着急地寻求上市的另一个原因是它与北京蓝天新视野传媒广告有限公司签订了对赌协议。2011年，香榭丽为了提高自身竞争力，与北京蓝天新视野传媒广告有限公司签订了“蓝岛大厦LED电子显示屏广告招商代理协议”及补充协议。补充协议中规定，如果香榭丽在2014年5月31日前没有实现IPO上市，就要支付北京蓝天新视野传媒广告有限公司1 800万元的费用。由于对赌协议的压力存在，香榭丽在并购前就不断通过合约造假、隐瞒个人债务担保情况等方式虚增收入，粉饰财务报表，寻求上市机会。2011—2013年，香榭丽通过127份虚假合同虚增净利润合计3亿元左右。在并购后，香榭丽为完成粤传媒要求的利润目标，继续采用108份虚假合同虚增净利润2.3亿元。因为中天运的审计判断失误，粤传媒通过并购转型的目的落空了，且陷入财务危机中。中天运没有对以上问题进行充分了解就承接了此项目，存在判断偏差。香榭丽采用虚假合同粉饰财务报表并不是难以察觉的高深手段，然而中天运在审计过程中却对此没有察觉，说明中天运的审计人员缺乏专业警惕性。

3.过于信任香榭丽提供的资料

中天运在此次并购审计过程中，并不是完全没有察觉香榭丽的异常。中天运也发现了香榭丽“公司单”存在大额单子集中于一人、审批流程过于简单化、缺乏相关人员签名等问题，但是中天运选择了相信香榭丽提供的资料，没有对客户的相关情况做进一步调查。在审计过程中，中天运选择直接利用立信会计师事务所的访谈资料作为香榭丽客户访谈的判断依据，而非进行现场访谈。虽然业内也存在为了节省时间、成本而利用其他会计师事务所的访谈资料的情况，但需直接向其他会计师事务所取得所需资料，中天运的审计工作底稿中缺少立信会计师事务所的回函和沟通资料。以上情况说明，相关核心资料都是香榭丽提供的，可参考性和可信度较低。除此之外，关于香榭丽的应收账款和营业收入，中天运执行了8项实质性审计程序，然而这8项程序中的6项资料都是依赖香榭丽提供的资料进行的，并且无额外追加程序。过于依赖香榭丽提供的资料的后果就是，即使中天运察觉香榭丽可能存在舞弊行为，却没有使用有效的审计证据记录下来，审计程序存在重大漏洞，在审计过程中丧失了审计的独立性。

（二）审计人员未重视香榭丽的异常行为

1.忽略应收账款异常

根据2011—2013年香榭丽应收账款数据（见表6-3），其应收账款存在占比过高、增长过快的异常情况。2011年香榭丽的应收账款为1.18亿元，2012年增至2.04亿元；2013年应收账款为2.76亿元，是2011年的两倍多。从应收账款占比来看，2011—2013年，应收账款占营业收入的比例分别为67.82%、85.00%、102.22%，说明香榭丽的营业收入几乎全部来自应收账款。同时，应收账款占总资产的比例从2011年的37.58%、2012年的48.11%，增加到2013年的60.87%。过高的应收账款比例与正常情况相背离，但中天运审计负责人没有重视香榭丽应收账款的异常情况。

表6-3 2011—2013年香榭丽应收账款数据

年份	应收账款（亿元）	应收账款/总资产	应收账款/营业收入
2011	1.18	37.58%	67.82%
2012	2.04	48.11%	85.00%
2013	2.76	60.87%	102.22%

数据来源 根据上海香榭丽广告传媒股份有限公司审计报告整理。

2.忽略坏账计提比例异常

坏账计提比例下调也是粉饰财务报表的手段之一，根据我国的相关规定，企业不可无故下调坏账计提比例。香榭丽在并购之前的坏账计提比例是5%，但是这一比例在并购审计开始之后变成了1%。香榭丽给出的理由是想和粤传媒的坏账计提比例保持一致，所以下调了自己的坏账计提比例。这一理由明显是敷衍塞责，中天运却没有对这一异常情况给予重视。

3.忽略广告业务单异常

除了应收账款和坏账计提比例异常，香榭丽的广告业务单也存在重大舞弊嫌疑。根据公开信息，在香榭丽的广告业务单中，大额单子几乎全都集中于总经理叶玫一人身上。比起其他几万元到几十万元的单子，叶玫个人所承接的广告业务单的金额可达到100万元以上。同时，这些大额单子存在审批流程过于简单化的问题。正常的业务单需要各相关负责人签名，但这些大额业务单普遍存在审核签批缺失的现象。同时，香榭丽内部审计部门缺失，内部监管松懈，这也给香榭丽高管人员财务造假提供了可乘之机。在审计过程中，中天运并没有对香榭丽异常的大额业务单提出异议。

（三）审计程序存在问题

1.内部控制测试流于表面

中天运在并购审计期间，将内部控制偏差定义为："销售合同或订单未经审核，或销售合同申请表未经审核签批，或未收到客户确认的业务回执，或播出确认单未经审批。"只要出现以上任意节点存在未按要求审批的现象，就被判定为内部控制没有得到正确执行。然而现实情况是，中天运在审计过程中明明发现了抽取的样本中存在审核签批缺失的情况，依旧判定香榭丽内部控制"有效并得到执行"。这说明中天运的内部控制测试流于表面，没有按照审计准则进行，存在因为判断偏误而带来的重大报错风险。

2.函证程序存在问题

审计准则要求在审计期间严格执行规范的函证程序，保证函证的真实、有效，然而中天运的审计工作底稿中统计的回函和快递单存在大量缺失的情况。在中天运针对香榭丽应收账款的函证快递单中，发给31个客户的快递单仅保留了25份，缺失了6份；客户的回函快递单缺失了8份。这一异常情况在中国证监会后期的监察中披露了原因，发出快递单缺失的6家公司均存在业务造假情况，回函快递单缺失的8家公司中有7家公司存在业务造假情况。这说明快递单缺失并非偶然，而是为了逃避审计刻意为之。同时，在函证过程中，还存在部分企业的快递单地址与工商登记地址不统一、部分企业的发函中缺少香榭丽公司印章也发函成功、没有发函记录的也收到回函的异常情况。以上异常情况的存在并没有引起中天运的重视，中天运也没有追加程序进一步查证，而是潦草地对函证程序核实通过。这说明中天运没有严格执行正确的函证程序，忽略了香榭丽的财务造假行为。

3.复核程序存在问题

在中天运审计工作底稿存在缺失以及审计过程存在重大纰漏的情况下，严格有效的复核程序是对审计质量把关的关键。中天运采用了常见的三级复核程序，然而中天运的复核属于事后复核，不在个人的年终考核之中，没有实行责任到人的惩奖机制，这也导致相关人员比较松懈和不认真。在本次审计工作底稿大量丢失、发函回函快递单缺失的情况下，三级复核程序的负责人全都通过了复核，没有发现相关问题并及时弥补。

四、案例总结和思考

本案例属于经典的并购审计失败案例，相较于一般审计，并购审计有范围更广、业务更复杂等特点。并购作为企业转型、业务扩张、实现上市的重要手段之一，越来越受到企业追捧，而并购审计作为其中重要的一环，可以为并购的成功和并购后企业的平稳发展提供保证。本案例通过分析粤传媒并购香榭丽审计失败的过程、原因，发现会计师事务所审计人员的专业能力和敏感性、审计流程的规范与否、审计机构的独立性等都是决定审计工作是否成功的关键要素。总的来说，导致中天运并购审计失败的原因不是单方面的，要提高并购审计质量、降低并购审计风险，需要有针对地提高审计机构的业务能力和专业素养，落实好审计程序，加大外部监督和惩罚力度。

本案例也为以后开展并购审计工作提供了一些启示：

(1) 承接项目前充分了解客户所处并购环境。粤传媒并购香榭丽审计失败的一部分原因是中天运在承接项目前没有对并购双方所处的外部环境和内部环境进行充分了解。并购的外部环境通常是指宏观经济环境，宏观经济具有周期性特点，若企业处于下行经济时期，企业自身经营状况受到不利影响，导致并购审计失败的潜在风险更大，需要注意将并购审计风险控制在可控范围内。并购的内部环境包括企业所在的行业环境，可以通过关注客户所在行业的整体发展状况、政策支持情况来判断客户是否存在财务造假的嫌疑。

(2) 提高审计人员的专业素养，保持专业警惕性。并购审计比一般审计更复杂，需要专业能力强的审计人员来执行。审计机构要加强准入制度，注重培养审计人员的专项审计能力，增强对审计人员违规行为的惩罚力度。同时，审计人员需要时刻保持专业警惕性，及时、准确地判断审计过程中存在的风险。本案例中，中天运的审计人员正是因为对香榭丽存在的种种异常情况没有保持怀疑态度，没有进一步核查，才最终导致审计失败。

(3) 加强针对并购方的内部控制审计。内部控制是企业内部监管的重要程序，有效的内部控制可以降低企业潜在的舞弊风险。会计师事务所在审计过程中需要加强对客户内部控制的关注度，关注并购企业内部控制是否完善、是否存在控制权过于集中的现象。同时，如果并购企业存在内部控制程序，要进一步关注其内部控制能否依照正常程序执行。这关系到并购过程中是否存在有效的监督管理。

(4) 计划有效的审计复核工作。审计质量复核是审计工作能否成功的重要一环，会计师事务所必须严格执行三级复核程序，反复检查审计工作底稿、证据、异常情况，保证审计工作结论的准确性和有效性，提高审计质量。

(5) 完善外部监管制度。目前并购审计的外部监管存在滞后性，惩戒力度也比较低。粤传媒2013年并购香榭丽，一直到2018年，对审计失败的惩罚才陆续完成，时间跨度大；对涉及的注册会计师只是给予警告和处以5万元罚款，对中天运只是没收本次审计的66万元收入以及罚款198万元，这对于中天运的收入来说只是九牛一毛。惩罚力度低就导致相关机构违法违规的成本低，因此需要建立完善的法律法规，提高对审计过程中各种违规行为的处罚力度。同时，政府部门必须要求企业增强相关信息的透明度，方便审计人员了解更多的内部信息。针对监管的滞后问题，中国证监会应该缩短抽查时间间隔，扩大抽查范围，对存有违规侥幸心理的企业起到警示作用。

五、分析与讨论

1.与一般审计相比，并购审计有何特点？

2.如何降低并购审计的风险？

3.影响并购审计成功的因素有哪些？

4.在审计过程中，如何识别可能存在的舞弊行为？

5.如何理解审计人员的专业警惕性？

六、参考文献

[1] 刘畅. 中天运事务所并购审计风险研究 [D]. 沈阳：辽宁大学，2020.

[2] 张宇晨. 粤传媒并购香榭丽审计失败案例研究 [D]. 石河子：石河子大学，2021.

[3] 吴杰. 企业并购审计风险及防范研究 [D]. 武汉：中南财经政法大学，2019.

[4] 潘峰. 并购审计风险及其防范 [J]. 山东社会科学，2012 (03).

[5] 吴洲旭. 传媒企业并购审计失败的原因分析与对策探究 [D]. 景德镇：景德镇陶瓷大学，2022.

案例说明书

一、本案例要解决的关键问题

1.理解和掌握审计责任、审计风险、审计失败、职业道德、勤勉尽责等重要概念；

2.理解和掌握内部控制审计、审计复核、外部监管等重要实务问题；

3.通过中国证监会的行政处罚决定加深对审计理论与实务关键问题的理解，加强审计人员专业素养，保持专业警惕性。

二、案例讨论的准备工作

（一）理论背景

并购审计的基本理论与实务知识、现代风险导向审计理论、信息不对称理论。

（二）行业背景

随着改革开放的不断深化，我国资本市场在经济发展中发挥着越来越重要的作用，而并购重组行为在资本市场中扮演着举足轻重的角色。

并购重组各方主体必须遵守法律法规，才能促使并购成功。但是在并购实践中，由于环境的复杂性以及案件的特殊性，并购失败屡屡发生。Wind数据显示，2015年我国并购失败案件共有189起，2016年超过350起，2019年有266起，2020年超过80起。在并购审计过程中，因为并购审计方法不科学、审计人员职业素质不高等导致的并购审计失败越来越多。

（三）制度背景

《证券法》《中国注册会计师审计准则》《上市公司重大资产重组管理办法》。

三、教学组织方式

（一）问题清单及提问顺序

1.本案例中，粤传媒并购香榭丽的基本情况是怎样的？

2.什么是并购审计？如何理解审计责任？

3.中天运在审计过程中有哪些违规行为？

4.粤传媒并购香榭丽审计失败表现在哪些方面？

5.本次并购审计失败的影响有哪些？主要原因是什么？

6.从粤传媒并购香榭丽审计失败中，我们能够得到哪些启示？为何不能过于信任并购双方提供的资料？怎样鉴别真伪？

（二）课时分配

1.课前完成案例阅读和初步思考：约1小时。

2.小组讨论并提交分析报告提纲：约3小时。

3.课堂小组代表发言，主题讨论：约4小时。

4.进行归纳总结：约0.5小时。

（三）讨论方式

本案例可以先进行文献调查、案例分析，采用小组形式进行讨论。

（四）课堂讨论总结

1.积极讨论。鼓励学生仔细分析案例，结合相关理论，对案例素材进行扩展研究和深入分析。

2.强调关键问题。提醒学生对关键问题或有争议的观点进行进一步思考和讨论。

3.归纳总结。对发言小组的主要观点进行分类归纳，总结主要观点、重点及创新点。

案例7 正中珠江为何折戟康美药业案

案例正文

专业领域/方向

审计学

适用课程

审计理论与实务

编写目的

1.理解和掌握审计风险、审计失败、财务舞弊、职业怀疑等审计基本概念。

2.理解和掌握舞弊风险的识别和应对、审计证据的获取和评价、业务质量管理等审计工作原理和方法。

3.理解和掌握会计师事务所质量管理体系的设计、实施和运行方面的要求。

知识点

财务舞弊、审计风险、审计失败、职业怀疑、审计证据、风险评估、风险应对、质量管理体系

关键词

康美药业、正中珠江、财务舞弊、审计失败、质量管理

案例摘要

2019年，我国资本市场曾经有名的“白马股”——康美药业股份有限公司（以下简称康美药业）被曝2016—2018年财务报表存在严重的舞弊问题，它通过伪造虚假凭证、银行单据，操纵股价等手段虚增公司资产、收入，隐瞒控股股东及其关联方非经营性占用资金的关联方交易，涉案金额高达300亿元，成为我国A股史上最大规模的财务造假案，其行为使得广大投资者的利益蒙受了巨大损失。康美药业持续3年的财务造假行为未被察觉，除了其财务造假手段多样且隐蔽性强外，为其提供了2019年年报审计服务的审计机构——广东正中珠江会计师事务所（以下简称正中珠江）难逃其责。正中珠江为康美药业提供的审计服务存在严重的缺陷，包括风险识别与评估阶段部分认定结论错误；在采取风险应对措施时，未严格执行审计计划，执行的审计程序违反了诚信和

独立性原则，未对营业收入执行函证程序，也未对银行存款和应收账款函证保持有效控制，未保持应有的职业怀疑，未执行进一步审计程序消除疑虑，导致审计证据的获取不充分、不适当；会计师事务所的质量管理不到位。这些审计工作和管理上的缺陷最终导致正中珠江针对康美药业财务报表所出具的审计报告存在虚假记载。为此，2021年，正中珠江被中国证监会行政处罚，不仅被没收了业务收入，而且面临高额罚款。同年，正中珠江还被卷入全国首例证券集体诉讼案，并最终败诉而面临巨额的民事赔偿。2022年7月21日，广东省财政厅发布会计师事务所终止公告，宣布注销正中珠江的执业证书。随着该公告的发布，有着41年历史的老牌会计师事务所——正中珠江的会计执业生涯结束了。通过分析正中珠江的经验教训，引导学生思考审计人员究竟应当如何执业以及会计师事务所如何加强质量管理，以降低审计风险，规避审计失败。

一、引言

2022年7月21日，广东省财政厅发布会计师事务所终止公告，宣布注销正中珠江的执业证书，且自即日起，正中珠江不得以会计师事务所名义开展业务，不得从事注册会计师法定审计业务。随着该公告的发布，有着41年历史的老牌会计师事务所的执业生涯结束了。正中珠江由成立于1981年的广州会计师事务所与成立于1985年的珠江会计师事务所合并设立，并于2013年10月转制为特殊普通合伙。截至2019年，正中珠江拥有1 000余名员工，具有包括证券期货相关业务资格、金融相关审计业务资格、国有企业经济鉴证（A类）资格在内的多项业务资格。根据中国注册会计师协会发布的会计师事务所信息，2019年之前，正中珠江在广东地区长期排名第一，在全国会计师事务所业务收入排名中多次进入前30。这样一个实力雄厚的大所为何在短短数年之内就将其执业生涯走到尽头了呢？

二、祸起A股史上规模最大的财务造假案

康美药业成立于1997年，2001年3月19日在上海证券交易所上市，主要生产和经营中药饮片、西药、保健食品及食品、中成药、医疗器械等。在国家振兴中医药事业战略指引下，康美药业率先布局中医药全产业链，以中药饮片生产、销售为核心，实施中医药全产业链一体化运营模式。该公司市值曾在2018年5月29日创下高达1 390亿元的新纪录，是我国A股市场首个突破千亿市值的药企，被誉为中国民族医药健康产业的一面大旗。然而，就是这样一家A股市场上人人追捧的“大白马”，却在2019年被曝存在近300亿元的财务造假，创下了我国A股史上造假规模之最，震惊了整个中国资本市场。

（一）康美药业财务造假案件发生全过程

1.被中国证监会立案调查

2018年12月28日，康美药业因涉嫌信息披露违法违规，中国证监会根据证券法的有关规定，决定对康美药业立案调查。

2.公告财务差错

2019年4月29日，康美药业发布了一份《康美药业股份有限公司关于前期会计差

错更正的公告》。该公告阐述了该公司2017年年报中出现的14项会计错误。

3.审计机构被立案调查

2019年5月9日，中国证监会对康美药业的审计机构正中珠江立案调查。

4.主动申请ST

2019年5月17日，中国证监会发布调查进展，康美药业披露的2016—2018年财务报告存在重大虚假记载，包括使用虚假银行单据虚增存款，通过伪造业务凭证进行收入造假，部分资金转入关联方账户买卖该公司股票。当晚，康美药业主动申请实施“其他风险警示”，公司股票简称由“康美药业”变更为“ST康美”。

5.被中国证监会行政处罚

2020年5月14日，中国证监会宣布，依法对康美药业违法违规案件作出行政处罚及市场禁入决定，同时，中国证监会将康美药业及相关人员涉嫌犯罪行为的证据移送司法机关。

6.审计机构被罚

2021年2月20日，中国证监会对康美药业的审计机构正中珠江进行行政处罚，责令其改正，没收业务收入1 425万元，并处以4 275万元罚款；对相关审计人员给予警告，并处以3万~10万元罚款。

7.该公司及其审计机构在证券集体诉讼案中败诉

2021年11月12日，广州市中级人民法院对全国首例证券集体诉讼案作出一审判决，责令康美药业赔偿证券投资者损失24.59亿元，康美药业董事长马兴田及5名直接责任人员、正中珠江及直接责任人员承担全部连带赔偿责任，13名相关责任人员承担部分连带赔偿责任。

（二）康美药业存在的违法违规行为

根据中国证监会2020年第24号行政处罚公告，康美药业对外披露的2016—2018年财务报告存在以下违法违规行为：

1.虚增营业收入、利息收入及营业利润

康美药业2016年年度报告、2017年年度报告以及2018年年度报告存在虚增营业收入、多计利息收入和虚增营业利润的行为。其中，2016年，虚增营业收入89.99亿元，多计利息收入1.51亿元，虚增营业利润6.56亿元，占利润总额的16.44%；2017年，虚增营业收入100.32亿元，多计利息收入2.28亿元，虚增营业利润12.51亿元，占利润总额的25.91%；2018年，虚增营业收入16.13亿元，虚增营业利润1.65亿元，占利润总额的12.11%。

2.虚增货币资金

2016年1月1日至2018年6月30日，康美药业通过财务不记账、虚假记账，伪造、变造大额定期存单或银行对账单，配合营业收入造假伪造销售回款等方式，虚增货币资金。其中，2016年年度报告虚增货币资金22 548 513 485.42元，占该公司披露总资产的41.13%和净资产的76.74%；2017年年度报告虚增货币资金29 944 309 821.45元，占该公司披露总资产的43.57%和净资产的93.18%；2018年半年度报告虚增货币资金36 188 038 359.50元，占该公司披露总资产的45.96%和净资产的108.24%。

3.虚增固定资产、在建工程、投资性房地产

康美药业在2018年年度报告中将前期未纳入报表且不满足会计确认和计量条件的亳州华佗国际中药城、普宁中药城、普宁中药城中医馆、亳州新世界、甘肃陇西中药城、玉林中药产业园等6个工程项目纳入报表内，虚增固定资产11.89亿元，虚增在建工程4.01亿元，虚增投资性房地产20.15亿元，合计调增资产总额36.05亿元。

4.未按规定披露控股股东及其关联方非经营性占用资金的关联方交易情况

2016年1月1日至2018年12月31日，康美药业在未经过决策审批或授权程序的情况下，累计向控股股东及其关联方提供非经营性资金11 619 130 802.74元，用于购买股票、替控股股东及其关联方偿还融资本息、垫付解质押款或支付收购溢价款等用途。对该情况，康美药业未按规定在2016年年度报告、2017年年度报告和2018年年度报告中披露，存在重大遗漏。

三、正中珠江与康美药业的渊源

正中珠江的核心业务是IPO审计和上市公司审计。正中珠江在审计业务方面有着相当强的专业实力和丰富的执业经验，曾一度被认为是广东省最大且名声最好的会计师事务所。截至康美药业案发之前，正中珠江共为90家上市公司提供外审和内审等服务，为35家国有企业提供集团审计、清产核资、经济责任审计等服务，为4家金融类企业提供财务报表审计、尽职调查、内控审计等各项专业服务，为90家外商投资企业提供尽职调查、税收筹划、外汇收支审计、会计报表审计等服务。

自2001年康美药业上市起，正中珠江就一直为其提供年报审计服务，从2013年起，还同时为其提供内部控制审计服务。在合作期间，正中珠江对康美药业2001—2017年的财务报告均出具了标准无保留意见的审计报告。2018年年底，康美药业被曝财务舞弊而被中国证监会立案调查，尽管如此，正中珠江依然在2019年年初对康美药业2018年年报出具了保留意见的审计报告。在康美药业财务舞弊风波愈演愈烈的情况下，正中珠江依旧没有放弃与康美药业的合作，继续承接了康美药业2019年年报审计工作。正中珠江在为康美药业提供审计服务期间，审计费用也逐年攀升，从2001年的20万元提高到2018年的500万元。直到2019年11月中旬，正中珠江与康美药业才正式“分手”，立信会计师事务所成为康美药业的审计机构。另据相关资料显示，在这十几年的审计报告中，主要的签字注册会计师有4位，这4位注册会计师累计服务时间最短的是5年，最长的多达11年，这4位注册会计师也是正中珠江的股东兼董事。由此可见，正中珠江与康美药业之间存在非常密切的合作关系。

四、正中珠江对康美药业的审计失败

作为康美药业的审计机构，正中珠江在为康美药业提供年报审计服务过程中，没有发挥其应有的审计监督作用，而是成为康美药业财务造假的帮凶。根据《中国证监会行政处罚决定书（广东正中珠江会计师事务所、杨文蔚、张静璃、刘清、苏创升）》（〔2021〕11号），正中珠江在执行康美药业2016—2018年年报审计期间，审计工作存在以下缺陷：

（一）风险识别与评估阶段，部分审计工作底稿存在缺陷

康美药业2016—2017年年报中的货币资金由于期末余额大、“存贷双高”明显、外部媒体质疑较多等原因，存在舞弊风险。营业收入由于规模大、业务复杂、涉及关联公司多等原因，也存在舞弊风险。而正中珠江认定康美药业整体层面的风险等级为中等，且在部分审计工作底稿中，对货币资金、营业收入的风险评估结果错误，审计工作存在缺陷。其主要表现为：一是汇总的重大风险领域不包括货币资金和营业收入；二是在对重要账户和交易制订进一步审计程序计划时，认定货币资金和营业收入项目不存在舞弊风险；三是在所识别的财务报表层次重大风险中，仅认定货币资金存在舞弊风险，未认定营业收入存在舞弊风险。此外，正中珠江的审计工作底稿中未记录项目组内部就舞弊事项进行讨论，或者分析舞弊存在的压力、机会和借口。

2018年年报审计期间，正中珠江认定康美药业整体层面的风险等级为“存在重大风险”。由于康美药业以前年度有财务造假行为，当期营业收入应存在舞弊风险。尤其是康美药业一直强调其在中药材行业的龙头地位，但中药材贸易并未记录在捷科系统中，也未开具发票，因此中药材贸易收入的确定存在较高的舞弊风险。然而，在正中珠江部分审计工作底稿中，对康美药业营业收入或中药材贸易的风险评估结果却发生了错误，汇总的重大风险领域中认定中药材贸易收入不存在特别风险；在针对特别风险采取的应对措施汇总表中，也未认定营业收入存在特别风险。

（二）“货币资金”科目的风险应对措施存在重大缺陷

1.内部控制测试程序存在重大缺陷

正中珠江对康美药业货币资金活动内部控制评价结论为“控制活动运行有效且得到执行”，而该评价结论缺乏充分、适当的审计证据予以支持。其具体表现为：

（1）未识别捷科系统与金蝶EAS系统存在的差异，未分析差异产生的原因并判断对财务报表的影响，也未在审计工作底稿中说明未追溯至捷科系统的理由及证据，获取的审计证据不具有充分性和适当性。

（2）控制点之一“往来对账的控制”主要内容为客户、供应商、销售部门、采购部门、财务部门以捷科系统数据为基础，相互进行对账。内部控制测试审计工作底稿中虽记录了审计人员现场查阅了销售回款统计表和采购付款统计表，但实际上并未执行，审计工作底稿也未见对应的审计证据。

（3）控制点之一“定期存款的审批”主要内容是康美药业内部对定期存款的审批流程。内部控制有效性评价的审计工作底稿记载审计人员抽取了一个样本，实际上并未执行，审计工作底稿也未见对应的审计证据。

（4）控制点之一“资金对账”包括现金对账和银行存款对账，正中珠江仅针对银行存款对账执行内部控制测试程序，未针对现金对账执行内部控制测试程序，无法实现整个控制点的审计目标。

2.实质性程序存在重大缺陷

（1）未直接从银行索取银行对账单。针对货币资金存在的舞弊风险，正中珠江计划的风险应对措施为直接从银行索取康美药业交通银行基本户全年度银行对账单，并进行重点审核，但实际上并未执行。经查，康美药业提前制作了虚假的银行对账单，审计

时，审计项目经理苏创升从康美药业黄某生处取得该银行对账单，并未直接从银行索取，不足以应对货币资金的舞弊风险。

（2）未对银行账户函证过程保持有效控制。2016年度康美药业货币资金余额账实差异主要集中在3家银行4个银行账户。正中珠江对这3家银行均执行现场函证程序，跟函人员均为苏创升，康美药业陪同人员均为黄某生。经查，康美药业提前以内审名义，使用正中珠江的询证函模板向银行进行函证，苏创升和黄某生现场函证时，黄某生再将询证函需要银行盖章回复的确认页替换为原先以内审名义函证的确认页，伪造正中珠江收到银行确认无误的询证函回函；中国建设银行的询证函回函不是在注册会计师的询证函上盖章，而是采用银行固定格式的资信证明，康美药业提前安排人员伪造银行资信证明，再由黄某生交给苏创升。2017年度康美药业的货币资金余额账实差异主要集中在交通银行和中国工商银行两家银行的3个银行账户上，正中珠江对这两家银行执行了邮寄函证程序。但之后经查明，两家银行的询证函回函寄件人为康美药业财务人员黄某勇和马某虹。正中珠江由于当时未对回函路径进行有效核对，没有发现回函人员与被询证者不符。

（3）未关注明显异常或相互矛盾的审计证据。正中珠江针对“货币资金”科目获取的银行询证函、银行对账单等资料，存在明显异常或相互矛盾的情况。一是康美药业交通银行基本户的询证函上所盖银行印章为“业务受理章”，这与商业银行常规做法不一致，并且康美药业与子公司康美时代的询证函上银行骑缝章和银行经办人所盖私章存在不一致的情况。二是康美药业在中国工商银行询证函上仅加盖公司公章，未加盖财务章及法人私章，却能得到银行回函。三是康美药业与子公司康美之恋均在中国工商银行开立了银行账户，康美之恋的询证函回函是银行固定格式的资信证明，而康美药业的询证函回函是直接在正中珠江的询证函上盖章。此外，康美之恋的询证函上银行复核人印章为“纪某阳”四方章，康美药业的询证函上银行复核人印章为“现场审核纪某阳（3）”长方形印章。四是中国建设银行的询证函回函自身内容前后矛盾：函件要求定期存款应当列明存款日期、到期日期、存款利率等信息，但回函中关于定期存款的信息中“存款日期”“到期日期”“存款利率”栏均为空白。五是正中珠江获取的交通银行基本户的对账单部分有银行印章，部分没有银行印章。对于上述明显异常或相互矛盾的审计证据，正中珠江未充分关注并保持应有的职业怀疑，也未执行进一步审计程序消除疑虑。

（三）“营业收入”科目的风险应对措施存在重大缺陷

1.内部控制测试程序存在重大缺陷

一是未识别金蝶EAS系统与捷科系统存在的差异，未分析差异产生的原因并判断对财务报表的影响，也未在审计工作底稿中说明未追溯至捷科系统的理由及证据，获取的审计证据不具有充分性和适当性。二是控制点之一“销售出库单”抽取了49个样本，有5个样本记录的内容与实际会计记账凭证内容不符，正中珠江实际抽样时未核查对应的样本凭证。三是执行“重新执行”程序时，审计计划包括检查随货同行单，2016年和2017年分别抽取50个和30个样本，均仅有4个样本包含随货同行单，2个样本存在出库单、销售合同签署日期晚于随货同行单（客户签收单）日期的情况；控制点之一

“订立销售合同”保留审计证据的12个样本中，有10个样本的合同不存在编号且主要合同条款均为空白，而正中珠江并未对这一明显异常或相互矛盾的审计证据保持应有的职业怀疑，未执行进一步审计程序消除疑虑。正中珠江对康美药业销售业务内部控制评价结论为“控制活动运行有效且得到执行”，该评价没有充分、适当的审计证据支持，评价结论不恰当。

2.实质性程序存在重大缺陷

（1）未对营业收入执行函证程序。

正中珠江未对营业收入执行函证程序，而是通过对应收账款余额的函证为营业收入认定提供相互印证的审计证据。

2016年，正中珠江以应收账款期末余额超过100万元，或者期末余额未超过100万元但借方发生额超过3 000万元的客户作为应收账款的函证对象，抽取的样本总金额为24.14亿元，占应收账款年末总额的86.88%。苏创升常年担任康美药业年报审计项目经理，知悉康美药业实际经营业绩与账面经营业绩存在差别。经查，2016年年报审计期间，苏创升或其他项目组成员准备好询证函后，将信封交由康美药业前台联系快递公司上门取件。随后，苏创升告知黄某生，让其抢先从前台取回信封，将信封上的快递单撕下并贴到另外装有康美药业宣传材料的信封中再交寄，伪造发函路径。随后，康美药业组织人员联系供应商及客户，若有愿意配合回函的，黄某生才将询证函寄出；若对方不愿意配合回函，正中珠江就无法收到回函，只能执行替代性程序。正中珠江每年函证的回函比例都较低，2016年应收账款回函比例仅为30.89%。应收账款回函时，正中珠江未发现不同公司同一寄件人的情况，如广东信东医药有限公司、四川积步医药有限公司、广东恒林源药业有限公司（应付）等3家公司询证函回函的寄件人均为刘某林，未对可靠性存疑的回函执行进一步审计程序。针对应收账款函证未回函的情况，正中珠江计划实施替代性程序，但实际上对102个客户未执行替代性程序。

2017年，正中珠江以应收账款期末余额超过300万元的客户作为应收账款函证对象，抽取的样本总金额为32.89亿元，占应收账款年末总额的87.79%。苏创升与康美药业黄某生串通，致使应收账款函证不独立。2017年应收账款的回函比例仅为42.31%。应收账款回函时，正中珠江未发现不同公司同一寄件人的情况，如惠来县人民医院、揭阳市人民医院、普宁市中医院、普宁市慢性病防治中心等4家医院询证函回函的寄件人均为黄某萍，正中珠江未对可靠性存疑的回函执行进一步审计程序。对应收账款函证未回函的情况，正中珠江计划实施替代性程序，但实际上并未严格执行审计计划，对41个客户未执行替代性程序。

（2）风险应对措施未有效执行。

针对营业收入的风险评估结果，正中珠江计划“增加对销售前二十大客户的走访问卷，同时函证全年度发生额及相应余额”。实际执行时，正中珠江并未向销售前二十大客户函证全年度发生额。据审计工作底稿记载，2016年和2017年财务报表审计期间，正中珠江分别走访了25个和24个客户，函证了当年1—9月份的发生额。经查，正中珠江对这些客户进行走访时，并未向对方函证交易数据。

针对中药材贸易的风险评估结果，正中珠江计划的风险应对方案包括：一是加强对中药材贸易业务的穿行测试及业务流程核查，包括采购合同、采购入库、采购发票、付款、销售合同、销售出库、销售发票、回款；二是加强对该业务供应商和客户的发函核查情况；三是加强该业务销售情况、销售毛利率等合理性分析。实际执行时，正中珠江仅执行了第三个审计程序，前两个审计程序均未执行。因此。正中珠江未严格执行审计计划，舞弊风险应对不足。

（3）未获取充分、适当的审计证据。

针对营业收入的舞弊风险，正中珠江实施的风险应对措施为穿行测试，但获取的内部业务单据均来自金蝶EAS系统；针对营业收入执行细节测试时，2016年和2017年财务报表审计期间分别抽取了574个和584个样本，包含的内部业务单据也都来自金蝶EAS系统，审计证据不具有充分性、适当性。正中珠江在对中药材贸易收入的审计过程中，获取的审计证据包括现金日记账、进销存明细、情况说明、花名册、社保缴纳记录、授权委托书、访谈记录等资料，由于访谈对象与康美药业存在重要利益往来，除社保缴纳记录为外部证据外，其余证据均属于内部证据。鉴于康美药业的内部控制系统存在重大缺陷，正中珠江直接从康美药业内部获取的审计证据的说服力极弱。另外，该社保缴纳记录系从康美药业取得，并非直接从独立第三方获取，且社保缴纳记录无法直接证明中药材贸易业务与康美药业存在关联，并与相关人员的访谈笔录存在相互矛盾之处。

（4）未保持应有的职业怀疑。

2016—2017年年报审计期间，正中珠江进行销售合同检查及针对“应交税费”科目执行审计程序获取的审计证据中，存在明显异常或相互矛盾的审计证据。一是检查销售合同时，大量合同金额低于账务确认金额；二是印花税和增值税纳税申报表列示的全年计税基础存在明显差异。

2018年年报审计期间，正中珠江获取的多份审计证据也同样存在明显异常或相互矛盾。一是获取的关于中药材贸易的业务单据没有客户签收，也没有客观证据表明康美药业收到中药材销售货款，康美药业的收入确认缺乏依据。二是获取的康美药业与田某武签署的授权委托书主要内容是康美药业委托田某武统筹负责冬虫夏草贸易业务，授权期限自2008年1月1日至业务终止。授权委托书所盖公章为“康美药业股份有限公司”，而康美药业前身为“广东康美药业股份有限公司”，2009年1月14日才公告变更名称为“康美药业股份有限公司”。三是审计工作底稿记载，康美药业授权陈某涌负责管理西洋参业务，双方签署了授权委托书，但陈某涌在访谈中表示，康美药业不对其进行管理和监督，其仅向康美药业实际控制人许某瑾提供财务数据，未提供给康美药业。四是陈某涌在访谈中表示，其公司有员工40名，没有缴纳社保，但康美药业提供了陈某涌等7名员工的社保缴纳记录，参保单位为康美药业。

针对前述情况，正中珠江未保持应有的职业怀疑，未对上述明显异常或相互矛盾的审计证据执行进一步审计程序消除疑虑。

五、案例总结和思考

资本市场在现代经济产业体系中发挥重要作用，然而，本案例中的康美药业通过伪造虚假凭证、银行单据，操纵股价等手段虚增资产、收入，隐瞒控股股东及其关联方非经营性占用资金的关联方交易，涉案金额高达300亿元，创下了我国A股史上最大规模的财务造假案。康美药业案的发生不仅使得广大投资者的经济利益蒙受了巨大损失，还严重干扰了我国资本市场的经济秩序，破坏了社会主义诚信体系建设。而康美药业持续3年的财务造假行为未被察觉，除了其财务造假手段多样且隐蔽性强外，作为审计机构的正中珠江难逃其责，正是由于其未严格按照执业准则的规定执业、职业道德缺失以及质量管理存在缺陷，才为康美药业的财务造假行为提供了便利，也最终导致其自身会计执业生涯的终结。

通过本案例可以发现，随着现阶段上市公司财务造假的技术手段越来越高明，越来越具有欺骗性和隐藏性，审计工作面临的风险也越来越高。因此，注册会计师在为上市公司提供审计服务时，要降低审计风险、避免审计失败，就应当采用风险导向审计模式，在审计过程中严格遵守职业规范，始终保持职业怀疑，并不断创新审计策略和方法。同时，会计师事务所还应当建立和完善质量管理体系，加强对业务质量的监管，以便充分发挥审计的经济监督职能。

六、分析与讨论

1.分析导致正中珠江在康美药业案中发生审计失败的根本原因。

2.结合医药行业企业特点，分析该类企业的年报审计风险。

3.下载本案例中康美药业2016—2018年年报，分析审计人员应当如何识别和应对该公司的货币资金舞弊风险。

4.结合本案例，讨论审计人员针对中药材贸易收入应执行哪些进一步审计程序以消除疑虑。

5.根据本案例资料，讨论正中珠江在实施函证程序过程中存在的问题并提出改进建议。

6.分析正中珠江在业务质量管理中存在的不足并针对其质量管理体系的设计、实施和运行提出优化策略。

七、参考文献

[1] 中国证券监督管理委员会. 中国证监会行政处罚决定书（广东正中珠江会计师事务所、杨文蔚、张静璃、刘清、苏创升）〔2021〕11号［R/OL］.（2021-02-20）［2022-08-30］. http：//www.csrc.gov.cn/csrc/c101928/c9a654df415374f6aa6a1a5e46e4e8221/content.shtml.

[2] 中国证券监督管理委员会. 中国证监会行政处罚决定书（康美药业股份有限公司、马兴田、许冬瑾等22名责任人员）〔2020〕24号［R/OL］.（2020-05-13）［2022-08-30］. http：//www.csrc.gov.cn/csrc/c101928/c1042341/content.shtml.

案例说明书

一、本案例要解决的关键问题

1.了解财务造假和虚假披露的常见手段和特征，提高对舞弊风险的敏感性和识别能力；

2.掌握审计程序和方法的设计和执行原则，提高对审计证据的获取和评价能力；

3.了解我国证券市场的法律法规和监管要求，提高对职业道德和职业规范的认识和遵守能力；

4.认识审计工作的社会责任和价值，提高对社会主义核心价值观的理解和践行能力。

二、案例讨论的准备工作

（一）理论背景

公司和公司治理理论、证券市场理论、冰山理论、委托代理理论、信息不对称理论、现代风险导向审计理论。

（二）行业背景

医药制造业是指原料经物理变化或化学变化后成为新的医药类产品的过程，包含化学药品原药制造，化学药品制剂制造，中药饮片加工，中成药制造，兽用药制造，生物、生化制品的制造，卫生材料及医药用品的制造7个分行业。医药制造业作为我国国民经济的重要组成部分，是传统产业和现代产业相结合，一、二、三产业为一体的产业，对于保护和增进人民健康、提高生活质量，对救灾防疫、军需战备以及促进经济发展和社会进步均有十分重要的作用。

医药制造业是高技术密集的行业，具有高准入壁垒、高投入、高产出、高风险、高技术的特点，世界各国都把医药制造业作为重点产业。目前，国内的医药行业缺乏大型龙头企业，绝大多数企业规模小、产品品种单一，以长期发展为目的，以技术创新、新药开发为中心的持续研发机制尚未形成，国内药企仍然以生产仿制药为主，目前仿制药销售收入占国内药品收入的90%以上。另外，以中药材为代表的药材物流运输体系尚不健全，国内医药行业部分产品质量偏低，部分子行业监管机制缺失，这些因素制约了国内企业的行业竞争力。为了加快医药行业发展、优化医药行业结构，近年来，我国不断深化医药卫生体制改革，出台了一系列鼓励行业发展的利好政策，提高了药品生产企业和药品经营企业的准入门槛，促进国内医药企业进行产业整合，强化了行业优势企业的市场地位，医药制造业已成为国民经济中发展最快的行业之一。

经历2009—2011年医改、2012—2015年“十二五”医改后，我国“十三五”规划围绕“医疗”“医保”“医药”三条主线，进一步深化医药卫生体制改革，医药行业进入透明、高标准、严监管、创新升级的发展新阶段。近几年，医药行业收入总体增速趋缓，药品价格趋低，利润空间进一步被压缩，市场集中度提高，品种同质化竞争加剧，业内市场面临多重挑战。统计数据显示，近年来，中医药行业的平均毛利率在15%~20%之间，净现比总体维持在0.5以上，货币资金和有息负债占总资产的比例分别在20%、10%左右。2016年，医药制造业规模以上企业实现主营业务收入28 063亿元，同比增长9.7%；实现利润总额3 003亿元，同比增长13.9%。2017年，医药制造业规模以上企业实现主营业务收入2.82万亿元，同比增长12.5%；实现利润总额3 519.7亿元，同比增长16.6%。2018年，医药制造业规模以上企业实现主营业务收入23 986.3亿元，同比增长12.6%；实现利润总额3 094.2亿元，同比增长9.5%。

（三）制度背景

《证券法》《中国注册会计师审计准则》《企业会计准则》。

三、教学组织方式

（一）问题清单及提问顺序

1.本案例中，康美药业财务舞弊行为发生的动因是什么？

2.本案例中，正中珠江发生审计失败的原因是什么？

3.如何理解审计风险与审计失败？

4.在审计实务中，货币资金、营业收入项目的审计要点有哪些？

5.从正中珠江会计执业生涯的终结，我们能够得到哪些启示？

（二）课时分配

1.课前完成案例阅读、资料收集整理以及初步思考：约3小时。

2.小组讨论并提交分析报告提纲：约3小时。

3.课堂小组代表发言，主题讨论：约2.5小时。

4.进行归纳总结：约0.5小时。

（三）讨论方式

本案例可以采用小组形式进行讨论。

（四）课堂讨论总结

课堂讨论总结主要集中在以下方面：对各组发言同学的主要结论进行归纳，并重申其结论中的重点及亮点；根据本说明书提供的讨论问题，指导学生对要点进行总结；提醒学生对职业怀疑、勤勉尽责和舞弊识别及应对进行进一步思考，并建议学生对这部分内容进行深入分析。

案例8　索菱股份财务舞弊审计案例

案例正文

专业领域/方向

审计学

适用课程

审计理论与实务

编写目的

1.理解和掌握会计责任、审计责任、重要性、审计风险、勤勉尽责等重要概念。

2.理解和掌握关联方交易认定、应收应付账款真实性、研发费用与资本化原则等重要实务问题。

3.结合中国证监会的行政处罚决定加深对审计理论与实务关键问题的理解。

知识点

会计责任、审计责任、重要性、审计风险、勤勉尽责

关键词

财务舞弊、索菱股份、瑞华所、行政处罚

案例摘要

2020年12月8日，中国证监会对深圳市索菱实业股份有限公司（以下简称索菱股份）下达了市场禁入决定书并且对其进行了公开批评。中国证监会查出索菱股份2016—2018年连续3年存在年度报告虚假记载，其中，通过虚增营业收入、虚减管理费用以及财务费用等方式，3年累计虚增利润高达8.5亿元。而承担审计责任的瑞华会计师事务所（以下简称瑞华所）却对索菱股份2016—2017年连续两年的年度报告都出具了无保留意见的审计报告。中国证监会依法对索菱股份以及瑞华所进行了处罚。本案例中，不仅索菱股份存在财务舞弊嫌疑，而且承担审计职责的瑞华所也未勤勉尽责，对索菱股份2016—2017年年报出具的审计报告存在虚假记载。本案例涉及上市公司财务舞弊和会计师事务所审计诸多重要理论与实务问题，对本案例进行认真解读和扩展探索，有助于学生加深对会计准则、审计准则、审计实务、国家政策法规等的理解和掌握。

一、引言

索菱股份创建于1997年，是集研发、生产、销售、服务于一体的高新电子信息技术企业，主营车载CD和VCD、倒车摄像系统等与汽车有关的智能产品及互联网服务。国内外不少知名汽车品牌都使用索菱股份的产品和服务。得益于国家对智能汽车的扶持，索菱股份发展迅速。2015年6月，索菱股份在深交所A股中小板上市。然而，2018年前后，索菱股份就被曝出有大量债券本息到期无法偿还，存在严重的虚增业务收入舞弊嫌疑。

2019年4月，中国证监会启动对索菱股份的调查。2020年12月8日，索菱股份受到中国证监会的公开批评。中国证监会在批评中指出，索菱股份利用海外交易的不及时性和易捏造性，虚增2016年利润2.79亿元、2017年利润3.5亿元、2018年利润2.2亿元。另外，该公司接受审计的财务报表也未披露与索菱股份有关的关联方交易、与中小金融企业的借款事宜、公司实际控制人非法占有经营资金等事项。中国证监会依法对索菱股份以及承担相应年度报表审计职责的瑞华所进行了处罚：责令索菱股份改正，给予警告，并处以60万元的罚款；对董事长肖行亦给予警告，并处以90万元的罚款，其中作为直接负责的主管人员处以30万元的罚款，作为实际控制人处以60万元的罚款。责令瑞华所改正，没收瑞华所业务收入160万元，并处以320万元的罚款；对注册会计师殷建民、匡傲给予警告，并分别处以5万元的罚款。

二、索菱股份财务舞弊手段及会计师事务所情况

亚太会计师事务所（以下简称亚太所）对索菱股份2018年年度报告出具了无法表示意见的审计报告，揭开了索菱股份存在信息披露违规嫌疑的面纱。而形成鲜明对比的是，作为索菱股份2015—2017年年报的审计机构，瑞华所对索菱股份2015—2017年年报都出具了无保留意见的审计报告。索菱股份于2019年4月收到中国证监会的调查通知书，被中国证监会立案调查。2020年12月8日，中国证监会广东监管局对索菱股份下发了行政处罚决定书与市场禁入决定书。

（一）索菱股份财务舞弊的主要手段

1.虚增营业收入

索菱股份利用海外客户的难以披露性，以及成交金额、货物到达时间的难以确定性，通过伪造交易凭证与回执，虚增了巨额利润，编造了漂亮的财务报表。其中，索菱股份与海外客户的虚假交易主要依托其子公司三旗通信、英卡科技等的帮助。财务报表显示，索菱股份在2016年及2017年加大了对海外市场的投资，仅2017年，索菱股份的海外业务增速就达到90.26%，这就让该公司从海外市场获得巨额利润显得“有理有据”。

2.利用大额借款虚增利润

2017—2018年，索菱股份向中安百联公司借款7 500万元、向深圳市隆蕊塑胶电子有限公司（以下简称隆蕊塑胶）借款1 000万元、向建华建材借款1.9亿元、向上海摩尔借款2亿元等，但并未将上述借款入账，也未在财务报表中披露。2017年，索菱股份及

其子公司未及时入账和披露42 500万元借款，未及时披露担保7 500万元、潜在付款义务11 715万元。2018年，索菱股份未及时入账和披露23 000万元借款，并利用该公司6个银行账号作假，将巨额借款经过上下游客户、供应商变成业务现金流水。另外，大量的借款项目并未通过该公司的审核部门进行正常的内部审批，由于借款需要担保，所以出现了索菱股份与子公司内部相互进行商业担保的现象，内部控制形同虚设。

3.利用虚假的应收账款进行融资抵押

2017年12月26日，索菱科技（索菱股份全资子公司）在镇江金融资产交易中心有限公司挂牌登记，将持有母公司索菱股份的应收账款对应的汇票背书质押给深圳瞬赐商业保理有限公司，汇票金额合计4 500万元。索菱科技利用信息系统的漏洞虚构业务，并将该业务的应收账款商业单据进行保理借款，因此该笔业务是虚假业务，并不具有真实业务背景。这说明借款方并没有严格审查该汇票的具体商业背景，索菱股份未及时披露该借款事项。

4.利用虚假外部加工供应商虚增成本并将资金流出

索菱股份2017年虚构与索菱电子（索菱股份全资子公司）业务预付款，但并没有支付给索菱电子，而是将与经营无关的借款转给隆蕊塑胶和锐科塑料公司等委托外包加工商。天眼查信息显示，隆蕊塑胶的电话、邮箱等信息与大股东控制的索菱科技一模一样，且索菱股份多次与隆蕊塑胶联合借款，担保人均为肖行亦（索菱股份大股东）。肖行亦让索菱股份虚构收入，账面上支付给索菱电子，但资金实际上支付给了隆蕊塑胶，用这种隐晦的手段将7亿多元的往来款项转移到自己的账户上。索菱股份造假交易及肖行亦占用资金关系如图8-1所示。

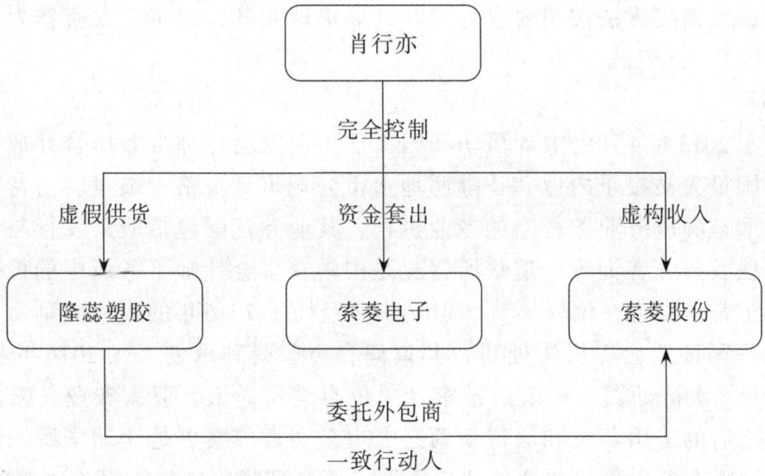

图8-1　索菱股份造假交易及肖行亦占用资金关系

5.虚构巨额外包工资

索菱股份的生产数量和生产进度十分不合理，存在严重虚构业务的嫌疑。仅从工人工资来看，索菱股份上市前，一年人均6万元的员工成本属于该行业员工正常工资，然而上市后的2016—2018年，生产车间工人年均工资分别达到8.87万元、21.09万元、23.37万元，上升幅度明显不合理。

6.将研发费用全部费用化，进行盈余管理

研发是科技型企业的核心竞争力，但索菱股份2014—2016年的研发投入金额占该公司收入的比重仅为4.04%、3.48%和5.14%，其中2015年仅勉强达到我国高新技术企业认定要求中年度营业收入超过2亿元的企业研发费用不得低于3%的规定。2017年并购三旗通信、航盛实业后，由于这两家公司的研发投入占比较高，才使得索菱股份的研发投入得到了较大增长。但索菱股份在2017年通过并购开展战略转型之前，都选择了将研发费用全部费用化的处理方式，即企业研究和开发相关项目发生的全部支出都计作当期成本，直接从当期收入中扣除。选择这种处理方式的原因，一方面可能是为了简化会计人员的操作，另一方面可能是为了利用我国对于科技类中小企业研发费用75%所得税前加计扣除的税收优惠政策以降低税前利润从而达到一定的避税效果。

7.大股东通过股权质押进行资金套现

索菱股份大股东肖行亦通过将其所持股份的99.71%进行质押获得资金16.79亿元，2018年8月，在深交所关注函中发现这16.79亿元现金未投入企业运行，而是全部被肖行亦用于投资和消费；索菱股份2018年绩效下降，又刺激控股股东进行进一步侵占，形成恶性循环。肖行亦通过以高于市价的价格转让1/4的股份给中山乐兴，最后套现了9.5亿元。

（二）会计师事务所情况

索菱股份涉嫌财务造假的2016—2018年，负责其年报审计的分别是瑞华所和亚太所。2016年和2017年承接其审计业务的是瑞华所，2018年索菱股份发布公告称因瑞华所业务繁忙，大概率无法按照要求的时间开展审计业务，改聘亚太所作为该公司2018年的审计机构。

1.瑞华所

瑞华所于2013年4月由中瑞岳华和国富浩华两家会计师事务所合并成立，总部在北京，是我国最先被授予内地和香港两地上市公司审计资格、最早转为特殊普通合伙制并最早获取证券服务业务资格的专业机构，其业务范围包括股票发行与上市、公司改制和重组以及财务咨询等。瑞华所曾经是国内众多会计师事务所中的佼佼者，2016年排名仅次于普华永道，位列第二。但瑞华所经历了2016年的高光时刻后，由于接连审计失败被中国证监会等机构处罚，其口碑和声誉受到重创。仅2016年和2017年两年，瑞华所就8次被处罚，涉及的被审计单位有键桥通讯、亚太实业、振隆特产和华泽钴镍等，之后的千山药机和康得新两起上市公司舞弊案更是让瑞华所深陷泥潭。曾经与四大会计师事务所相提并论的“内资第一所”瑞华所已处于濒临注销的边缘。

2.亚太所

亚太所创建于1984年，是最早取得证券期货和金融审计业务资格的大型综合专业会计服务机构，其总部设在北京，在上海、广东、江苏、浙江等地设有25家分所。亚太所与旗下各事务所和咨询公司为社会各行业提供高水平的会计专业服务，形成了覆盖全国的服务网络。

（三）主要审计问题

1.审计师无法取得相关证据

客观上，索菱股份在2015—2018年不断有高管辞职，瑞华所不能在审计过程中通过询问与谈话得到该公司经营水平和持续经营能力的审计证据。索菱股份这3年债务飙升、资金短缺，无法进行巨额欠款的偿还。而巨额债务的到期使人民法院冻结了索菱股份的银行账户，对索菱股份的运营进一步造成不利影响。由于高管辞职，财务人员在交接工作时并没有妥善保管财务数据，致使部分资料无法交给审计人员，造成审计人员无法获取相关审计证据。

2.注册会计师缺乏行业相关知识

索菱股份属于汽车配件与电子设备制造业，注册会计师缺乏行业相关知识，导致其对企业研发支出的资本化时间和资本化标准调查不顺。由于索菱股份在2017年年报之前未披露企业研发支出资本化的相关信息，审计人员对索菱股份IPO以来的研发支出全部费用化而造成企业费用虚高的情况未予以重视。企业对于技术研发支出的资本化和费用化具有主观意愿，这给技术企业带来了舞弊空间，审计人员必须懂得行业相关知识。

3.注册会计师未实施充分的审计程序

首先，审计人员在对索菱股份的内部控制进行评价时出现重大失误，对其重大资金的审批与借款并未进行严格审查，对该公司银行账号的函证也没有给予足够重视。其次，索菱股份对其与关联方的资金往来并没有进行披露，相关交易也没有被审计人员发现，这使其在2016—2017年出现了8 000万元的关联方交易未披露的不合法行为。最后，瑞华所审计人员并未对索菱股份海外业务进行重点审查，不难看出，海外业务增速之快有很大可能是虚增业务、虚构客户所导致的，审计人员对虚增的业务收入未能保持应有的警觉，未对海外客户进行发函询问，也未对海外业务相关的银行账户进行流水检查，属于严重的审计失误。审计人员另一个严重失误是没有发现索菱股份与其子公司自导自演的4 500万元应收账款。审计人员没有尽到第三方独立审计机构的责任，发表了不恰当的审计意见。

4.上下游关联企业交易审计失败

审计人员对于关联方交易不够重视，导致索菱股份可以动用企业资金通过关联方来回交易进行资金回笼，索菱股份的年报披露其与隆蕊塑胶、江海创辉达等公司签订了7.9亿元的合同，同时根据2018年财报，其预付款和其他非流动资产达3.97亿元和3.53亿元，较年初增长461.18%和7 601.48%。然而，这几家公司根本不符合行业资质标准，索菱股份依然将巨额预付款交付给这几家公司，并且实际付款金额和披露信息不符，收到货款的户头也与其供货商的户头不符。这些显而易见的审计线索并没有被审计人员发现，令人不得不怀疑审计人员的独立性。

三、案例分析

（一）索菱股份方面

1.压力因素分析

（1）面临退市压力。由中国证监会的处罚公告可知，索菱股份2016—2018年虚增利润总额分别为2.79亿元、3.5亿元和2.2亿元，分别占当年披露利润总额的344.78%、208.13%和63.01%。但真实情况是，索菱股份2016—2018年实际调整后的利润总额均为负值。如果连年亏损难以弥补，索菱股份将面临退市风险，会有股票暴跌的可能，对企业声誉以及股价将产生极为不利的影响。为维持上市资格、避免退市所面临的风险，索菱股份铤而走险，通过粉饰财务报表、调节利润以达到扭亏为盈的目的。

（2）市场竞争压力。索菱股份的主营业务是与汽车有关的智能产品及互联网服务，而该行业具有市场潜力大、需求变化快、竞争激烈等特点。2016年4月，受国内外汽车市场销售低迷的影响，索菱股份产品销售业绩下滑。2017年4月，其产品结构向中高端调整，但由于经营环境的不确定性，业绩出现波动，给该公司带来巨大市场压力。此外，截至2018年年底，应收票据及应收账款期末余额较期初增加51.53%，应收账款回款周期变长；当年计提的存货减值损失较大，导致存货期末余额较期初减少33.18%，资产减值损失超出预期。

（3）债务压力。2017年11月16日，隆蕊塑胶通过将其与索菱股份的买卖产生的应收账款进行保理融资，将4 000万元应收账款转让给广州海印。广州海印因索菱股份只在2018年12月18日还款2 000万元后再无还款，向人民法院提起诉讼，要求立即冻结索菱股份的资产，索菱股份因无法偿还债务已构成实质性的债务违约。截止到2018年年底，索菱股份存在巨额债务，逾期不支付金额为2.5亿元。

此外，索菱股份已无存续债券，其最新主体信用评级也由之前的AAA变为B-。相较于2017年，2018年该公司息税折旧摊销前利润同比减少205.34%，利息保障倍数同比减少195.04%，贷款偿还率同比减少55.81%，利息偿付率同比减少57.54%。这些进一步表明该公司2018年财务状况恶化，加之部分债务逾期，资金紧张以至于无法支付利息，整体偿债能力出现问题，这也成为该公司实施财务舞弊的导火索。

2.机会因素分析

（1）股权结构不合理。第二大至第五大股东持股比例之和仅为19.57%，而肖行亦作为索菱股份的实际控制人、董事长兼总经理、法定代表人，持有33.99%的股份，拥有绝对话语权。中国证监会处罚公告显示，肖行亦作为大股东，在2018年非经营性侵占公司资金高达上千万元，用于支付其定增股票借款利息和赔偿员工持股计划损失。不合理的股权结构为舞弊创造了机会。

（2）内部控制存在缺陷。索菱股份及其控股子公司在2017年和2018年存在向多家非银行金融机构及个人进行融资的行为，涉及融资金额较大，相关职能部门在未经索菱股份正常内部审核批准的情况下，以索菱股份及其子公司的名义进行内部相互担保、对外担保，内部审核批准流程形同虚设。此外，该公司虽然制定了募集资金管理办法等一系列内控制度，设定了资金审批授权程序，但仍出现系统性财务造假。

（3）治理监督失职。在索菱股份2016—2018年连续3年进行财务舞弊的年度报告中，监事会均称在报告期内的监督活动中未发现该公司存在风险。独立董事对该公司重大事项未曾提出异议，独立董事出席股东大会的方式多数是通信方式，较少现场出席。独立董事未能持续关注索菱股份的生产经营情况、财务状况和已经发生或者即将发生的重大事件。该公司审计委员会在舞弊未被曝光前曾一致认为其内控制度体系得到有效执行。该公司审计委员会、监事会的监督职能严重弱化，这也为舞弊提供了契机。

（4）舞弊成本低。中国证监会对索菱股份连续3年虚增利润近十亿元的舞弊行为仅处以60万元罚款，对17名相关责任人仅处以3万~90万元不等的行政处罚，这与舞弊虚增利润金额相去甚远，舞弊所带来的处罚后果远不及舞弊所带来的收益，金额悬殊会诱使管理层铤而走险。

3.借口因素分析

（1）舞弊行为的合理化往往体现为认知偏差。对于索菱股份而言，舞弊核心成员、实际控制人肖行亦以及管理层舞弊行为人通过“帮助企业共渡难关”“使企业员工免受失业之苦”等自诩的社会道义来为舞弊行为进行辩护，寄希望于通过此类财务舞弊行为达到维持公司股价以及改善公司业绩的目的，并以此为借口来合理化其舞弊行为。

（2）通过降低舞弊行为人与违法行为的关联性来实现舞弊行为的合理化。在财务舞弊行为中，领导层施压下的舞弊决策现象尤为普遍，责任转移也因此成为较普遍的合理化借口。索菱股份实际控制人肖行亦曾以“资金占用需要考虑全局性，一个时段的进出不应单独视为占用”为由，称其不存在占用公司资金行为。

（二）瑞华所方面

索菱股份审计失败对应的会计师事务所是瑞华所。瑞华所为拓展业务范围，不断扩大客户规模。同时，瑞华所为迅速扩大规模，又合并了几家执业人员水平偏低的会计师事务所，如深圳鹏城所等。但瑞华所并没有对被合并对象进行充分的风险评估，在合并后也缺乏相应的管理，没有制定审计质量控制应对措施，造成审计质量下降，进而导致了较高的检查风险。中国证监会在2017年4月瑞华所整改结束后对其整改情况进行的专项核查中发现，瑞华所在审计质量控制和事务所一体化管理方面依旧存在问题，主要包括：在质量控制方面，瑞华所在人员配备、专业判断分歧处理、审前风险评估、审计业务约定书规范管理等方面存在不足；在内部管理方面，瑞华所在合伙人收益分配和考核、专职质量控制人员统一管理、分所预算执行差异考核和印章管理等方面仍不够完善。

本案例中，首先，由于激烈的行业竞争，瑞华所主要业务来源仍是中小客户，其很可能为了经济利益最大化承接更多的审计业务而放松对被审计单位的风险评估要求，业务承接的质量并没有明显提高，增大了后续执行业务的难度；其次，大量的中小企业审计订单令瑞华所分身乏术，项目组由于业务量大而时间和成本有限，加上重视程度不够，可能没有对关键审计环节和营业收入、关联方交易等重大事项进行重点把控；最后，瑞华所对于2016年和2017年索菱股份年报出具不恰当意见的审计报告，说明此项审计业务在经历项目质量控制复核后仍然没有发现项目组审计程序实施中存在的问题，也并未发现审计证据的异常，表明瑞华所在审计项目质量控制体系设计上存在缺陷或者执行不力。

四、案例总结和思考

本案例是典型的审计失败案例，被审计的上市公司和承担审计责任的会计师事务所都存在问题。索菱股份为谋求私利而实施了财务舞弊，并为财务舞弊编造了许多“看似合理的理由”，归根到底还是企业内控出了问题。索菱股份的财务舞弊手段并不高明，承担审计职责的瑞华所完全有能力发现索菱股份的财务舞弊行为，但为什么最终出具了无保留意见的审计报告？究其根源，是瑞华所丧失了其本应保持的独立性，不能勤勉尽责。

本案例不仅涉及一些重要的审计理论和实务问题，而且揭示了制度层面的一些深层次问题，需要引起社会各方的足够重视，主要包括：

1.完善内部控制制度

首先，上市公司管理层应高度重视内部控制建设，建立健全内部控制制度，避免潜在的财务风险演变成财务舞弊。其次，应加强审计委员会的建设，内部审计职能部门通常比外部审计机构更了解公司真实的运营状况，内审部门应当设立审计监控与财务预警机制，审计委员会应当保持独立，并及时制定风险应对措施。再次，应建立有效的信息传播渠道，形成员工与管理层互相监督的局面，出现问题时能找到直接责任人，对直接责任人以及有监督权的负责人实行连带责任。最后，应培养员工的反舞弊意识，有效监督与反馈能够将舞弊风险扼杀在“摇篮”中。

2.提高自媒体对上市公司的关注度

通过权威性强、关注度高的自媒体实时解读上市公司的最新情况，使上市公司受到舆论的监督，也能对其产生一定的威慑作用，在一定程度上保证会计信息真实可靠，减少舞弊行为的发生。同时，中小股东也能从中了解企业的近况，了解企业是否存在潜在风险。而注册会计师也能获悉企业近年来是否有负面新闻以及负面新闻是否与公司财务数据异常有联系，以此来拓宽思路，更加高效地发现公司是否存在舞弊行为。

3.强化外部监督与处罚力度

会计师事务所作为外部监督的主力军，在对上市公司进行审计时，能否透过公司的经营数据判断出被审计单位的舞弊风险，对于财务舞弊的治理至关重要。面对被审计单位层出不穷的舞弊方法，会计师事务所应当建立有效的财务舞弊预警模型，将审计识别与智能化识别相结合，运用大数据对被审计单位的经营状况等进行分析，提高审计效果与审计效率。

此外，外部各监管机构也应当加大对舞弊行为的惩处力度。虽然2020年3月1日开始施行的《证券法》加大了违法处罚力度，但对于舞弊者而言，倘若仅仅是行政处罚，并不具有足够的威慑力，必要时可对舞弊行为量刑，达到强有力的震慑效果。

当前科学技术快速发展，及时补充多行业知识对于跨专业审计具有现实意义，尤其是对被审计单位的信息系统进行审计时，缺乏该行业的知识会导致审计人员对被审计单位的生产经营情况、研发情况缺乏了解，可能导致审计失败。因此，应当从审计人才的培养抓起，让财会类学生多学习各行业知识，了解各行业的市场结构和产品信息；会计师事务所也应该加强对审计人员的后续教育，通过举办审计技能大赛、组织审计人员学习各行业知识，提高审计质量和审计信誉。审计手段应当符合时代发展的要求，如加入区块链、大数据等技术，根据企业的特点进行审计定制。

五、分析与讨论

1.如何区分财务舞弊和财务差错？

2.如果客户故意舞弊，如何划分会计责任与审计责任？

3.如何理解审计人员的“勤勉尽责”？

4.在审计实务中，对关联方交易、应收应付账款、研发支出等业务需要重点关注哪些事项？

5.结合中国证监会的其他行政处罚决定，对上市公司和会计师事务所及注册会计师的处罚有哪些规律？

6.如何理解会计师事务所声誉口碑的重要性？

六、参考文献

［1］中国证券监督管理委员会. 中国证监会行政处罚决定书（索菱股份、肖行亦等18名责任人员）〔2020〕105号［R/OL］.（2020-12-07）［2022-08-23］. http://www.csrc.gov.cn/csrc/c101928/c1416721/content.shtml.

［2］中国证券监督管理委员会. 中国证监会行政处罚决定书（瑞华会计师事务所、殷建民、匡傲）〔2021〕69号［R/OL］.（2021-09-02）［2022-08-23］. http://www.csrc.gov.cn/csrc/c101928/cdb64f01eefb241b7ac0d075ed4882ed0/content.shtml.

［3］余玉苗，何大兵. 企业反舞弊机制的构建与执行［J］. 财务与会计，2017（07）.

［4］陈邑早，陈艳，于洪鉴. 会计舞弊行为决策中的合理化因素：分析与展望［J］. 外国经济与管理，2019，41（07）.

［5］孙雨欣. 基于玻尔原子模型的索菱股份财务舞弊研究［J］. 河北企业，2022（02）.

［6］肖星宇. 上市公司财务舞弊案例分析——以索菱股份为例［J］. 中国乡镇企业会计，2021（08）.

［7］肖嘉宁. 股权质押下控股股东掏空行为及经济后果研究——以索菱股份为例［J］. 财务管理研究，2021（09）.

案例说明书

一、本案例要解决的关键问题

1.理解和掌握会计责任、审计责任、重要性、审计风险、勤勉尽责等重要概念；

2.理解和掌握关联方交易认定、研发费用与资本化原则、应收账款真实性等重要实务问题；

3.结合中国证监会的行政处罚决定加深对审计理论与实务关键问题的理解。

二、案例讨论的准备工作

（一）理论背景

企业财务会计和注册会计师审计基本理论与实务知识。

（二）行业背景

索菱股份成立于1997年，2010年进行了股份制改革，是集研发、生产、销售、服务于一体的高新电子信息技术企业，2015年6月在深交所A股中小板上市。2019年4月，中国证监会对索菱股份进行调查；2020年4月，中国证监会查出索菱股份2016—2018年连续3年存在年度报告虚假记载，通过虚增营业收入、虚减管理费用以及财务费用等方式，3年累计虚增利润8.5亿元。连续两年年度报告存在重大遗漏，被中国证监会处以60万元罚款；对其实际控制人处以警告，并处90万元罚款以及终身证券市场禁入。中国证监会责令瑞华所改正，没收业务收入160万元，并处以320万元的罚款；对两位注册会计师给予警告，并分别处以5万元的罚款。

（三）制度背景

《证券法》《中国注册会计师审计准则》《企业会计准则》。

三、教学组织方式

（一）问题清单及提问顺序

1.本案例中，索菱股份主要涉及哪些财务舞弊行为？

2.本案例中，瑞华所在审计过程中有哪些违规行为？

3.如何理解会计责任与审计责任？

4.在审计实务中，对关联方交易、应收应付账款、研发支出等业务需要重点关注哪些事项？

5.从本案例，我们能够得到哪些启示？

（二）课时分配

1.课前完成案例阅读和初步思考：约3小时。

2.小组讨论并提交分析报告提纲：约3小时。

3.课堂小组代表发言，主题讨论：约3小时。

4.进行归纳总结：约0.5小时。

（三）讨论方式

本案例可以采用小组形式进行讨论。

（四）课堂讨论总结

课堂讨论总结的关键是：归纳、评价发言小组的主要观点；重申重点及亮点；提醒学生对关键问题或有争议的观点进行进一步思考和讨论；鼓励学生发散思维，对案例素材进行扩展研究和深入分析。

案例9　致同会计师事务所对中信国安的连续审计为何失败

案例正文

专业领域/方向

审计学

适用课程

审计理论与实务

编写目的

1.理解和掌握财务舞弊、风险评估、审计失败、职业谨慎等重要概念。

2.理解和掌握财务舞弊手段、会计师事务所内部控制制度、审计程序等实务问题。

3.通过本案例加深对审计理论与实务关键问题的理解。

知识点

财务舞弊、审计责任、审计风险、审计失败、职业谨慎

关键词

致同会计师事务所、中信国安、财务舞弊、审计失败

案例摘要

2021年3月，中信国安信息产业股份有限公司（以下简称中信国安）长达7年的财务舞弊事件被中国证监会披露出来，其累计虚增利润总额达10.12亿元，而在2009—2015年的7年间，致同会计师事务所出具的审计报告类型均为标准无保留意见。中信国安的财务舞弊事件具有典型性，本案例以中信国安财务报告审计失败案为对象，要求学生运用委托代理理论和信息不对称理论，对致同会计师事务所审计失败的原因进行分析，进而进行总结。通过该案例我们得出几点启示：在审计过程中，注册会计师应保持职业怀疑，提高专业胜任能力，严格执行审计程序；会计师事务所应完善风险评估制度，逐步完善质量管理体系，重点关注连续审计客户；同时应完善外部对会计师事务所的监管，提高审计质量，减少审计失败案的发生，实现审计行业的长远健康发展。

一、引言

近几年来，审计失败案层出不穷，很多会计师事务所被中国证监会批评处罚，因其频繁出具与被审计单位实际财务状况不符的审计报告，相同问题反复出现，加上外部监管力度不足，严重削弱了广大投资者对企业财务报告和审计报告的信赖程度。这类案件频繁发生，使得各方均对相关监管制度存疑，同时也造成了社会各界人士不再完全依赖上市公司所披露信息的局面，大家对审计报告也持怀疑态度。审计师承担着审查审计客体财务信息是否真实公允的重要任务，但近年来总有财务舞弊导致审计失败的案件被中国证监会披露出来。在财务舞弊导致审计失败案中，社会各界人士更加关注的是为舞弊公司进行审计的注册会计师和对应的会计师事务所，这已经显著影响到审计的独立性和客观性，原因是注册会计师的执业能力不足以支撑其识别财务报表的重大错报事项，最终上市公司财务舞弊事件被曝光，直接阻碍公司的长期稳健发展，严重打击投资者的信心，降低会计师事务所的公信力，致使社会大众对会计师事务所失去信心，进而影响到审计行业的长远发展。在此背景下，本案例以2021年备受关注的舞弊时间长且舞弊金额巨大的中信国安为分析对象，依据委托代理理论、信息不对称理论及相关知识，对本次中信国安财务舞弊导致审计失败案的原因进行分析，启发学生对提高会计师事务所的审计质量、减少审计失败案的发生进行深入思考。

二、对中信国安财务舞弊连续审计失败案的回顾

（一）中信国安概况

1.中信国安发展历程

中信国安于2011年由中信国安集团公司改制而来，是一家全民所有制的多元化公司。2013年，中信国安以收购折股的形式进行混合所有制改革，其注册资本扩大到71.62亿元，由最初的中信集团100%控股制改为6家股东共同持股，后来股权又经过数次转让，其6大股东为中信集团、黑龙江鼎尚投资管理有限公司、北京合盛源投资管理有限公司、瑞煜股权投资基金合伙企业、共和控股有限公司、天津万顺置业有限公司，持股比例依次为20.95%、19.76%、17.79%、15.81%、15.81%、9.88%。中信国安自成立至今，业务经营逐渐多元化，建设规模也逐年扩张，如今已成为大型复合型企业集团。

2.中信国安营业状况

（1）中信国安业务范围。

中信国安主营信息网络基础设施业务，其中包括有线电视网、卫星通信网的投资建设，信息服务业中的增值电信服务、网络系统集成、应用软件开发，高科技产业中的新材料开发和生产，以及房地产开发及物业管理等业务。该公司在2009年根据自身发展状况和外部市场环境，进行了企业内部组织架构调整，有效整合了资源，实现了企业的战略转变，并重点对原有业务进行了整合重组，已经初步形成以信息产业为核心，以新能源、系统集成、增值电信业务等高科技领域为主的产业布局，有线电视、数字电视用户规模居国内同行业上市公司领先水平。该公司将继续发挥资本运作、用户聚合和收购

兼并三个平台的作用，积极布局大数据、大视频和社区云服务，实行基于有线电视业务创新、互联网科技和大数据的智慧社区发展战略。

（2）中信国安市场竞争格局。

青海中信国安科技发展有限公司（以下简称青海中信国安）是中信国安的一个子公司，也是中信国安长达7年财务舞弊的主体。根据中信国安的年度报告，青海中信国安是国内第二大优质资源型钾肥生产公司。中信国安在收购青海中信国安之后，完成了向资源型公司的转变。中信国安起初主要从事投资有线电视网络的业务，但是前期投资收益率较低。中信国安为了保证经营业绩，一直在向青海中信国安提供高质量的资源。根据中信国安2001—2003年的财务报告，中信国安的业务增长速度缓慢，只得请求大股东中信国安集团帮助自身渡过难关。从经济发展路径来看，无论是新能源业务还是房地产业务都缺乏孵化期。但问题在于，青海中信国安在加入中信国安后就一直承担着青海盐湖开采的任务，也负责创造利润。青海中信国安持有西台吉内尔盐湖采矿权，是青海盐湖资源开发的主要力量之一。在盐湖资源综合开发业务方面，青海中信国安一直都是主力军。2008年下半年，由美国次贷危机所导致的全球金融危机进一步加剧，使世界经济陷入萧条之中。由于国际原油价格下跌，世界范围内的大宗商品价格也普遍呈现下滑态势，对化肥行业的冲击尤为严重。2009年年初，钾肥价格继续延续上一年的调整走势，价格持续下跌，加之我国钾盐行业受大宗消化现有存量和需求复苏的双重影响，钾肥价格在全年大部分时间维持低位运行。

（3）中信国安营收目标。

青海中信国安于2009年在格尔木市举行了一场销售专题会议，参加此次会议的有中信国安的高管及主要客户。中信国安的高管在这次会议上制定了10亿元的营收目标，并且是在当年预计销售收入只有4亿元的情况下制定的，显然这是不切实际的。即便是在如此低落的行业背景下，青海中信国安在初期仍是为中信国安创造利润的中流砥柱。从中信国安2005—2014年的年度财务报告来看，青海中信国安对中信国安的净利润贡献率从2006年的10%稳步增长到2008年的72%左右，已经达到了为中信国安创造利润的顶峰。但此后，青海中信国安的贡献率开始迅速下降，2010年的营业利润已经为负数，2011年亏损8 500万元。从那以后，青海中信国安对中信国安没有任何积极的贡献，最大亏损为2.07亿元。值得注意的是，即便是在这种情况下，青海中信国安的注意力依旧在开发碳酸锂等盐湖资源上，但技术开发难度很大，原因是回报率低，钾肥又一直是主要的利润来源。根据中信国安发布的2021年年度报告，在报告期内，该公司实现营业收入26.6亿元，同比增长12.78%，归属于上市公司股东的净亏损为14.76亿元，归属于上市公司股东的扣除非经常性损益后的亏损为11.91亿元，基本每股收益为-0.3765元。

（二）致同会计师事务所简介

1.致同会计师事务所发展历程

2011年12月29日，天健正信会计师事务所与京都天华会计师事务所决定合并成同一家会计师事务所，并于2012年6月18日更名为致同会计师事务所。致同会计师事务所总部位于北京，在全国共有24个分支机构，拥有的注册会计师已超过1 200人，委托致同会计师事务所进行审计、咨询的上市公司有200多家，外资和民营企业有3 000余家。致同会计师事务所通过自身高超的执业能力和丰富的业务经验与世界各地的客户保持密切合作。致同会计师事务所的收入在2018年就已经达到18.4亿元，平均每个注册会计师的收入为149万元；其2019年的业务收入为19.9亿元，平均每个注册会计师的收入为167万元，整体上呈现持续增长的趋势。

2. 致同会计师事务所的质量管理制度

中信国安从1997年上市至2021年委托进行审计工作的会计师事务所一共有4家，但追根溯源，这4家会计师事务所是由同一家会计师事务所改制而成的，可以说是同根同源。被中国证监会查出财务造假的2009—2012年期间的财报由京都天华会计师事务所审计，此后4年由致同会计师事务所审计，都给出了标准无保留意见。在中国证监会指出的造假时间段，中信国安的审计费用总体还算平稳，中途一度大涨后，又基本维持不变。报告显示，2009年和2010年，中信国安董事会决议支付的审计费用为138万元；2011年审计费用上涨了10万元，达到148万元；2012年，中信国安的审计机构变更为更名后的致同会计师事务所，该事务所的报酬达243万元。此后，该事务所2013年、2014年的报酬分别为243万元、248万元。致同会计师事务所是由北京会计师事务所、京都天华会计师事务所、天华会计师事务所、天健正信会计师事务所历经31年合并改制而成的。中信国安自创立至今，从未真正更换会计师事务所，而审核签字的注册会计师也在不断循环。更有甚者，在长达10年的年度审计报告中都能看到同一位注册会计师的签字。2009—2015年，审计费用合计为1 296万元，会计师事务所出具的审计报告均为无保留意见，因此，注册会计师要承担的风险也就很大。

（三）中信国安财务舞弊导致审计失败情况

1. 中信国安财务舞弊手段

（1）引诱客户进行预售。中信国安为实现其承诺的10亿元销售业绩，与客户进行商业合作，以“借款”方式完成交易。中信国安为防止财务舞弊败露，与10家客户公司进行了真实的业务往来。中信国安在收到客户公司的预付款后，客户公司可以选择追回资金或者接收货物。中信国安还承诺客户公司，当客户公司采购物资时，它们在价格上可以获得10%的让利。为了稳定客户资源，中信国安主动提出为客户公司支付相应的利息，该利息按照商业贷款利率计算。青海中信国安成功说服了10家客户公司参与到此次财务舞弊事件中，而这10家客户公司在与青海中信国安进行业务往来时，并不知道自己正处在风暴中。

（2）营业收入虚假增长。青海中信国安在收到顾客的预付款后，借记“银行存款”科目，贷记“预收账款”科目，并伪造销售合同、出库单等材料；然后在账面上借记“应收账款”科目，贷记“主营业务收入”科目，并在月底进行对冲核销。通过这一系列运作，2009—2014年总计虚报了5.06亿元的营收，致使青海中信国安在2013年度财务报告中的虚假盈利总额达到189.66%。

（3）少计财务费用。青海中信国安在与10家客户公司签署的预售协议中有资金占用为12%~15%的货物并未发出，中信国安在青海银行的承兑汇票、银行存款以及运输货物引起的财务费用均没有记录在案。因此，2009—2014年，青海中信国安的财务报表被归为中信国安时，营业收入共计5.06亿元，并且少计了5.07亿元的财务费用，致使利润总额虚增10.13亿元。除此之外，2015年，青海中信国安的股份被中信国安转让时，青海中信国安依然使用预售和让利的方式，仅在2015年前半年，中信国安的净利润就增加了6 832.61万元。

2. 中信国安财务舞弊导致审计失败过程

2009—2015年，致同会计师事务所承接了中信国安的年度财报审计工作，审计报告均发表了“标准的无保留意见”。青海中信国安的主要任务是开发青海省的盐湖资源，2015年成为中信国安的子公司后，青海中信国安成为中信国安的“造血机器”。然而好景不长，根据2021年3月中国证监会披露的信息，中信国安在2009—2015年这7年间连续财务造假且造假金额巨大。中信国安在2021年5月份被立案调查后，通过多方举证，发现中信国安在2009—2015年存在巨额财务造假，金额高达10亿元。中信国安财务造假手段主要为虚增营业收入和少计财务费用，严重违背了会计核算原则。

青海中信国安在2009年虚增利润总额为233 032 726.79元，占中信国安当年合并报表利润总额的30.95%；2010年和2011年虚增利润总额为156 033 580.80元和80 981 474.02元，占中信国安当年合并报表利润总额的30.95%、51.54%；2012年和2013年的虚增利润金额竟达到中信国安合并报表的154.23%和189.66%；青海中信国安在2014年有所收敛，虚增利润金额为16 269 159.17元，占中信国安当年合并报表利润总额的6.56%。2015年，青海中信国安的股份被转让，转让后中信国安持有青海中信国安49%的股权。与此同时，中信国安还对长期股权投资核算方法进行了变更，从原来的成本法转为权益法。

2014年12月底，中信国安就已经计划转让青海中信国安的股份了。2015年1—6月，青海中信国安依然采取同样的舞弊手段，结果中信国安2015年虚增利润金额为68 326 102.22元，导致账面投资收益增加了33 479 790.09元，占中信国安当年利润总额的8.56%。虽然2015年的财务舞弊并未对同年中信国安的合并报表产生不利影响，但是2015年的财务不实记录是真实存在的。致同会计师事务所多年为中信国安提供审计服务，但并未发现任何重大错报风险。此案涉及金额巨大，舞弊年限长，2021年被中国证监会披露，对中信国安也产生了不可逆转的负面影响。

3. 中信国安财务舞弊导致审计失败的结果

中国证监会在2020年5月16日宣布对中信国安立案调查，其股价随即下跌，最终跌停。在中国证监会对其进行了10个月的调查之后，中信国安于2021年3月3日收到中国证监会下发的行政处罚事先告知书。中信国安于2021年6月3日正式收到中国证监会下发的行政处罚决定书。在听证会上，中信国安及其代理人申辩称中信国安的财务舞弊是自发行为，非中信国安故意而为之；中国证监会复核后认定其财务舞弊非一日之错，虚假记载财务数据长达7年，情节恶劣。2021年6月2日，中国证监会基于2005年《证券法》，责令中信国安改正，给予警告，并处以60万元罚款；对中信国安9位高管当事人处以最低5万元、最高30万元的罚款，所有当事人均给予警告。

根据2021年4月30日中信国安发布的《中信国安信息产业股份有限公司关于会计差错更正的公告》，即使中信国安在2009—2015年存在巨额财务舞弊行为，但更正后，对2020年、2019年合并报表净利润、净资产、现金流量均无影响。

三、中信国安财务舞弊连续审计失败原因分析

（一）注册会计师层面

1.注册会计师未保持高度职业怀疑态度

（1）对销售目标缺少职业谨慎。中信国安的营业收入主要依靠有线电视网络和增值电信服务这两项业务。2000年开始，互联网和新媒体行业迅速扩张并占领市场，致使选择有线电视业务的用户出现断崖式下跌。此外，中信国安增值电信服务的利润率非常低，只有2%。中信国安2009年的经营状况就已经大不如前，营业收入和净利润都开始大幅下降，这种净利润暴跌的状态一直持续到了2015年，贯穿了整个舞弊期间，业绩下滑让中信国安面临巨大的压力。在这样的行业背景下，中信国安还能保持高额利润，注册会计师在审计过程中从未怀疑过中信国安的财务状况，可见注册会计师的专业胜任能力比较弱，不足以支撑其做好审计工作。2009年，青海中信国安召开了销售专题会议，中信国安及其高层都参加了这次会议，很难想象中信国安高层出于何种目的将营收目标定在了10亿元，而2009年青海中信国安的销售收入只有4亿元，这样的营收目标在现实中注定是失败的。青海中信国安为实现销售业绩开始筹谋财务舞弊，从2009年开始，连续7年的财务报表都在发生变化。10亿元的营收目标与销售收入4亿元相差两倍多，致同会计师事务所在审计过程中却对差异巨大的业绩指标缺少职业怀疑，这是导致审计失败的重要因素。

（2）对异常情况缺乏合理质疑。虚增的收入有真实的客户，这导致注册会计师未取得真实审计证据。青海中信国安在与中农集团、邦力达、四川农资、中农上海、湖北楚丰、安徽辉隆、河北农资、吉林倍丰、广东天禾和江苏永德丰这10家客户公司达成让利并预售氯化钾的协议时，尽管虚增了5.06亿元的营业收入同时还少计了5.07亿元的财务费用，但正是因为这些客户公司都是真实存在的，所以审计师在进行审计工作时，没有觉察财务报表有问题。既然审计师审查的财务信息不是真实的，那么审计结果也就没有参考性，这直接导致了审计失败。注册会计师在审计期间应对已经得到的所有数据与材料的客观性与真实性存有疑虑，对通过第三方及外部渠道获取的信息更要仔细甄别，需要充分验证其真实性并经过审计程序，才可以考虑将其作为审计证据。致同会计师事务所在中信国安进行财务舞弊的7年间为其连续提供审计服务，没有保持职业怀疑态度，对中信国安提供的财务信息盲目信任，最终导致了审计失败的结局。

2.注册会计师缺乏独立性

被中国证监会查出财务造假的2009—2012年，中信国安的财报是由京都天华会计师事务所审计的，此后4年由致同会计师事务所审计，都给出了标准无保留意见。值得一提的是，致同会计师事务所的前身是京都天华会计师事务所，2011年，京都天华会计师事务所吸收合并天健正信会计师事务所，最后改名叫致同会计师事务所。除会计师事务所同源之外，签字的注册会计师也是同一拨人。有数据显示，在2005—2019年长达15年的时间里，中信国安总计披露了15份年报，签字注册会计师有10人，其中有钱斌签字的年报10份，有李欣签字的年报5份。具体来说，2005—2009年，钱斌连续5年成为中信国安的年报签字注册会计师，此后其名字从年报中消失，2013—2014年他又

出现，并连续2年成为签字注册会计师。2017—2019年，钱斌又连续3年成为年报签字注册会计师。同样地，2006—2010年，李欣连续5年成为中信国安的年报签字注册会计师。2012—2016年，龙传喜连续5年成为中信国安的年报签字注册会计师。

3.注册会计师审计程序执行不到位

注册会计师要提供高质量的审计报告，就必须在审计完毕后进行复核工作。注册会计师在执行审计程序时会受到各种因素的干扰，从而影响审计报告的质量。严格遵循三级复核制度，可以减少失误，达到降低审计风险的目的。但实际上，如果增加审计复核工作，审核费用也会随之增加。中信国安从上市以来，审计报告均为无保留意见，并且签字注册会计师高度重复。我们有理由推测，致同会计师事务所认为自己对中信国安的情况足够了解而忽视了内部质量复核工作。高质量的审计报告一定是基于严格执行审计程序的，在审计工作收尾时同样要严格执行审计复核程序，但是受致同会计师事务所与中信国安多年合作的影响，大部分审计程序并没有按照标准执行，更有甚者，一些必须严格执行的审计程序也草草了事。

（二）会计师事务所层面

1.会计师事务所内部控制制度问题

（1）接受业务委托阶段未开展风险评估。通常情况下，会计师事务所在决定是否承接审计业务时，要依照会计师事务所的相关规定以及注册会计师的专业能力预判此项业务是否具有重大错报风险。在中信国安财务舞弊案中，注册会计师在对2009—2015年间的所有财务报表进行核验时，前期并没有做好承接业务的准备工作。青海中信国安在2009年和2010年遭受了百年不遇的洪水，这让青海中信国安的市值大幅缩水，也让发展势头迅猛的中信国安损失惨重。注册会计师未能充分了解这一行业环境的变故，可能也成为中信国安财务舞弊的导火索。注册会计师也没有对中信国安的内部控制体系进行相应的前期调查工作，如果内部控制体系完善，董事会成员知晓这7年间的财务情况，也就不会出现财务舞弊事件。上述情况都具有一定的审计风险，但致同会计师事务所欣然接受了中信国安的审计委托，在进行审计业务的过程中也没有进行任何风险控制，可见致同会计师事务所对风险控制制度执行不到位。

（2）三级审核制度流于形式。按照审计准则的要求，审计主体在提交审计报告给审计客体时必须按照三级审核制度执行。第一阶段的审核是由项目负责人进行的，报告中所涉及的所有审计数据都要逐一复核，确认没有问题后进行下一阶段审核。第二阶段的复核工作是由项目合作伙伴进行的，要对报告编制人编制的审计报告中数据的真实性和时效性负责，确认没有问题后进行下一阶段审核。第三阶段的审核是由质量复核部门进行的，要对整个审计工作以及审计结果进行综合评估，要检查是否有遗漏和不正确的项目，并对上述工作予以评价。致同会计师事务所虽然也有三级审核制度，但其执行效果并不理想，大部分审核工作只停留在表面上，各种状况层出不穷。从中国证监会的公告来看，致同会计师事务所的三级审核制度落实并不到位，存在报告编制人代替项目负责人和风险管控人进行审核报告的情况。

2.会计师事务所人员管理制度不合理

（1）聘用和薪资制度不完善。致同会计师事务所提供的资源以及薪酬在行业内是有一定竞争力的，高级经理及下属人员的薪资采取年薪固定制，出差会有补贴，但是没有额外的加班费以及项目佣金。这样的薪酬制度会打消员工工作的积极性，即使努力工作的员工心里也难免会不平衡，从而会影响其他工作人员的心态。致同会计师事务所的凝聚力不强，员工没有归属感。另外，会计师事务所的工作具有特殊性，年审是会计师事务所工作最繁忙的时候，审计人员会面临大量加班、作息时间不规律等问题，致使审计人员的身体和心理都承受很大的压力。在瞬息万变的市场环境中，会计师事务所既要保证审计质量又要保证盈利，只能通过控制审计成本来增加会计师事务所的盈利，而这样做势必导致审计质量下降，从而产生各种隐患。

（2）薪酬与晋升不以审计质量为导向。致同会计师事务所分所的大部分股权依然掌握在原来的合伙人手里。审计费用中很大一部分被认定为会计师事务所的利润，而这些利润也是按照股份比例分配给最初的合伙人，这导致很多努力上进的员工因没有股份就只能拿固定工资。员工工作压力大又不能得到相应的经济回报，时间长了就会产生负面情绪，所以，会计师事务所难以留住能力出众的人才，也就不能提升审计质量。

四、案例总结和思考

本案例以2021年备受关注的舞弊时间长且舞弊金额巨大的中信国安为研究对象，对中信国安财务舞弊导致审计失败案的原因进行了剖析，发现主要原因有两个：一是注册会计师没有严格遵守审计准则；二是致同会计师事务所人员管理制度存在问题。这给我们带来以下启示：

1.注册会计师应保持高度职业谨慎态度

在审计过程中，企业财务舞弊由于手段多种多样而难以被发现，审计师很难只依靠原有的经验发现企业是否存在财务舞弊行为，同时，财务舞弊一般是企业有意识谋划出来的结果，很可能给投资者带来巨大的经济损失，因此，注册会计师必须保持高度职业怀疑，仔细审查每一份资料，及时识别出重大错报风险，避免由于自身疏漏导致的审计失败。

2.严格控制审计程序的执行

（1）审查业务收入的真实性。由于虚假业务往来和营业收入是企业利用关联方交易进行财务舞弊的常见途径，因此，在执行审计程序时，必须谨慎地对企业的经营情况和营业收入进行核查。在审查相关业务时，注册会计师应当仔细核对合同、发货确认单的信息；注意合同中有没有过于复杂且价格异常的交易安排；留意货物确认单中有无相同的签名及不同的笔迹，以及销售委托人盖章前后不一致的情况，以此来审查企业经济往来与业务往来的真实性。

（2）提高审计程序的不可预见性。对于已查明的特殊审计风险，在选择审计程序性质、时间和范围的时候，审计人员必须提高其不可预测性，可以采取下列方法：对一些未经测试、低于设定重要程度的账户余额和确认执行实质性程序；实时更改实施审计程序的时间，使得被审计单位无法预料；采用与前期不同的审计取样方式，对样品进行变更；绝不事先通知被审计单位有关于审计的任何信息。

（3）认真做好审计复核工作。在规范会计师事务所的业务质量管理方面，《会计师事务所质量管理准则第5101号——业务质量管理》作出了明确的规定。该准则要求，结合企业内部控制理论，利用风险导向审计思路，为业务质量管理及建立健全质量管理体系提供新方法。另外，该准则还规定了质量管理体系“八要素”的主要内容，其中“业务执行”要素要求各会计师事务所对相关审计项目进行专业的质量复核。质量复核是指会计师事务所委派项目以外的人员对项目进行审核，以决定项目是否进行了合适的审计过程，并获取了足够的审计证据来出具有恰当意见的审计报告。《会计师事务所质量管理准则第5102号——项目质量复核》对复核人员、内容进行了总体说明，也进一步明确了质量复核的目标和定位。

3.加强会计师事务所建设

（1）完善风险评估机制。致同会计师事务所在决定是否承接中信国安这一审计业务的时候，没有充分评估作为审计业务承接方是否存在以下风险：首先，对中信国安的业务进行审计，致同会计师事务所是否有足够的审计资源、致同会计师事务所的注册会计师及其他协助审计人员是否具备支配资源的职业能力。其次，中信国安是否是一个诚信的客户，是否会故意隐瞒公司的实际状况，是否会提供充足的审计资料，是否会充分配合审计人员的工作。致同会计师事务所仅仅因为中信国安是其老客户以及是央企的原因，就对其保持信任，没有对中信国安做充分的背景调研。最后，致同会计师事务所没有在业务承接阶段对注册会计师及其他审计人员与中信国安的关系进行调查，分析其是否存在包庇中信国安舞弊行为的可能性。会计师事务所可以通过以下措施改善其对承接业务的评估能力，以达到在业务承接阶段对风险进行事前控制的目的：首先，致同会计师事务所应该对中国证监会披露的有财务造假行为的造假动机和途径进行总结，寻找共性，发现其中的内在关联，以便在审计过程中对某些高频率出现的造假动因、手段和现象保持充分的敏感度。其次，致同会计师事务所应该对中信国安的诚信度以及其与签字注册会计师的关系进行调查。最后，致同会计师事务所应该对审计中信国安的工作内容进行评估，通过注册会计师是否有相关行业审计经验等，分析签字注册会计师是否有足够的能力对中信国安进行审计。

（2）完善质量管理体系。2020年11月19日，财政部批准印发了三项中国注册会计师执业准则，包括《会计师事务所质量管理准则第5101号——业务质量管理》、《会计师事务所质量管理准则第5102号——项目质量复核》以及《中国注册会计师审计准则第1121号——对财务报表审计实施的质量管理》。财政部发布的质量管理准则有助于提升审计质量，预防和控制审计风险，促进我国审计行业的长远健康发展。由于各会计师事务所内部的组织架构、人员组成以及业务构成等方面均有不同程度的差异，因此在会计师事务所质量管理体系建设中，需要结合会计师事务所内部的实际情况，将各项准则的条款落到实处。比如，会计师事务所执行审计的对象为银行等金融企业时，就与制造业企业审计有较大差异。由于业务类型差异较大，所以就不能照搬其他会计师事务所对制造业企业的审计业务质量管理体系。另外，质量管理体系并非一成不变，而是随着业务的复杂性等因素不断完善，所以在建立健全质量管理体系的同时，要关注相关业务性质的变化。

（3）重点关注连续审计客户。致同会计师事务所为了维持与稳定老客户，通常会同意客户不合理的请求，或者不更换审计项目负责人，而这种做法可能削弱审计的独立性，也不利于保证审计报告的公正性。鉴于此，致同会计师事务所有必要转变客户关系管理思维，建立完善的岗位定期轮换制，定期更换连续审计客户的审计小组成员，以保证审计工作的独立性和公允性。中信国安审计失败案在一定程度上说明，虽然致同会计师事务所按照审计准则的要求，每满5年就更换审计人员，但是在实质上，因为注册会计师与被审计单位长达十几年的合作关系，双方都具有依赖性，直接负责的主管人员并未改变。综上，对于致同会计师事务所而言，岗位定期轮换制实属必要，这既能够避免合伙人团队与被审计单位关系过于亲密而徇私舞弊，又能够保证审计工作的独立性，减少团队内收受贿赂、沆瀣一气的现象。总而言之，致同会计师事务所要加强客户关系管理，制定并实行岗位定期轮换制，一旦发现审计小组成员多次负责同一个项目，就需要立刻调岗更换，同时还要制定新老成员交接流程，以保证审计工作的接续性，提高审计质量。此外，致同会计师事务所还需要做好独立性筛选工作，全方位识别与分析影响审计工作独立性的风险因素，还要制定可行有效的措施，必要时可以与被审计单位解除业务协议，以避免因审计失败而影响会计师事务所的声誉。

4.加大监管力度与惩罚力度

中信国安虽然是在2021年被披露出财务记载不实，但是由于不溯过往的法律性质，根据2005年《证券法》，中信国安被处以60万元顶格罚款，给予警告并责令整改。财务舞弊导致审计失败案频繁发生的一个关键因素是会计师事务所和企业的违法违规成本较低，审计市场导向未注重审计质量。从致同会计师事务所对中信国安审计失败的处罚可知，当事人并未受到严重的处罚，注册会计师和会计师事务所仍然在正常执业，不能对后续的审计工作起到很好的警示作用。所以，提高审计工作违法违规成本就显得极为重要，这也可以进一步创造良性的审计行业环境。监管机构可以考虑增加违法违规成本，包括但不限于将经济处罚额增加5~10倍、按情节严重程度采取市场禁入年限等措施。处罚并不是监管的初衷，处罚只是为了让执业人员及会计师事务所在执业过程中谨记违法违规的“高压线”不容触碰，规范审计业务执行。另外，可以建立对财务造假以及审计失败行为具有预防及惩戒功能的民事责任赔偿机制。投资者的损失如果是上市公司财务造假行为或者会计师事务所出具了不符的审计报告导致的，投资者可以依据相关法律对被投资主体及会计师事务所提起诉讼，捍卫自己的合法权益，减少投资损失。监管机构立法不仅要保护投资者的利益，也要对资本市场上的其他上市公司及会计师事务所有所震慑，以便约束个人以及公司行为，共同营造审计质量导向型市场环境。

五、分析与讨论

1.如何界定审计失败？

2.审计失败的影响有哪些？

3.试用信息不对称理论和委托代理理论分析审计失败的动因。

4.当前公司财务舞弊的手段主要有哪些？

5.如何提高审计人员的专业胜任能力？

6.如何规范审计行业市场竞争？

六、参考文献

［1］沈利刚. 面向财务造假防范的会计师事务所质控体系构建［J］. 财会通讯，2022（09）.

［2］陈艳芬，彭俊英，姚莉. 上市公司年报审计风险评估程序缺陷及对策研究［J］. 中国注册会计师，2021（10）.

［3］原红旗，张楚君，孔德松，等. 审计失败与会计师事务所声誉损失：来自IPO审核的证据［J］. 会计研究，2020（03）.

［4］中国注册会计师协会. 中国注册会计师执业准则（2017）［M］. 北京：中国财政经济出版社，2017.

［5］中国注册会计师协会. 中国注册会计师执业准则应用指南（2017）［M］. 北京：中国财政经济出版社，2017.

［6］吴伟荣，李晶晶，包晓岚. 签字注册会计师过度自信、政府监管与审计质量研究［J］. 审计研究，2017（05）.

案例说明书

一、本案例要解决的关键问题

1.理解和掌握财务舞弊、风险评估、审计失败、职业谨慎等重要概念；

2.理解和掌握财务舞弊手段、会计师事务所内部控制制度、审计程序等实务问题；

3.通过致同会计师事务所对中信国安审计失败案例加深对审计理论与实务关键问题的理解。

二、案例讨论的准备工作

（一）理论背景

注册会计师审计的基本理论与实务知识。

（二）行业背景

我国上市公司数量虽然在不断增加，但近年来上市公司为追逐利益而进行的财务舞弊愈演愈烈，紧随其后的就是频繁发生的审计失败案，这些都有损审计行业的发展。审计失败案不仅不利于企业未来发展，而且会影响会计师事务所的声誉，还会给广大投资者造成伤害。2021年3月，中信国安长达7年的财务舞弊事件被中国证监会披露出来，其累计虚增利润总额达10.12亿元，无论是舞弊时长还是舞弊金额都令业界震惊。在2009—2015年的7年间，致同会计师事务所出具的审计报告类型均为标准无保留意见，暴露了致同会计师事务所连续审计失败的严重性。中信国安的财务舞弊事件具有典型性，本案例以中信国安财务舞弊导致审计失败案为对象，主要对致同会计师事务所审计失败的原因进行分析，进而进行总结。

（三）制度背景

《中国注册会计师审计准则》《企业会计准则》。

三、教学组织方式

（一）问题清单及提问顺序

1.如何界定审计失败的概念？

2.审计失败的主要原因及影响有哪些？

3.本案例中，中信国安主要涉及哪些方面的造假行为？

4.本案例中，致同会计师事务所在审计中有哪些违规行为？

5.如何加强会计师事务所建设？

6.如何提高外部对会计师事务所的监管能力？

7.从致同会计师事务所对中信国安连续审计失败案中，我们能得到哪些启示？

（二）课时分配

1.课前完成案例阅读和初步思考：约3小时。

2.小组讨论并提交分析报告提纲：约3小时。

3.课堂小组代表发言，主题讨论：约3小时。

4.进行归纳总结：约0.5小时。

（三）讨论方式

本案例可以采用小组形式进行讨论。

（四）课堂讨论总结

课堂讨论总结的关键是：归纳、评价发言小组的主要观点；重申重点及亮点；提醒学生对关键问题或有争议的观点进行进一步思考和讨论；鼓励学生发散思维，对案例素材进行扩展研究和深入分析。

案例10　亚太所与中国证监会之辩：货币资金虚增的审计案例

案例正文

专业领域/方向

审计学

适用课程

审计理论与实务

编写目的

1.理解和掌握会计责任、审计责任、审计风险、职业谨慎、勤勉尽责等重要概念。

2.理解和掌握银行询证函的发函控制、货币资金的实质性审计程序、财务内部控制风险等重要实务问题。

3.通过中国证监会的行政处罚决定加深对审计理论与实务关键问题的理解。

知识点

会计责任、审计责任、审计风险、职业谨慎、勤勉尽责、货币资金、控制风险

关键词

中国证监会、亚太所、中融双创、行政处罚、货币资金虚增

案例摘要

2021年12月14日，中国证监会发布了关于亚太所的行政处罚决定书，亚太所在为中融双创（北京）科技集团有限公司（以下简称中融双创）《公司债券年度报告（2017年）》提供审计服务过程中违反依法制定的业务规则，未勤勉尽责，对中融双创《公司债券年度报告（2017年）》（报告中大量虚增货币资金）出具的无保留意见审计报告存在虚假记载。同时，在行政处罚决定书中，中国证监会对亚太所提出的申辩事项进行了答复，双方都体现出极高的专业水准，涉及会计师事务所和注册会计师执业过程中的诸多重要理论与实务问题。

一、引言

2021年12月14日，中国证监会发布了关于亚太所的行政处罚决定书，在资本市场

引起了很大反响。当事人的违法事实主要包括两个方面：一是中融双创2017年年度财务报表存在虚假记载，亚太所却出具了标准无保留意见的审计报告；二是亚太所对中融双创《公司债券年度报告（2017年）》进行审计时，未勤勉尽责，出具存在虚假记载的审计报告。中国证监会据此对亚太所作出责令改正、没收业务收入、处以罚款的行政处罚，对涉案注册会计师作出给予警告和罚款的处罚。亚太所作为一家颇具声望的专业机构，是全国性、综合性大型会计中介集团，是率先完成特殊普通合伙转制的民族品牌，系国际会计师事务所联盟（CPAAI）成员。目前，亚太所具有财政部、中国证监会批准的执行证券期货相关业务的审计、评估资格，财政部、中国人民银行批准的金融相关业务审计资格，财政部确认的国有大中型企业债转股审计评估资格，以及建设部门批准的甲级工程造价咨询资格和司法部门确认的司法会计、评估、计算机、工程造价鉴定资格。其业务涵盖股票发行与上市、公司改制、企业重组、资本运作、财务咨询、管理咨询、税务咨询等领域。亚太所以管理科学、监管严格、质量优良著称，并赢得社会的赞誉，在维护市场经济秩序和社会公众利益、服务市场经济建设等方面发挥了重要作用。

在2021年以前，亚太所从未登上过中国证监会的处罚名录，对这次处罚，相关人员不仅不服，而且和中国证监会展开了唇枪舌剑的申辩，首次提出了14条申辩意见，后又提出了6条申辩意见。亚太所在申辩中提出"本案货币资金虚增实际为资金挪用，基于刑事优先原则，应以刑事判决认定的事实和结论为准"，如何看待资金虚增和资金挪用成为一个值得探究思考的话题。

二、亚太所审计中融双创公司债券年度报告中存在的问题分析

（一）案例背景

中融双创成立于2012年11月12日，注册地位于北京市丰台区南四环西路188号三区19号楼一层102，法定代表人为刘法合。其经营范围包括技术开发、技术服务、技术转让、技术咨询；市场调查；销售通信器材、计算机软硬件及辅助设备、电子产品、机械设备；软件开发；计算机系统服务。中融双创对外投资了11家公司。

中融双创分别于2016年6月13日、2016年9月8日在上海证券交易所发行"邹平长城集团有限公司公开发行2016年公司债券（第一期）""邹平长城集团有限公司公开发行2016年公司债券（第二期）"，期限均为3年，发行总额为12亿元。

依据2005年《证券法》第六十六条第二项的规定，中融双创应当在每一会计年度结束之日起4个月内披露年度报告。

2018年4月27日，中融双创公开披露了《公司债券年度报告（2017年）》《2017年度审计报告》（亚会B审字〔2018〕1095号），公开披露的报告显示，中融双创法定代表人刘法合、主管会计工作的负责人刘法青在中融双创2017年合并财务报表及母公司个别报表上签字、盖章。

中融双创《公司债券年度报告（2017年）》披露，中融双创2017年年末合并资产负债表中货币资金余额为2 905 051 203.46元，资产总计13 981 647 674.60元，所有者权益合计7 257 480 826.86元。经调查，截至2017年12月31日，中融双创实际货币资金余

额为777 859 237.82元，中融双创虚增货币资金2 127 191 965.64元，占中融双创当期披露的经审计总资产的15.21%、净资产的29.31%。

中国证监会认为，中融双创作为债券发行人披露的《公司债券年度报告（2017年）》存在虚假记载，违反2005年《证券法》第六十三条“发行人、上市公司依法披露的信息，必须真实、准确、完整，不得有虚假记载、误导性陈述或者重大遗漏”的规定，构成2005年《证券法》第一百九十三条第一款所述“发行人、上市公司或者其他信息披露义务人未按照规定披露信息，或者所披露的信息有虚假记载、误导性陈述或者重大遗漏”的行为。

刘法合作为中融双创董事长、法定代表人，刘法青作为主管会计工作的负责人，在中融双创《公司债券年度报告（2017年）》上签字，应当对该报告的真实性、准确性、完整性负责。刘法合系上述违法行为直接负责的主管人员，刘法青系其他直接责任人员。

根据当事人违法行为的事实、性质、情节与社会危害程度，依据2005年《证券法》第一百九十三条第一款的规定，中国证监会责令中融双创改正，给予警告，并处以60万元的罚款；对刘法合给予警告，并处以30万元的罚款；对刘法青给予警告，并处以20万元的罚款。

（二）亚太所审计中融双创公司债券年度报告中存在的3个问题

根据《中国证监会行政处罚决定书（亚太所、陈博、李孝念）》（〔2021〕128号），亚太所主要存在以下违法事实：

1.中融双创2017年年度财务报表存在虚假记载

经查，中融双创披露的《公司债券年度报告（2017年）》虚增货币资金2 127 191 965.64元，占中融双创当期披露的经审计总资产的15.21%、净资产的29.31%。

2.亚太所未勤勉尽责，出具存在虚假记载的审计报告

（1）亚太所未按要求执行函证程序。

亚太所审计工作底稿中未记录亚太所从中国人民银行调取的中融双创及其子公司的征信报告及银行账户开户清单等重要证据，未留存银行询证函的发函控制记录，无法证实银行询证函由亚太所编制和寄发；未关注到部分银行询证函回函快递单上记载的发件地址或快递单号存在明显异常。

亚太所的上述行为违反了《中国注册会计师审计准则第1312号——函证》第十四条、《中国注册会计师审计准则第1301号——审计证据》第十条等规定。

（2）亚太所对货币资金执行的实质性审计程序不到位。

经调查，亚太所对中融双创及其子公司提供的银行账户信息审核后编制了银行账户清单与开户信息核对表、银行存款明细表等，亚太所编制的审计工作底稿与中融双创及其子公司提供的资料存在明显异常，亚太所未认真核对山东邹平长城能源科技有限公司提供的资料，以错误的账号向银行进行询证，未关注到山东国科新能源科技有限公司、山东梁州能源科技有限公司提供的银行账户资料存在异常情况等。

亚太所的上述行为违反了《中国注册会计师审计准则第1301号——审计证据》第十条、第十一条、第十五条，《中国注册会计师审计准则第1131号——审计工作底稿》

第八条等规定。

（3）亚太所未充分考虑中融双创财务内部控制方面的风险。

亚太所编制的中融双创主要财务人员名单互相矛盾，未充分考虑中融双创财务内部控制方面的风险，违反了《中国注册会计师审计准则第1101号——注册会计师的总体目标和审计工作的基本要求》第二十二条、第二十八条，《中国注册会计师审计准则第1211号——通过了解被审计单位及其环境识别和评估重大错报风险》第九条、第十七条、第二十二条的规定。

3.亚太所出具标准无保留意见的审计报告

2018年1月15日，中融双创与亚太所签订审计业务约定书，约定由亚太所对中融双创2017年年度财务报表进行审计，审计服务费为130万元。2018年4月23日，亚太所出具了标准无保留意见的审计报告，签字注册会计师为陈博、李孝念。

以上事实，有亚太所审计工作底稿、审计报告、询证函、会计凭证、银行账户流水、企业工商登记资料、相关人员询问笔录等证据证明，足以认定。

（三）中国证监会对亚太所的处罚情况

根据亚太所违法行为的事实、性质、情节与社会危害程度，依据2005年《证券法》第二百二十三条的规定，中国证监会责令亚太所改正，没收亚太所业务收入130万元，并处以390万元的罚款；对陈博、李孝念给予警告，并分别处以10万元的罚款。

三、亚太所与中国证监会之辩

（一）管辖权不明的问题

1.亚太所观点

本案管辖权不明。多地监管局就中融双创项目对我所进行多次调查，结果不同，且管辖权不明；同一事项各中介机构受处罚不同，执法标准和管辖权不统一。

2.中国证监会观点

依据2005年《证券法》第一百七十九条第七项的规定，国务院证券监督管理机构“依法对违反证券市场监督管理法律、行政法规的行为进行查处”，我会履行对证券市场违法违规行为进行行政调查与专项检查的职权，二者适用不同的程序，相对独立。我会对中融双创及亚太所开展行政调查并作出认定，调查卷宗并不需要收录专项检查的证据和结果。因此，对此项申辩意见不予采纳。

（二）追诉时效问题

1.亚太所观点

本案已超过两年追诉时效。调查立案不及时，调查时间过长，导致取证受限。

2.中国证监会观点

亚太所对中融双创《公司债券年度报告（2017年）》进行审计，2018年4月23日，亚太所出具标准无保留意见审计报告。

2019年7月19日至11月22日，我会《关于部署2019年审计与评估机构检查工作的通知》要求对亚太所开展现场检查，检查中发现亚太所审计的中融双创项目存在货币资金造假，涉嫌信息披露违法；亚太所在执业过程中未保持合理职业怀疑，未能勤勉尽责，执行审计程序和收集审计证据存在明显疏漏。2020年1月22日，就检查结果形成《关于对亚太（集团）会计师事务所（特殊普通合伙）全面检查情况的报告》。

2020年3月26日，我会发布《关于请调查中融双创及亚太所涉嫌违法违规案的函》，启动调查，于2020年6月24日依法向中融双创出具调查通知书。在查实中融双创《公司债券年度报告（2017年）》存在虚假记载的情况下，我会于2021年4月25日依法向亚太所出具调查通知书。

我会于2021年5月27日对中融双创和亚太所立案调查，并分别于2021年6月6日、6月7日向亚太所、中融双创送达调查通知书，告知其因涉嫌违反证券相关法律法规被立案调查。

综上，本案不存在调查不及时情形，也未超过行政处罚时效，调查程序依法合规，故对该项申辩意见不予采纳。

此外，调查通知书为我会的标准执法文书，因我会查办案件数量众多，间隔数月导致立案编号不连续乃正常现象，并非当事人所称存在调查不规范的情形，故对该项申辩意见不予采纳。

（三）调查程序不当问题

1.亚太所观点

处罚程序前后因果倒置。检查卷宗无数据确认过程、部分证据缺失。

2.中国证监会观点

对于中融双创的调查和处罚工作，我会严格按照程序办理，我会已对中融双创作出〔2021〕114号行政处罚决定书。在确保事实清楚、证据确实充分和法律适用正确的基础上，我会统筹推进案件的审理工作，不存在处罚程序前后因果倒置情况，故对该项申辩意见不予采纳。

依据2005年《证券法》第一百七十九条第七项的规定，国务院证券监督管理机构“依法对违反证券市场监督管理法律、行政法规的行为进行查处”，我会履行对证券市场违法违规行为进行行政调查与专项检查的职权，二者适用不同的程序，相对独立。我会对中融双创及亚太所开展行政调查并作出认定，调查卷宗并不需要收录专项检查的证据和结果，故对该项申辩意见不予采纳。

关于当事人所述我会未提供检查过程底稿，导致当事人无法重新计算检查认定虚增金额的问题，已在其他复核意见中进行了阐明，故对该项申辩意见不予采纳。

（四）检查范围不全问题

1.亚太所观点

检查结果未包括“法人混同”企业，调查范围不全。

2.中国证监会观点

根据中融双创2017年年报和亚太所审计工作底稿，中融双创2017年合并资产负债表中“货币资金”是中融双创自身及其下属12家子公司经审计的“货币资金”余额的合计数，且“货币资金”由库存现金、银行存款、其他货币资金三项构成。亚太所审计工作底稿中保存有中融双创及除长城小贷之外的其余11家子公司（共12家公司）的“货币资金审定表”，以及包括长城小贷在内全部13家公司的个别报表。基于上述证据支持，我会调查认定中融双创合并资产负债表中货币资金2017年年末余额数值由亚太所审计工作底稿中记录的中融双创及其2017年年报合并范围内除长城小贷之外的11家子公司在2017年12月31日经审定的库存现金余额、上述12家公司2017年年末银行存款（含其他货币资金）余额，以及亚太所审计工作底稿中长城小贷个别报表显示的2017年年末货币资金余额计算得出。

综上，我会调取的证据足以确认中融双创合并资产负债表中货币资金2017年年末余额的具体数值以及货币资金虚增的结论。亚太所提出我会确认中融双创2017年年末货币资金余额时未考虑账外资金、应收票据情况以及法人混同情况与本次调查无关。我会对该项申辩意见不予采纳。

（五）关于审计责任的划分

1.亚太所观点

中融双创实际控制人挪用资金已构成刑事犯罪，超出审计合理怀疑，亚太所履行了勤勉尽责义务，不违反法律规定或依法制定的业务规则，不应对中融双创的虚假陈述行为承担责任。亚太所已根据审计准则的要求执行审计程序，基于审计存在的固有限制，对于未能发现的故意舞弊行为，亚太所不应承担责任。

2.中国证监会观点

亚太所在对中融双创《公司债券年度报告（2017年）》进行审计时未能勤勉尽责，未能关注到中融双创及其子公司的银行账户存在明显异常情况，执行的银行函证程序不到位。

一是中融双创及其子公司向亚太所提供的多份银行账户资料未显示开户银行名称，甚至未显示银行账号。

二是山东邹平长城能源科技有限公司货币资金实质性程序相关审计工作底稿显示，亚太所以8011×××2029这个账号向齐商银行滨州黛溪支行进行函证，但山东邹平长城能源科技有限公司向亚太所提供的齐商银行对账单只列示了8011×××1875、8011×××1947、8011×××1954这3个银行账号，未见上述尾号为2029的账号，亚太所未对齐商银行对账单所列示的这3个银行账户进行函证。

三是山东国科新能源科技有限公司、山东梁州能源科技有限公司分别向亚太所提供了一份下载时间均为2018年1月4日的企业历史交易明细，这2份文件上列示了同一个银行账号9130×××4316，但显示的余额分别为960万元、2 000万元，且文件上其他多处细节也存在明显差异。亚太所将上述尾号为4316的账号的开户行认定为邹平农商行码头支行，将其以2 000万元的余额列入山东国科新能源科技有限公司的银行存款明细表，并在山东梁州能源科技有限公司的银行明细表中列示了账号为9130×××0206、账面余额为960万元的邹平农商行码头支行账户，但相关审计工作底稿中未见山东梁州能源科技有限公司提供的尾号为0206的账号资料。

四是山东惠泽农牧科技有限公司平安银行济南文东支行的询证回函快递单上显示的寄件地址并非该银行，而是“御景湾（滨河路）”；山东邹平长城能源科技有限公司招商银行滨州邹平支行、平安银行济南文东支行分处不同行政区域，但回函所寄的顺丰快递单号相近。

综上，亚太所在对中融双创《公司债券年度报告（2017年）》进行审计时未能勤勉尽责，执行的银行函证程序不到位，故对该项申辩意见不予采纳。

（六）多次调查结果存在差异问题

1.亚太所观点

对相同的银行账户进行多次发函调查，结果存在差异。

2.中国证监会观点

一是我会在调查中重新调取了亚太所审计工作底稿中列示的中融双创及其子公司的银行账户，已关注到邹平农商行提供的山东梁州能源科技有限公司9130×××0206账户金额、山东邹平长城能源科技有限公司9130×××4553账户2017年年末余额不一致的情形。对此，我会专程调取了上述2个银行账户的交易明细。根据交易明细，这2个银行账户2017年年末余额分别为420万元、2 000万元。

二是我会在2020年5月29日向中国工商银行邹平支行发出多份查询通知书，调取了山东国科新能源科技有限公司等多个公司在该行开立的所有银行账户资料，中国工商银行邹平支行向调查组提供了被查询公司名下银行账户的开户、销户资料及资金明细。这些银行账户中包括山东国科新能源科技有限公司保证金账户（账号1613×××7438）在内的多个保证金账户。由于此次中国工商银行邹平支行提供的相关保证金账户资金明细未直接显示2017年年末余额，为了获取更为直观的证据，我会于2021年5月12日再次到中国工商银行邹平支行调取上述保证金账户在2017年年末的资金余额，中国工商银行邹平支行确认山东国科新能源科技有限公司尾号为7438的保证金账户2017年年末余额为4 000万元，该余额由2笔金额分别为3 000万元、1 000万元的保证金构成。

三是我会在2020年6月4日向中国建设银行邹平支行发出证监深专查字〔2020〕2091号查询通知书，对山东惠泽农牧科技有限公司3705×××0015账户、山东邹平长城能源科技有限公司3700×××72052账户2017年年末余额进行查询，中国建设银行提供了这2个账户的交易明细，显示这2个账户在2017年年末的余额分别为4 000万元、5 332万元，合计金额为9 332万元。但由于中国建设银行邹平支行提供的交易明细未能直接显示上述2个账户的资金余额，为获取更为直观的证据，我会于2021年5月13日再次到中国建设银行邹平支行调取这2个账户在2017年年末的资金余额，并要求该银行直接提供上述2个账户的资金余额。中国建设银行邹平支行最终确认上述2个账户2017年年末余额分别为4 000万元、5 332万元。

我会在汇总中融双创2017年年报中货币资金实际余额时，已将上述银行账户2017年年末余额（含邹平农商行"富民盛源"理财产品金额）全部计算在内，故对该项申辩意见不予采纳。

（七）刑事案件优先问题

1.亚太所观点

本案货币资金虚增实际为资金挪用，基于刑事优先原则，应以刑事判决认定的事实和结论为准。

2.中国证监会观点

本案调查事项为亚太所对中融双创公开披露的《公司债券年度报告（2017年）》

进行审计时是否勤勉尽责，出具的文件是否存在虚假记载、误导性陈述和重大遗漏，涉及亚太所的审计责任问题，而中融双创虚增货币资金是企业的会计责任问题，二者是不同的法律责任。由于亚太所对中融双创审计时未勤勉尽责，出具存在虚假记载的审计报告，我会对亚太所进行处罚，案件事实清楚，证据确实充分，法律适用正确，并不以中融双创涉及刑事判决认定的事实和结论为准，故对该项申辩意见不予采纳。

四、案例总结和思考

本案例涉及货币资金审计中的一些重要问题，需要引起足够重视，主要包括：

（1）在货币资金审计过程中，应注重银行询证函的发函控制。会计师事务所在审计工作底稿中应记录从各大银行调取的被审计单位及其子公司的征信报告及银行账户开户清单等重要证据；应留存银行询证函的发函控制记录，以证实银行询证函确实由本会计师事务所编制和寄发；应关注银行询证函回函快递单上记载的发件地址或快递单号是否存在明显异常。

（2）在货币资金审计过程中，应注重实质性审计程序。会计师事务所应对被审计单位及其子公司提供的银行账户信息审核后编制银行账户清单与开户信息核对表、银行存款明细表等，并应把结果记录在编制的审计工作底稿中；还应该将结果与被审计单位及其子公司提供的资料核对是否相符，若不符需及时查找原因；最后再用审核无误的账号向相关银行进行询证。

（3）在货币资金审计过程中，还应充分考虑被审计单位财务内部控制方面的风险。会计师事务所应核实被审计单位主要财务人员名单，查看他们各自的职责，看有没有岗位分工、岗位有没有定期轮换，并将结果记录于审计工作底稿中。

五、分析与讨论

1.如果客户故意舞弊，如何划分会计责任与审计责任？

2.如何理解“实质性审计程序”？

3.在审计实务中，对货币资金审计需要重点关注哪些事项？

4.如何理解行政处罚时效？

5.结合中国证监会的其他行政处罚决定，对会计师事务所及注册会计师的处罚有哪些规律？

六、参考文献

［1］中国证券监督管理委员会．中国证监会行政处罚决定书（亚太所、陈博、李孝念）〔2021〕128 号［R/OL］．（2021-12-14）［2022-08-23］．http：//www.csrc.gov.cn/csrc/c101928/c2319588/content.shtml.

［2］中国证券监督管理委员会．中国证监会行政处罚决定书（中融双创）〔2021〕114 号［R/OL］．（2017-05-31）［2022-08-23］．http：//www.csrc.gov.cn/csrc/c101928/c2319586/content.shtml.

［3］中国注册会计师协会．中国注册会计师执业准则（2017）［M］．北京：中国财

政经济出版社，2017.

［4］中国注册会计师协会．中国注册会计师执业准则应用指南（2017）［M］．北京：中国财政经济出版社，2017.

案例说明书

一、本案例要解决的关键问题

1.理解和掌握会计责任、审计责任、审计风险、职业谨慎、勤勉尽责等重要概念；

2.理解和掌握银行询证函的发函控制、货币资金的实质性审计程序、财务内部控制风险等重要实务问题；

3.通过中国证监会的行政处罚决定加深对审计理论与实务关键问题的理解。

二、案例讨论的准备工作

（一）理论背景

注册会计师审计的基本理论与实务知识。

（二）行业背景

中融双创的经营范围包括技术开发、技术服务、技术转让、技术咨询；市场调查；销售通信器材、计算机软硬件及辅助设备、电子产品、机械设备；软件开发；计算机系统服务。中融双创对外投资了11家公司。

中融双创分别于2016年6月13日、2016年9月8日在上海证券交易所发行“邹平长城集团有限公司公开发行2016年公司债券（第一期）”“邹平长城集团有限公司公开发行2016年公司债券（第二期）”，期限均为3年，发行总额为12亿元。

依据2005年《证券法》第六十六条第二项的规定，中融双创应当在每一会计年度结束之日起4个月内披露年度报告。

2018年4月27日，中融双创公开披露了《公司债券年度报告（2017年）》《2017年度审计报告》（亚会B审字〔2018〕1095号），公开披露的报告显示，中融双创法定代表人刘法合、主管会计工作的负责人刘法青在中融双创2017年合并财务报表及母公司个别报表上签字、盖章。

中融双创《公司债券年度报告（2017年）》披露，中融双创2017年年末合并资产负债表中货币资金余额为2 905 051 203.46元，资产总计13 981 647 674.60元，所有者权益合计7 257 480 826.86元。经调查，截至2017年12月31日，中融双创实际货币资金余额为777 859 237.82元，中融双创虚增货币资金2 127 191 965.64元，占中融双创当期披露的经审计总资产的15.21%、净资产的29.31%。

（三）制度背景

《证券法》《中国注册会计师审计准则》《企业会计准则》。

三、教学组织方式

（一）问题清单及提问顺序

1.本案例中，中融双创主要涉及哪些方面的造假行为？

2.本案例中，亚太所在审计中有哪些违规行为？

3.如何理解会计责任与审计责任？

4.在审计实务中，对货币资金审计时需要重点关注哪些事项？

5.从亚太所与中国证监会之辩中，我们能够得到哪些启示？

（二）课时分配

1.课前完成案例阅读和初步思考：约3小时。

2.小组讨论并提交分析报告提纲：约3小时。

3.课堂小组代表发言，主题讨论：约3小时。

4.进行归纳总结：约0.5小时。

（三）讨论方式

本案例可以采用小组形式进行讨论。

（四）课堂讨论总结

课堂讨论总结的关键是：归纳、评价发言小组的主要观点；重申重点及亮点；提醒学生对关键问题或有争议的观点进行进一步思考和讨论；鼓励学生发散思维，对案例素材进行扩展研究和深入分析。

案例11　从康得新消失的122亿元存款看货币资金审计

案例正文

专业领域/方向

审计

适用课程

高级审计理论与实务

编写目的

1. 了解财务舞弊的常见形式和特征，提高学生对财务舞弊的识别能力和风险意识。

2. 掌握运用财务分析工具进行异常数据检测和分析的方法，提高学生对财务数据的分析能力和判断能力。

3. 认识内部控制和审计在防范与发现财务舞弊中的重要作用，提高对内部控制和审计的理解和重视。

知识点

货币资金审计、实质性分析程序、重大错报风险

关键词

银行存款、非经营性关联方交易、财务舞弊

案例摘要

2019年1月，康得新复合材料集团股份有限公司（以下简称康得新）账上存在上百亿元货币资金却还不起15亿元债券，其货币资金的真实性引发了公众及中国证监会的质疑，江苏证监局介入调查。之后传出，康得新在北京银行西单支行的122亿元银行存款实际余额为零，这笔钱被康得新大股东康得投资集团通过“现金管理合作协议”侵占，该协议在2014年签订并生效。瑞华所作为一家国内顶尖的内资会计师事务所，连续数年没有查出康得新货币资金存在的问题，2015—2017年均为康得新出具标准无保留意见审计报告，仅在2018年出具无法表示意见审计报告，此时康得新已被中国证监会立案调查。康得新的财务报表做得并不完美，通过实质性分析程序即可发现异常，早先深交所就通过财务报表数据分析质疑过康得新的货币资金，瑞华所为何连续多年查不

出康得新的问题呢？本案例将着重探讨注册会计师在进行企业货币资金审计时的不足或错误，帮助学生进一步理解货币资金审计中实质性程序的应用与作用。

一、引言

2019年1月，康得新的两笔债券——18康得新SCP001、18康得新SCP002相继违约，两笔债券本息合计15.63亿元，而2018年第三季度末康得新账面货币资金为150亿元，该公司业绩的真实性存疑，被中国证监会立案调查。4月30日，康得新披露2018年年度报告，在报告中，独立董事质疑该公司存于北京银行西单支行的122亿元，因为该笔资金既不能用于支付也无法执行，且北京银行西单支行曾口头回复“可用余额为零”。之后康得新与该公司大股东康得投资集团与北京银行签订的“现金管理合作协议”浮出水面，康得新消失的122亿元系依据该协议被划入了康得投资集团的账户，构成非经营性关联方交易，且未在该公司年报及审计报告中披露。该协议于2014年签订，也就是说，2014年就有大股东占用康得新货币资金的情况存在。同时，康得新还被查出于2015—2018年期间累计虚增利润119亿元，2015—2018年该公司实际利润为负。康得新的审计机构瑞华所在2015—2017年均出具了无保留意见的审计报告，仅在2018年出具了无法表示意见的审计报告，此时康得新已被中国证监会立案调查。人们不禁要问，瑞华所作为一家顶尖的内资会计师事务所，为什么这么多年都没有查出康得新存在的问题呢？

二、公司及其审计单位简介

（一）康得新

康得新成立于2001年8月21日，是一家致力于先进高分子材料的研发、生产和销售的高科技上市公司，是全球预涂膜的领导企业、世界光学膜的领军企业。康得新2017年入选《福布斯》“全球最具创新力百强企业”榜第47位。康得新的前身为北京康得新印刷器材有限公司，于2008年整体改制为股份有限公司，改制后公司名称为北京康得新复合材料股份有限公司。2010年7月16日，康得新在深圳证券交易所上市。2014年2月12日，该公司迁址至江苏，并更名为江苏康得新复合材料股份有限公司。2016年5月25日，经江苏省工商行政管理局批准，公司更名为康得新复合材料集团股份有限公司。2019年1月23日，因该公司主要银行账号被冻结，康得新股票触发其他风险警示情形，股票简称由“康得新”变更为“ST康得新”。2019年4月29日，康德新发布2018年年报，其中3名独立董事张述华、杨光裕、陈东对该公司存于北京银行西单支行的122.1亿元存款的真实性提出了强烈质疑。5月6日，由于2018年年报被会计师事务所出具无法表示意见的审计报告，康得新股票被实行“退市风险警示”特别处理，股票名称由“ST康得新”变更为“*ST康得”。康得新作为曾经的千亿市值“新材料白马股”，股价最高时达到了26.67元，而到了2019年7月8日被停牌时，收盘价仅为3.52元，总市值只有124.64亿元，缩水了800亿元。

（二）瑞华所

瑞华所是由中瑞岳华和国富浩华两家会计师事务所在2013年4月联合成立的一家大

型会计师事务所，总部设在北京，审计业务遍布全国，在一二线城市共设有40家分所，从业人员有9 000多名，其中注册会计师有2 500多名，从业人员具有较高的专业胜任能力、丰富的执业经验。瑞华所拥有丰富的客户资源，为A股上市的370多家企业提供审计服务。在中注协官网公布的“2018年度业务收入前100家会计师事务所信息”中，瑞华所排名第六。

三、案例回顾

2019年1月15日，康得新发布公告称由于该公司资金周转出现暂时性困难，2018年第一季度超短期融资券“18康得新SCP002”未按期兑付本息，此时该公司的另一笔债券“18康得新SCP001”也已构成实质性违约，两笔债券本息共计15亿元，而2018年9月发布的康得新2018年第三季度报告显示该公司尚有货币资金150.14亿元。康得新似乎并不缺钱，由此，康得新的业绩真实性受到了外界质疑。

2019年4月30日，康得新披露2018年年报及审计报告，显示该公司账面货币资金为153.16亿元。

银行存款中，122.1亿元存放于北京银行西单支行，独立董事杨光裕、张述华、陈东对存于北京银行西单支行的资金表示强烈质疑。另外，侯向京、余瑶、纪福星、张宛东、高天、周桂芬、杜文静等7名董事、监事、高管表示无法保证年报的真实、准确、完整。3名独立董事对年报的质疑如下：

康得新及其子公司账面显示其在北京银行西单支行的存款余额共计12 210 067 986.20元，但这笔存款既不能用于支付也无法执行，并且北京银行西单支行曾经口头回复“可用余额为零”，注册会计师就该笔存款向北京银行西单支行发出询证函，对方没有回复。

康得新与其大股东康得投资集团和北京银行西单支行违规签订了“现金管理合作协议”，使得上市公司与控股股东在资金管理和使用上产生了混同，为控股股东占用上市公司资金开启了方便之门。

瑞华所对康得新2018年年报出具了无法表示意见审计报告，形成无法表示意见的基础如下：

该公司存在被大股东占用资金的情况。

无法判断该公司大额销售退回的真实性和准确性。

无法判断该公司122.1亿元银行存款期末余额的真实性、准确性及披露的恰当性。

无法确定康得新光电与中国化学赛鼎宁波工程有限公司的交易实质。

无法确定是否有必要对应收账款、坏账准备及财务报表其他项目作出调整。

无法确认部分存货跌价准备计提的准确性。

无法确认康得新账面可供出售金融资产计量的准确性和披露的完整性。

该公司未能提供商誉减值计提的充分依据，无法判断康得新期末商誉减值计提的准确性。

该公司因信息披露违规被中国证监会立案调查，同时该公司资金短缺，无法偿还到期债务而涉及较多的诉讼，无法判断这些事项对该公司财务报表可能造成的影响。

康得新董事会无法保证所提供的财务报表及附注内容的真实、准确、完整，不存在虚假记载、误导性陈述或重大遗漏。注册会计师也无法实施进一步有效的程序以获取充分、适当的审计证据证明该公司提供的财务报表及附注内容的真实、准确、完整，因此无法判断康得新2018年财务报表及附注的真实性、准确性及披露的恰当性。

年报中最吸引人眼球的便是"现金管理合作协议"。该协议为康得新的大股东——康得投资集团（持股24%）与其在北京银行西单支行签署。北京银行西单支行为康得投资集团及其下属企业提供现金管理服务，具体为：康得投资集团在北京银行西单支行开设集团账户，旗下公司于该银行开设子账户，并与康得投资集团形成树状账户结构，根据"现金管理合作协议"，当子账户发生收款时，账户资金实时向上归集，子账户同时记录上存金额；当子账户发生付款时，康得投资集团账户实时向下拨付资金完成支付，同时扣减子账户上存资金余额。账户余额按照零余额管理，各子账户资金全额归集到康得投资集团账户。通过这一方式，康得新账上的122亿元资金便成了应计余额，账户实际余额为零。

2019年5月16日，康得新发布公告称，已于2019年5月14日向北京银行西单支行发出商务函，指出"现金管理合作协议"因违反法律而自始无效，要求恢复相应子账户的独立性，并保留进一步采取法律行动维护公司利益的权利。《中华人民共和国商业银行法》（2015年修正）第六条规定，商业银行应当保障存款人的合法权益不受任何单位或个人的侵犯。"现金管理合作协议"导致康得新及其下属3家子公司货币资金遭受损失。我国《上市公司治理准则》也明确规定，上市公司与控股股东应实行人员、资产、财务、机构、业务独立，各自独立核算，独立承担责任和风险。很多银行的现金管理协议中也规定，上市公司、拟上市公司以及参股类企业不得纳入集团的现金池管理范畴。依照《上市公司治理准则》，康得新作为一家上市公司，不应该被列入康得投资集团账户的子账户。但北京银行西单支行认为协议有效，因为这一协议是得到康得新确认的。

2019年6月5日，康得新在北京银行网上银行对自己的账户余额进行了查询，发现账户余额超过81亿元，子公司张家港光电账户余额超过27亿元，子公司康得菲尔账户余额超过7亿元，子公司康得新功能账户余额超过6亿元，合计余额超过122亿元，但账户资金实际上无法使用。也就是说，截至2019年6月份，北京银行仍认可康得新有122亿元银行存款的存在，但是由于被大股东挪走，122亿元为应计余额，实际余额为零。

"现金管理合作协议"于2014年签订，瑞华所作为康得新的审计单位，2015—2018年共收取审计费840万元，2015—2017年期间均为康得新出具了标准无保留意见的审计报告，报告中也未提及该公司货币资金存在的问题，只是在2018年出具了无法表示意见的审计报告。

四、深交所的质疑

瑞华所连续数年都没查出康得新的问题，是否因为康得新的财务报表做得毫无破绽？其实并不然，早在2017年，深交所就对康得新货币资金的真实性提出了质疑。

2017年8月5日，康得新收到深交所《关于对康得新复合材料集团股份有限公司

2017年半年报的问询函》，深交所针对康得新存贷双高的合理性、是否存在关联方占用上市公司资金的情形、利息收入的合理性等事项进行了问询。

康得新2015年年报、2016年年报、2017年半年报显示该公司货币资金分别为100.87亿元、153.89亿元、168.43亿元，同期有息负债（短期借款+长期借款+应付债券）分别为50.89亿元、57.05亿元、98.33亿元，利息收入分别为0.25亿元、0.89亿元、0.50亿元。康得新连续几年均在账上有大额货币资金的情况下进行大额有息借款，并且资金收益率（利息收入/货币资金）分别只有0.25%、0.59%、0.30%。据此，深交所对康得新提出以下问题：

针对康得新高货币资金及高借款，深交所要求康得新结合业务发展情况测算营运资金需求量，说明在货币资金较为充裕的情况下新增借款的原因及合理性。

针对康得新过低的资金收益率，深交所要求康得新结合该公司银行存款结构、理财产品购买情况、同期银行利率等说明利息收入的合理性。

说明该公司货币资金相关内控措施的执行情况、是否存在关联方非经营性占用上市公司资金的情形，要求保荐机构核查并发表明确意见。

康得新的回复如下：该公司2017年用于经营的资金需求量为50亿～60亿元，由于该公司光学膜二期投产，需要准备大量的资金；大量账面资金的储备是为了保证该公司在金融环境发生变化时有一定的风险承受能力及有利于在投资项目上把握先机；该公司在账上有大额资金的情况下仍新增发债是为了调节负债结构，因为相较于发行票据，银行贷款资本成本更高，因此该公司持续使用超短期融资券与中期票据金融工具（实际一年期贷款基准利率为4.35%，康得新两期违约的超短期融资券利率分别为5.5%与5.83%）。

关于该公司超低的利息收入问题，康得新称“公司不同期限协定存款的平均利率水平约为1%”，并未解释为何该公司168亿元货币资金只对应0.5亿元利息收入。接下来，康得新解释该公司有25.5亿元资金用于购买银行理财产品，收益记入“投资收入”科目，未在“利息收入”科目体现（购买银行理财产品应记入“其他流动资产”科目，与货币资金并无关系）。

这样的回复深交所显然并不满意。康得新2017年年报公布后，又收到了深交所的问询函，要求康得新说明该公司货币资金的存放地点、存放类型、利率水平、是否受限，让年审会计核查并对货币资金的真实性、存放的安全性、是否存在权利限制发表专项意见（康得新表示有34亿元受限资金，151亿元资金不受限制，涉及利率问题时，仍作出与半年前相仿的解释）；要求康得新就举债维持超过半年前说明的50亿～60亿元运营资金需求量这一行为说明其必要性与合理性（康得新的解释与半年前对账上有大量资金且资金充足时仍借款的解释相仿）；要求康得新说明该公司货币资金相关内控措施的执行情况、是否存在关联方非经营性占用上市公司资金的情形，请年审会计核查并发表专项意见。

五、注册会计师实施审计程序

（一）主要的审计程序

2015—2017年，瑞华所为康得新出具了标准无保留意见审计报告。2017年，瑞华所主要对康得新的货币资金进行了以下审计程序：

了解和评价管理层与货币资金相关的关键内部控制设计和运行的有效性。

监盘库存现金。

审计人员亲自函证所有银行账户，包括余额为零和已销户的账户，核对函证银行地址、企业开户数量；通过函证了解货币资金所有权受限情况；打印银行对账单，将银行存款收付记录与对账单抽样核对；将保证金账户对账单与相应的交易进行核对，检查保证金与相关债务的比例和合同约定的一致性；编制银行存单检查表，检查与账面记录金额的一致性；抽查大额银行存款收支的原始凭证；确认账务处理的正确性。

检查所有定期存款存入与取出的凭证，计算银行存款的累计金额应收利息收入，分析比较该公司银行存款应收利息与实际利息收入，评估利息收入的合理性，确认银行存款余额的真实性、利息收入记录的完整性。

注册会计师认为，货币资金期末余额不涉及复杂或主观判断，实施的审计程序不需要特殊的技能，因此，未将货币资金列为关键审计事项。

（二）内部控制

康得新在2017年内控制度自我评价报告中称已制定资金及费用管理制度、银行存款管理制度和印章管理制度等，对该公司的筹资、投资与资金运营活动进行了规范，但康得新在2018年内控制度自我评价报告中承认，尽管已制定了一系列制度，但仍然存在管理层未能有效实施这些制度的情形。

（三）事发后瑞华所的声明

2019年7月28日，瑞华所发布声明，其中披露了对货币资金的审计程序，主要有：

审计人员亲自函证当期所有银行存款账户及与金融机构往来的其他重要信息，函证过程中保持了充分的独立性；

项目组亲自打印了银行账户开户清单及企业信用报告，核对相关信息与该公司提供的是否一致，检查货币资金受限情况；

审计人员亲自到银行打印对账单，并与银行存款日记账核对，实施利息收入测试。

瑞华所认为，注册会计师已按照审计准则的要求，以风险审计为导向，制订了总体审计策略及具体审计计划，对被审计单位重大风险项目执行了审计机构能够执行的应有审计程序。

（四）对瑞华所的质疑

在实施函证程序时，注册会计师应当对询证函保持控制，当函证信息与银行回函不符时，注册会计师应调查不符事项，以确定是否表明存在错报。根据《关于进一步规范银行函证及回函工作的通知》（财会〔2016〕13号），各银行应对询证函列示的全部项目作出回应。对于银行存款询证函，至少应当确认以下事项：账户名称、银行账号、币种、利率、账户类型、余额、起止日期、是否用于担保或存在其他使用限制。

既然瑞华所对康得新出具了标准无保留意见审计报告，就可以认为瑞华所收到了所有重要的银行询证函回函，且未发现问题，即康得新货币资金属于康得新、利率不存在问题、没有需要披露的使用限制，否则需要对相关情况进行调查并披露。

如果北京银行西单支行未提及相关的限制，注册会计师也可通过实质性分析程序，如康得新连续多年的存贷双高、超低的货币资金收益率，以及关注数月前康得新发布的深交所《关于对康得新复合材料集团股份有限公司2017年半年报的问询函》，对康得新货币资金给与足够重视，进行必要的审计程序。在2018年年报中，该公司董事称，收到过北京银行西单支行的口头回复，康得新账户“可用余额为零”。也就是说，康得新122亿元消失是可以查出来的，瑞华所之所以查不出来，一个重要原因便是实质性分析程序执行不到位，或参与舞弊。

六、案件处理与后续

1.对康得新

康得新除货币资金存在问题外，还涉嫌在2015—2018年期间，通过虚构销售业务等方式虚增营业收入，并通过虚构采购、生产、研发费用，产品运输费用等方式虚增营业成本、研发费用和销售费用，4年累计虚增利润总额达119亿元，违法持续时间长、涉案金额大、情节特别严重。根据中国证监会发布的《证监会对康得新等作出处罚及禁入告知》，中国证监会作出顶格处罚，对康得新责令改正，给予警告，并处以60万元罚款；对该公司实际负责人钟玉罚款90万元，对其他20多名相关责任人分别处以3万元到30万元不等的罚款；对钟玉、王瑜、张丽雄等3名违法行为决策者和重要组织者、参与者处以终身市场禁入处罚。中国证监会有关负责人表示，如果对康得新的行政处罚落实，后续可能还会有民事追责、刑事追责等。此外，因康得新连续4年净利润实际为负，触及《深圳证券交易所上市公司重大违法强制退市实施办法》第四条第三项规定的重大违法强制退市情形，该公司可能遭到退市。深交所表示，如果中国证监会对康得新作出上述最终行政处罚决定，深交所将第一时间启动该公司重大违法强制退市流程。

2.对瑞华所

因康得新财务造假事件，瑞华所被中国证监会调查，受此影响，瑞华所的所有IPO项目——在主板排队的10个项目、在中小板排队的7个项目以及在创业板排队的12个项目，共计29个项目，均处于“中止审查”状态；另有多家公司再融资被中止审查，一些“躺枪”的公司纷纷与瑞华所解约，更换审计机构，不少已经上市的公司也发布公告，称不会聘请瑞华所担任审计机构。

中国证监会主席在2019年5月11日出席中国上市公司年会时发表讲话，提到要对执业过程中未尽勤勉职责，甚至与上市公司串通违规的审计机构实行一案双查，决不姑息。

3.对北京银行

北京银行在此次事件中是否有责任以及需要承担哪些责任，目前尚无定论，也并不清楚北京银行西单支行是否存在假函证的情况。中国证监会发布的《2019年7月12日—2019年7月18日发行监管部发出的再融资反馈意见》要求北京银行说明康得新联动账户业务的具体情况，并说明北京银行西单支行是否存在串通康得新管理层舞弊的情形，此外，还要求说明北京银行存款和函证业务内部控制是否健全。北京银行未及时作出公开回应。

七、案例总结和思考

康得新财务造假案是一起资金被大股东侵占，由于大股东资金管理出现问题而导致康得新还不起小额债券从而被曝出的事故，也许还有很多上市公司也被控股集团纳入了类似的协议中，也存在类似的风险，只是集团公司的风险管控和信息化系统都能保证集团资金池的安全，还没有被发现。如何预防此类事件的再次发生是值得我们思考的问题。另外，瑞华所由于实质性分析程序不到位，未对康得新货币资金问题给予足够重视，或者发现了问题但参与舞弊，一直没有披露康得新存在的问题。如何提高会计师事务所的审计质量、提高实质性分析程序在审计中的作用，都是值得我们思考的问题。瑞华所在这次事件之前已有多次违规、造假行为，每次受到的处罚对于瑞华所来说都只是“罚酒一杯”，并没有对瑞华所起到真正的震慑作用。这次事件中，瑞华所又没有尽到“守门人”的基本职责，如何使瑞华所不敢造假、努力尽到审计职责？如何防止资本市场出现下一个“瑞华所”？这同样是值得监管者及公众思考的重要问题。

八、分析与讨论

1.康得新的财务造假主要涉及哪些方面？财务造假的动机是什么？财务造假对公司、股东、投资者、审计师等利益相关方有哪些影响？

2.康得新的财务造假手段有哪些？如何通过审计程序和审计证据来识别和揭露财务造假？审计师在审计过程中应该注意哪些风险提示信号？

3.康得新财务造假案对审计师的职业道德和独立性提出了哪些要求？审计师在该案中存在哪些违反职业道德和独立性的行为？审计师应该如何避免这些行为？

4.康得新财务造假案对审计师的专业怀疑态度和专业判断能力提出了哪些挑战？审计师在该案中存在哪些缺乏专业怀疑态度和专业判断能力的表现？审计师应该如何培养和提高这些能力？

5.康得新财务造假案对审计师的审计报告编制提出了哪些要求？审计师在该案中存在哪些编制不合规审计报告问题？审计师应该如何编制符合规范和真实性的审计报告？

九、参考文献

[1] 中国证券监督管理委员会．中国证监会行政处罚决定书（康得新复合材料集团股份有限公司、钟玉）〔2021〕57号［R/OL］．（2021-07-30）［2022-10-10］．http：//www.csrc.gov.cn/csrc/c101928/ca6322ba741234572b57c797400cd6652/content.shtml.

[2] 中国注册会计师协会．中国注册会计师执业准则（2017）［M］．北京：中国财政经济出版社，2017.

[3] 中国注册会计师协会．中国注册会计师执业准则应用指南（2017）［M］．北京：中国财政经济出版社，2017.

案例说明书

一、本案例要解决的关键问题

1.了解《证券法》《上市公司信息披露管理办法》《公开发行证券的公司信息披露内容与格式准则》等相关法律法规和规范性文件，以及上市公司信息披露的基本原则、内容要求、程序规定和责任追究；

2.理解上市公司虚假记载、关联方交易、募集资金使用的形式和影响，以及审计虚假记载、关联方交易、募集资金使用情况的目的和意义；

3.掌握审计虚假记载、关联方交易、募集资金使用情况的方法和技巧。

二、案例讨论的准备工作

（一）理论背景

货币资金的重大错报风险；货币资金实质性程序：银行函证、实质性分析程序；关键审计事项。

（二）行业背景

近年来，审计失败案件频发。审计失败给投资者造成了严重的经济损失，也严重影响了会计师事务所及注册会计师的声誉，甚至引发社会公众质疑会计师事务所的职业操守，使审计行业与社会公众关系恶化，影响了资本市场的健康发展。中国证监会主席出席2019年中国上市公司年会时提到，要使审计、评估等机构归位尽责，切实发挥好资本市场“看门人”的作用，严格履行核查验证、专业把关等法定职责，督促上市公司规范运作、真实披露，对于执业过程中未能勤勉尽责，甚至与上市公司等相关主体串通违规的，实行一案双查，决不姑息。可见，加强对审计行业的监管、加大对财务舞弊导致审计失败参与方的惩罚是大势所趋。

（三）制度背景

《证券法》《中国注册会计师审计准则》《企业会计准则》。

三、教学组织方式

（一）问题清单及提问顺序

1.对银行存款进行审计时应实施何种实质性程序？

2.如何评价2017年注册会计师没有将货币资金列为关键审计事项？

3.分析注册会计师对康得新审计失败的原因。

4.请对大股东占用货币资金提出审计对策。

（二）课时分配

1.课前完成案例阅读和初步思考：约3小时。

2.小组讨论并提交分析报告提纲：约3小时。

3.课堂小组代表发言，主题讨论：约3小时。

4.进行归纳总结：约0.5小时。

（三）讨论方式

本案例可以采用小组形式进行讨论（分组讨论和组际辩论）。

（四）课堂讨论总结

课堂讨论总结可分为两个阶段：第一个阶段是每个小组代表发完言或者学生个人针对案例的相关思考问题进行回答之后，教师对其观点进行总结归纳并升华，针对相关问题发表自己的看法，引导学生多角度、全方位地对案例进行分析和思考；第二个阶段是所有的案例问题都已经讨论完，教师对整个案例的发展脉络进行梳理，引导学生关注案例的后续发展，并在课后继续跟踪最新进展。

案例12　基于流程分析的某环保设备企业内部控制案例

案例正文

专业领域/方向

审计学

适用课程

内部控制

编写目的

1. 理解和掌握内部控制、内控要素等重要概念。

2. 理解和掌握内部控制制度设计的原则、方法等重要实务问题。

3. 通过本案例中企业的内控缺陷分析和改进建议讨论，加深对审计理论与实务关键问题的理解。

知识点

内部控制、组织架构、流程分析、风险识别、流程控制

关键词

环保设备企业、内部控制、流程分析

案例摘要

本案例在了解某环保设备企业主要业务流程的基础上，结合该企业相应流程存在的内部控制缺陷，依据内部控制制度设计的基本原则（全面性原则、重要性原则、制衡性原则、适应性原则和成本效益原则），基于内部控制五要素（控制环境、风险评估、控制活动、信息与沟通、内部监督）的内涵，提出了优化企业内部控制制度设计和执行的相关建议。本案例认为，内部控制要为企业实现战略目标保驾护航，就必须从企业自身实际情况出发，分析企业具体的控制环境、拆解企业具体的业务流程，结合相关流程存在的内控缺陷，制定针对性更强、更具实操性的内控制度和相关措施。

一、企业基本情况

该企业是典型的家族企业，2000年成立，历经两次股东增资后，现有注册资本

2 100万元，另设有一家非独立核算的分公司，该企业实际控制人直接持有58%的股权。该企业的经营范围包括：环保设备及配件的制造、加工、安装及销售；自营和代理各类商品及技术的进出口业务；各类口罩、劳保用品及医用防护设备的生产、批发与销售。

二、企业内部控制基本情况

（一）内部控制制度的建立与执行

该企业自成立以来，一直没有成文的、系统的内控制度，近年来管理层认识到该企业内部在生产管理、质量控制、销售管理、采购管理等方面均存在一些问题，想制定一套内部控制制度，以便企业做大做强。该企业目前尚没有系统的内部控制制度，各部门在数据保管、数据传递、数据沟通方面也存在相互割裂的情况。

（二）企业的主要业务流程

1.采购流程

该企业没有成文的采购制度，存货采用管家婆系统核算模块，系统通过采购订单进行管理。该企业设置采购部，共有4人，采购副总邬海燕主要负责采购决策，另有采购主管1人、采购专员2人，系统采购订单由采购主管负责录入。

（1）该企业的主要产品之一滤筒的原料采购流程如下：滤筒的原料主要有滤材、端盖、网、配件、辅料、胶水、夹条、保护袋、密封圈。该企业的采购模式是以销定产，采购周期为国产的1周、进口的3周至1个月，网、端盖3天左右；进口原料也在国内经销商处购入，只有滤材需要进口。由于有较多的定制产品，所以原材料库存不多。

销售部接到订单后，生产计划科根据销售订单，按BOM分解为所需的原材料，在管家婆系统生成请购单，但不能分解到最底层物料，需要采购人员判断是购买材料加工还是直接采购。采购副总根据生产计划科的请购单，依据原材料现时库存情况来确定原料采购需求量以及是否需要外购后委外加工，生成无纸质采购计划单，采购申请无须授权；采购副总根据现有库存凑整后确定采购数量。2022年5月份，该企业设立了安全库存线，根据2021年全年的采购量按12个月平均作为安全库存，目前还没有完全实施。

采购主管将管家婆系统的请购单下推生成采购订单，采购订单录入无复核审批，套打为采购合同（实际为采购订单）签字盖章。货送到后，先核对送货单、采购订单、实物，由仓库联系并通知质检部门检验；质检部门开具书面验检单，抽样检测合格之后在仓库入库单上签字确认；仓库办理入库，手工填写原材料入库单（一式三联：存根联、记账凭证联、回执联）；入库单记账凭证联不定期地传递给财务部门，由会计助理结合采购主管提交的采购合同、采购发票进行勾对入账。

（2）该企业的主要产品之一除尘设备采购流程如下：除尘设备主要材料有钢板、型材、五金电器、电磁阀，其采购流程与滤筒基本相似，不同之处在于滤筒供应商由采购部选择，除尘设备部分供应商由技术部门直接指定，采购部无决定权。

（3）其他采购流程如下：其他采购主要为五金配件、低值易耗品、办公用品，此类物品若不易就近寻找厂商，会在淘宝、京东等购物平台购买，但有些不能取得发票。

发票未到的采购入库，账面暂不作处理，待取得发票生成系统采购发票后再计入总账。

采购使用统一的合同专用章，由采购部自行保管，使用时直接加盖合同专用章，不另行登记。

2.销售流程

该企业没有成文的销售制度，存货采用管家婆系统核算模块，系统有销货单管理。

该企业设置销售部，共有19位员工，分设销售一部、销售二部、销售三部；有销售总监1人、销售副总3人、销售经理3人。

该企业内部有统一的产品价格表，会随着市场行情作出调整。

该企业产品销售客户较分散，目前采用直接销售模式：客户一般先下达订单要约，销售人员与客户洽谈并经销售副总、销售总监邮件或口头授权后，将订单要约告知销售助理，销售助理拟好合同后与销售人员确认，销售人员确认无误后，销售助理递交给销售总监审核签字，然后加盖合同专用章，签订销售合同。销售合同按先后顺序编号，销售助理统一归档保管。

该企业所有的销售报价均为含运费报价，相关运费由该企业承担。目前该企业主要承运人为3家企业。

该企业与客户确定销售意向后，销售助理将合同原件提交给生产计划员，生产计划员根据合同原件在管家婆系统下订单，技术部门根据系统订单进行制图，生产计划员根据技术部门提供的图纸在管家婆系统进行MRP运算（成本运算），然后再通过管家婆系统下单到生产部及采购部；生产部根据图纸安排生产，采购部根据请购单购买材料。

生产完成后，生产部开具完工验收单给仓库，仓库将完工验收单中的产品录入Excel形成入库明细表，仓库每天会将完工验收单和入库明细表提供给物流部门；物流部门根据入库明细表、销售合同安排发货并联系司机取货，填制一式三联送货单给仓库，仓库根据送货单准备货物并填制出库单；司机与仓库清点货物后在留存仓库的底单（送货单）上签字，货物送达客户后，司机将客户签收的送货单带回，交给物流部门。

该企业的内外销开票程序不同。内销：针对滤筒等不需要安装的产品，财务部将出库单、送货单、合同复印件核对无误后开具发票，生成收入记账凭证；需要安装的设备由销售人员口头通知财务部开发票，财务此时未取得完工验收单。外销：财务部取得关务递交的报关单后，开具普通发票，生成收入记账凭证。

该企业的货款催收政策如下：该企业无相关的信用审核手续，财务部每月将应收款明细发给销售人员，由销售人员负责催收；对于欠款超过半年的客户，企业会与客户对账，财务部先将对账单发给销售人员，由销售人员负责对账。

该企业的销售均开具发票，国内客户一般开具增值税专用发票，国外客户开具增值税普通发票；货款回笼有现金、承兑汇票、银行存款等多种形式，现金直接打到出纳的私人卡上或转到销售人员的微信上，销售人员再转给出纳。

销售部有销售台账，记录合同号、合同数量、合同金额、发货日期、数量、单价、批号等信息，并与财务部共享；财务部也将开票信息录入销售台账。销售部与财务部的台账格式不统一，信息不完整，有待完善。

销售部的合同专用章由销售助理保管，销售助理自行拟定合同，自行盖章，无合同专用章使用登记本。

3.生产与仓储流程

该企业有两个生产车间。其中，滤筒车间有3条流水线：一条做纸质滤筒，一条做聚酯滤筒，一条做非标滤筒。滤筒车间有36人，年产量约为30万个；设备车间不分生产线，焊接分为8个组，油漆1个组，组装2个组。设备车间有29人，年产量约为700台。滤筒产品生产周期为8个小时，设备产品生产周期约为半个月。

销售部接到订单后，按项目号区分，接下来的流程为：由技术部根据销售部的订单出图纸→组织技术部、销售部、生产部进行合同评审，主要包括合同成本评审和合同交期评审→签订销售合同→计划部下达计划单→MRP分解计划单，生成请购单→采购部根据请购单采购原材料→生产部安排生产。生产部部长安排生产计划，按项目号编制生产流转单，一式两联：仓库一联，生产车间一联；车间工人凭生产流转单到仓库领料，但生产流转单无生产部领导签字。领料时，为了方便一般是整件领料，仓库据此在系统中做领料单；生产完毕，剩余的原材料退回仓库，在系统中做退料处理，但在退料时无单据；生产包装完成的成品，由成品检验填写“完工验收入库单”，交仓库验收入库，无车间主任签字；仓库据此录入ERP系统。

仓库自行去生产操作台根据生产批号统计生产操作台当天的生产投料，填制材料出库单，材料出库单无连续编号，无编制人，无生产部领导签字，每月不定期交给财务部记账。财务部根据材料出库单在系统内进行录入。

4.货币资金流程

该企业的现金及银行存款均由管理总监负责控制，印鉴章及财务章由管理总监保管，公章由财务总监保管。

该企业的现金明细账根据管理总监提供的单据入账，现金支付无授权审批程序，或有授权审批但并未留下审批记录。

该企业的银行存款明细账根据管理总监提供的银行回单入账，但存在银行回单提供不及时、不完整的情况，导致账面与银行对账单存在差异；银行付款也未见授权审批。对于银行存款，未执行每月由不负责银行付款岗位的员工逐笔核对银行对账单与银行日记账。网银U宝由管理总监一人保管，网银付款无人审核，无授权审批等必要程序。

5.费用报销流程

费用报销大多数只有发票，经办人未填写“费用报销单”并签字，由部门主管、财务主管审批签字。

6.工资薪金流程

新员工的试用期为1~3个月。新员工入职即签订劳动合同和缴纳社会保险，所有员工均签订了劳动合同，按照当地最低工资标准缴纳社会保险；公积金要符合该企业设定的工作年限才予以缴纳，该企业共有136名正式员工，只有18名员工缴纳公积金。

该企业为单休，车间工人全部拿计件工资，即使加班也不另外计算加班费。

该企业真正的研发人员只有研发总监1人，产品是国外产品的替代品，自行研发的产品极少，但是使用研发费用列支工资的人数较多，而且包括非研发部的人员。

该企业存在工资在关联企业发放但社会保险在本企业缴纳的情况，还有9名员工在该企业工作，但工资在关联企业发放。

董事长在该企业领工资，但从不打卡上班。

员工工资发放全部由银行代发，但均未取得代发清单。

7.固定资产管理流程

该企业固定资产由生产部主管提出要求，报成本控制部副总审批同意后，由技术人员确认设备参数，由采购人员进行询价、比价、订立合同，报总经理和成本控制部副总审核后采购。

固定资产入库由技术部负责，全程参与达到生产要求后的验收、投入使用等环节的监测，但都是口头验收，无纸质固定资产验收单。

固定资产在运行期间无专人管理，以前年度有贴铭牌标识的，后续未执行，该企业从未进行过固定资产盘点。

该企业固定资产折旧和减值由财务人员根据设备发票入账，在财务软件中新建和维护固定资产卡片，设置折旧年限、折旧方法等，但以上操作缺乏必要的审核程序，导致折旧年限存在设置错误的情况。

固定资产处置并无必要的审批手续，甚至还存在实物设备已经处置，但是账务未作处理的情况。

8.筹资流程

该企业的现金流充足，账面货币资金为4 000万元，一般情况下不需要贷款，也无吸收新投资者的计划；目前有银行贷款400万元，是政府支持疫情期间该企业经营发放的信用贷款，无抵押担保；经管理总监测算，该企业账面货币资金的理财利率低于贷款利率，在资金充足的情况下，此笔贷款的取得并未使该企业受益。

三、企业流程的主要缺陷、内部控制制度设计与执行建议

（一）企业流程的主要缺陷

1.采购流程的缺陷

（1）没有成文的采购制度。

（2）未建立供应商系统，缺乏合格供应商库，无法完成对新增供应商的综合评价，未实现从供应商库中选择供应商进行询价、比价。

（3）未完全建立安全库存制度，采购为被动采购，无法做到结合市场行情低位主动囤货，采购时点过于依赖主观判断。

（4）采购流程中无月度采购计划，无纸质采购申请单，无书面采购数量、采购单价授权或审批，到货无收货通知书，手续不完善。

（5）系统采购订单制单与审核由一人负责，未体现应有的授权审批控制。

（6）BOM不能分解到最底层物料，导致需要委托外部工厂采购或加工的物料无法进入系统，也就难以实现对其跟踪控制。

（7）由采购部购买原材料，寻找委外加工厂，联系外发加工，确定加工单价，联系加工完成后收回，未体现不相容职务相分离。

（8）采购部没有采购台账，没有保存纸质资料，所有资料均转交财务部。

（9）供应商对账一般是半个月对一次，没有留下任何记录。

2.销售流程的缺陷

（1）没有成文的销售管理制度。

（2）新增客户无“新客户基本情况表”“评审表”，增加新客户时无授权审批环节。

（3）该企业无固定的赊销政策，而是由销售人员灵活掌握，签订合同时与客户商谈，根据客户的要求确认收款方式。

（4）该企业有用现金支付客户佣金的情况，且支付的佣金未入账。

（5）存在较多的现金收款，个别客户结算货款全部使用商业承兑汇票。

（6）该企业无坏账准备计提政策，账面不计提坏账准备。

（7）无单独的合同审核记录表，合同审核签字比较随意。部分合同因为销售总监出差等原因通过微信请示审批，没有留存记录；销售总监的订单由自己审核、自己签字。

（8）合同拟定、合同盖章均由销售助理完成，合同专用章由销售助理保管，无使用登记本。

（9）销售需要安装的设备，由销售人员口头通知开发票，财务部未取得完工验收单。

（10）账面收入的确认以开票为依据，每月22日之后的所有发货都在次月1日开始集中开票。但产品出库即结转成本，收入确认与成本确认的口径不统一。

（11）票据登记台账简略，未对票据的出票日期、到期日期进行登记。

（12）销货台账是Excel记录，无出库单号，台账格式不统一，填写较随意。

（13）物流企业回传客户签字的送货单不及时，有的物流企业一个月回传一次送货单；通过“顺丰”“申通”等快递企业派发的快递，不会将网上查询到的客户签收信息截图并打印归档。

3.生产与仓储流程的缺陷

（1）没有成文的生产与仓储管理制度。

（2）缺少系统性的生产计划、产出率控制、材料入库和领用管理、产品入库和出库管理。

（3）车间提供给仓库的完工验收单上签字不完整，有的是仓库签字，有的是质检签字，有的没有签字。

（4）仓库出库单填写随意，写错的随意撕毁不作废，仓库出库单不连号。

（5）不能提供存货库龄分析报表，没有设置临期库存报警。

（6）没有建立定期盘点制度，不能做到及时核对盘盈盘亏数量及金额，更不能做到逐一分析盘盈盘亏原因并对盘盈盘亏进一步追查。

（7）仓库库位设置不合理，未设置待检区。

4.货币资金流程的缺陷

（1）没有成文的货币资金管理制度。

（2）目前执行的制度不能体现不相容职位相分离原则，没有涵盖授权审批等基本控制要素。

5.费用报销流程的缺陷

没有一套成文的费用报销管理制度，报销流程极不规范。

6.工资薪金流程的缺陷

（1）没有成文的工资薪金管理制度。

（2）部分员工与该企业的劳动关系需要重新梳理，员工提供劳动与工资薪金发放存在明显不一致。

（3）工资发放无银行发放清单，难以形成信息核准闭环。

7.固定资产管理流程的缺陷

（1）没有成文的固定资产管理制度。

（2）固定资产的使用、维护、处置等责任没有清晰地界定。

8.筹资流程的缺陷

（1）没有成文的筹资管理制度。

（2）没有明确的筹资规划，不能保障筹得资金的使用效率。

（二）内部控制制度设计和执行的建议

该企业没有成文的内部控制制度，正在执行的是一套潜移默化的习惯性操作流程。这套操作流程只是为了方便部门间的协作，并不具备内部控制的基本要素，如授权审批、不相容职务分离、系统控制、绩效考评等，导致各部门在数据保管、数据传递、数据沟通方面均不顺畅，部门、岗位之间无法实现互相监督，降低了工作效率。

IPO要求拟上市企业在申报前通过整改、规范，达到跟上市企业一样的内控水平，而该企业的内控水平还相差甚远。基于以上情况，参考《小企业内部控制规范（试行）》《企业内部控制基本规范》《上海证券交易所上市公司自律监管指引第1号——规范运作》《深圳证券交易所上市公司自律监管指引第1号——主板上市公司规范运作》等，要完善该企业内部控制制度的设计与执行，除努力消除现有业务流程存在的内控缺陷外，在当前阶段，还应重视各项工作的推进，包括完善组织架构、强化企业内部控制文化建设、扩大内控覆盖面、建立健全各种专项管理制度等，多项工作齐头并进，才能保障企业内控的有效性。

1.强化业务流程的风险评估，克服现有流程缺陷

（1）采购流程。建立规范的采购流程，要求：

搭建供应商系统，完善供应商评价体系；

执行和改进安全库存制度；

制订月度采购计划，完善相关审批流程，充分获取和保留流程单据；

保证流程中的制单、审批与核准等环节不相容职务完全分离。

（2）销售流程。建立规范的销售流程，要求：

增加对新客户的评审、授权要求；

信用政策条款化，明确销售过程中信用政策使用的权限；

对应收款项计提坏账准备；

支付给客户的佣金全部入账；

限制现金和商业承兑汇票结算方式，保证货款回收质量；

规范开具销售单据，完善票证登记台账；

规范销售合同的拟定、签署和审核流程；

及时从外部业务往来单位获取单证，保证单证传递流程科学合理，提高销售收入确认与成本结转相关会计信息质量。

(3) 生产与仓储流程。建立规范的生产与仓储流程，要求：

制订系统性的生产计划，实施产出率控制，加强品料的出入库管理；

规范出入库单据的填写；

建立定期盘存制度，要求查明盘亏盘盈的具体原因并及时处置；

合理规划仓库区位，增设待检区。

(4) 货币资金流程。建立规范的货币资金管理流程，要求：

保障不相容职务充分分离，增加必要的授权审批环节，保障资金安全。

(5) 费用报销流程。建立规范的费用报销流程，要求：

完善报销过程中单据的填写、审批和报销流程，明晰相关经办人的责权边界。

(6) 工资薪金流程。建立规范的工资薪金管理流程，要求：

理顺员工与该企业的劳资关系，工资薪金的发放名目、金额、去向清晰可查；

在银行代发工资薪金的情况下，及时取得所有银行代发清单。

(7) 固定资产流程。建立规范的固定资产管理流程，要求：

明晰相关部门和人员固定资产使用、维护、处置责任和权限，提升固定资产管理效率；

恢复固定资产铭牌管理制度；

加强参与固定资产使用、维护和处置的相关部门与财务部的信息互通，保证固定资产相关会计信息的可靠性。

(8) 筹资流程。建立规范的筹资流程，要求：

制订有效、可行的筹资计划，科学规划筹得资金的去向，提高资金的使用效率，节约企业筹资成本。

2. 进一步完善组织架构，强化企业内控文化建设

确保董事会、股东大会等机构合法运作和科学决策，董事会要对该企业内部控制制度的制定和有效执行负责。强化企业内控文化建设，使内部控制意识深入人心。

3. 实现内控制度全覆盖

内部控制制度应当涵盖经营活动的所有环节，包括销售与收款、采购及付款、存货管理、固定资产管理、货币资金管理、担保与融资、投资管理、研发管理、人力资源管理等。

4. 建立专项管理制度

该企业的内部控制制度还应当包括各方面专项管理制度，包括印章使用管理、票据领用管理、预算管理、资产管理、职务授权及代理、信息系统与信息披露管理制度等。

5. 保障资产权属清晰

该企业的资产应当独立完整、权属清晰，不被董事、监事、高级管理人员、控股股东、实际控制人及其他关联人占用或者支配。

6. 健全财务核算体系

建立健全独立的财务核算体系，形成规范的财务会计制度和对分公司、子公司的财

务管理制度。

7.畅通信息沟通渠道

建立各部门之间的信息沟通渠道，保障必要的信息共享和互通，通过搭建信息网络实现各部门之间的信息流通，达到各部门相互制约、相互监督的目的。

8.设立内审部门

增设内部审计部门，对内部控制制度的建立和实施、财务信息的真实性和完整性等进行检查监督，保证内部审计部门的独立性，明确内部审计部门的职责，充分发挥其监督作用。

四、案例总结和思考

本案例通过对企业业务流程及其缺陷的分析，找到提升企业内控有效性的切入点，为内控制度设计和执行提供了重要借鉴。

本案例涉及一些重要的内部控制原则、要素以及基于业务流程的内控制度建设与执行的关键节点，需要引起足够重视。

1.内部控制的原则

（1）全面性原则。内部控制应贯穿决策、执行和监督全过程，覆盖企业及其所属单位各类业务与事项。

（2）重要性原则。内部控制应在全面控制的基础上，重点关注企业重要业务事项和高风险领域。

（3）制衡性原则。内部控制应在治理结构、机构设置及权责分配、业务流程等方面形成相互制约、相互监督的局面，兼顾企业运营效率。

（4）适应性原则。内部控制应与企业的经营规模、业务范围、竞争状况和风险水平等内控环境相适应，并随情况的变化及时调整相关制度安排。

（5）成本效益原则。内部控制应权衡施行成本与预期效益，确保能以适当的成本实现有效的控制。

2.内部控制五要素的含义

（1）内部环境。这是企业实施内部控制的基础，一般包括治理结构、机构设置及权责分配、内部审计、人力资源政策、企业文化等。

（2）风险评估。企业需要及时识别、系统分析经营活动中与实现内部控制目标相关的风险，并合理确定相关风险的应对策略。

（3）控制活动。企业必须根据风险评估的具体结果，采用相应的控制措施，将风险控制在企业可承受的范围以内。

（4）信息与沟通。企业应及时、准确地收集、传递与内部控制相关的各类信息，以确保信息在企业内部、企业与外部组织之间进行有效的沟通。

（5）内部监督。企业要对内部控制制度的建立与实施情况进行监督检查，全面评估内部控制的有效性，一旦发现内部控制缺陷，应及时加以改正。

基于业务流程的内控制度设计与执行应重点关注如下问题：

（1）描述流程。从内部控制视角出发，重点绘制末级流程的业务流程图，直观地描绘出各业务和管理活动的开展过程，为后续的风险评估和流程控制打下基础。

（2）评估风险。充分考虑工作人员的实际经验，结合职业判断，识别各个流程中可能存在的风险，分析风险发生的可能性，挖掘风险成因，评估风险发生的后果与风险的重要性。在单个流程风险评估的基础上，对风险进行整合，形成不同层面（公司层面、业务层面等）的风险评估。

（3）控制流程。基于前期业务环节的风险鉴别，找到对应的控制点，根据控制目标和对象制定相应的控制措施。在确定各控制点和控制措施的基础上，将控制责任落实到相应的部门和岗位，保证责任到人、失职必究。

（4）收集证据。完善各类表、单、票、证材料，形成控制证据链条。一方面借此推进控制措施的落实；另一方面为内部控制留下蛛丝马迹，帮助推进内部控制评价与审计，也为后期进一步优化内部控制制度设计与执行提供支持。

五、分析与讨论

1.如何更好地梳理企业的业务流程？

2.如何有效评估企业业务流程的风险并进行风险整合？

3.怎样辨识企业业务流程中的控制点？

4.怎样开展流程控制？

5.如何搜集内部控制证据，使其为后期的制度优化提供参考？

六、主要参考文献

［1］宋丽梦. 解读《企业内部控制基本规范》［J］. 财政监督，2008，127（16）.

［2］中华人民共和国财政部. 小企业内部控制规范（试行）［M］. 上海：立信会计出版社，2017.

［3］中国注册会计师协会. 中国注册会计师执业准则（2017）［M］. 北京：中国财政经济出版社，2017.

案例说明书

一、本案例要解决的关键问题

1.理解和掌握内部控制、内部控制原则、内部控制要素等重要概念；

2.理解和掌握内部控制制度设计过程中的流程描述、风险评估、流程控制、证据搜集等重要实务问题；

3.通过探讨优化该公司内控制度设计与执行的建议，加深对审计理论与实务关键问题的理解。

二、案例讨论的准备工作

（一）理论背景

内部控制的基本理论与实务知识。

（二）行业背景

环保设备制造业是绿色环保产业的重要组成部分，为生态文明建设提供重要物质基础和技术保障。随着国家对环境保护的重视程度和要求不断提高，环保设备制造业迎来良好发展机遇，同时也面临技术创新、产品质量、市场竞争、风险管理等方面的挑战。环保设备制造企业需要建立健全内部控制体系，以提高经营效率，保障财务报告的真实、完整、准确，防范和控制各类风险，实现可持续发展。

（三）制度背景

《企业内部控制基本规范》《小企业内部控制规范（试行）》《上海证券交易所上市公司自律监管指引第1号——规范运作》《深圳证券交易所上市公司自律监管指引第1号——主板上市企业规范运作》。

三、教学组织方式

（一）问题清单及提问顺序

1.该企业的组织结构在内控环境中起到怎样的作用？

2.该企业主要业务流程存在的缺陷暴露了哪些风险？

3.如何控制该企业主要业务流程存在的风险？

4.除了关注现有业务流程的缺陷及风险，还应关注哪些潜在风险？

5.从该企业流程缺陷分析以及内控设计与执行建议中，我们能够得到哪些启示？

（二）课时分配

1.课前完成案例阅读和初步思考：约3小时。

2.小组讨论并提交分析报告提纲：约3小时。

3.课堂小组代表发言，主题讨论：约3小时。

4.进行归纳总结：约0.5小时。

（三）讨论方式

本案例可以采用小组形式进行讨论。

（四）课堂讨论总结

课堂讨论总结的关键是：归纳、评价发言小组的主要观点；重申重点及亮点；提醒学生对关键问题或有争议的观点进行进一步思考和讨论；鼓励学生发散思维，对案例素材进行扩展研究和深入分析。

案例13　獐子岛扇贝逃跑事件：生物资产的审计难点和风险

案例正文

专业领域/方向

审计学

适用课程

审计理论与实务

编写目的

1.理解和掌握审计责任、审计独立性、审计专业性、审计风险、生物资产等重要概念。

2.了解生物资产审计的难点和风险。

3.通过中国证监会的行政处罚决定深入了解农业类上市企业的财务造假手段。

知识点

审计责任、审计独立性、审计专业性、审计风险、生物资产

关键词

中国证监会、獐子岛、大华所、亚太所、行政处罚

案例摘要

2020年6月15日，中国证监会发布了关于獐子岛集团股份有限公司（以下简称獐子岛）、吴厚刚等16名责任人员的行政处罚决定书，指出獐子岛内部控制存在重大缺陷，其披露的2016年和2017年年度报告存在虚假记载，发布的年终盘点公告、秋测结果公告和核销公告等存在虚假记载，獐子岛扇贝逃跑案最终落下帷幕。扇贝能够屡次为獐子岛的业绩背锅，原因就在于特殊存货不易监控，审计人员难以精准地盘点此类资产。本案例涉及生物资产审计过程中诸多重要理论与实务问题，对本案例进行认真解读和扩展探索，有助于我们加深对审计准则、审计理论、审计实务、国家政策法规等的理解和掌握。

一、引言

2014年10月至2019年11月，獐子岛先后4次对外宣称因遭遇冷水团、海洋灾害等导致扇贝发生绝收、饿死和受灾等，造成该公司资产减值，也因此导致獐子岛先后巨亏几亿元到十几亿元不等，引发热议。2018年2月，中国证监会启动调查，使用北斗导航系统，借助卫星定位数据，对该公司27条采捕船只数百万条海上航行定位数据进行分析，委托两家第三方专业机构运用计算机技术还原了采捕船只的真实航行轨迹，复原了该公司近两年真实的采捕海域，进而确定了实际采捕面积。调查历时两年半，最终认定獐子岛的成本、营业外支出、利润等存在造假行为，内部控制存在重大缺陷，并依法对獐子岛和相关责任人进行了处罚。大华所作为与獐子岛合作8年的会计师事务所，2017年以前在审计报告中出具的都是标准无保留意见，但2017年和2018年出具了保留意见，此后便不再为獐子岛提供审计服务，二者的合作关系就此终止。2019年，亚太所接手了獐子岛的后续审计工作。

二、獐子岛违规及会计师事务所审计情况

（一）案例背景

獐子岛成立于1958年，2006年在深交所成功挂牌上市；巅峰之时，獐子岛曾是中国农业类第一只百元股，也曾一度成为A股第一高价股，先后被誉为“黄海深处的一面红旗”“海上大寨”“黄海明珠”“海底银行”“海上蓝筹”。2014年10月30日晚，獐子岛发布公告称，2011年与2012年底播的100余亩虾夷扇贝因受冷水团异动导致的自然灾害影响近乎绝收，造成该公司资产减值，獐子岛也因此巨亏8.12亿元。消息一出，市场一片哗然，獐子岛备受诟病。2018年1月30日，獐子岛像4年前一样突然发布公告，声称由于海水温度升高，海洋生物骤减，扇贝因饵料不足而大面积减产，该公司2017年的业绩也由此前预计的盈利0.9亿~1.1亿元转为亏损5.3亿~7.2亿元。2019年4月27日，该公司发布一季报声称，受2018年海洋牧场灾害影响，扇贝可收货资源减少，该公司一季度亏损0.43亿元。2019年11月，该公司又发布公告称，2017年和2018年底播的虾夷扇贝短时间内“大规模自然死亡”，导致了重大的存货减值风险，预计损失2.78亿元，约占截至2019年10月末上述底播虾夷扇贝账面价值3.07亿元的90%，对该公司2019年经营业绩构成重大影响。

（二）獐子岛的造假情况

根据《中国证监会行政处罚决定书（獐子岛集团股份有限公司、吴厚刚等16名责任人员）》，獐子岛存在以下违法事实：

1.獐子岛内部控制存在重大缺陷，其披露的2016年年度报告存在虚假记载

（1）虚减营业成本。

獐子岛每月结转底播虾夷扇贝成本时，以当月虾夷扇贝捕捞区域（采捕坐标）作为成本结转的依据，捕捞区域系由人工填报且缺乏船只航海日志予以佐证。经比对底播虾夷扇贝捕捞船只的北斗导航定位信息，獐子岛结转成本时所记载的捕捞区域与捕捞船只实际作业区域存在明显出入，獐子岛2016年度账面结转捕捞面积较实际捕捞面积少

13.93万亩，由此，獐子岛2016年虚减营业成本6 002.99万元。

（2）虚减营业外支出。

经比对獐子岛2016年年初、2017年年初底播虾夷扇贝库存图和捕捞船只导航定位信息发现，部分2016年年初库存区域未显示捕捞航行轨迹，而2016年年底獐子岛在这部分区域进行了底播。根据会计核算一贯性原则，上述区域既往库存资产应作核销处理，由此，獐子岛2016年虚减营业外支出7 111.78万元，虚增利润13 114.77万元，虚增利润占当期利润总额的158.11%。

2.獐子岛内部控制存在重大缺陷，其披露的2017年年度报告存在虚假记载

（1）虚增营业成本。

经比对底播虾夷扇贝捕捞船只的北斗导航定位信息，獐子岛2017年结转成本时所记载的捕捞区域与捕捞船只实际作业区域同样存在明显出入，经第三方专业机构测算，獐子岛2017年账面结转捕捞面积较实际捕捞区域面积多5.79万亩，由此，獐子岛2017年虚增营业成本6 159.03万元。

（2）虚增营业外支出。

经比对獐子岛2016年年初底播虾夷扇贝库存图、2016年及2017年虾夷扇贝底播图、捕捞船只导航定位信息发现，部分2016年年初有记载的库存区域在2016年和2017年均没有显示捕捞轨迹，而该区域在2017年年底重新进行了底播。根据会计核算一贯性原则，上述区域既往库存资产应作核销处理，由此，獐子岛2017年虚减营业外支出4 187.27万元。

根据獐子岛2018年2月5日发布的《关于底播虾夷扇贝2017年终盘点情况的公告》（以下简称年终盘点公告）和2018年4月28日发布的《关于核销资产及计提存货跌价准备的公告》（以下简称核销公告），核销区域与捕捞船只实际作业区域存在重合，经第三方专业机构测算，核销区域中，2014年、2015年和2016年底播的虾夷扇贝分别有20.85万亩、19.76万亩和3.61万亩已在以往年度采捕，由此，獐子岛虚增营业外支出24 782.81万元。综上，2017年獐子岛合计虚增营业外支出20 595.54万元。

（3）虚增资产减值损失。

根据獐子岛年终盘点公告和核销公告，减值区域与捕捞船只实际作业区域存在重合，经第三方专业机构测算，减值区域中，2015年和2016年底播的虾夷扇贝分别有6.38万亩、0.13万亩已在以往年度采捕，由此，獐子岛虚增资产减值损失1 110.52万元。

3.獐子岛披露的《关于2017年秋季底播虾夷扇贝抽测结果的公告》（以下简称秋测结果公告）存在虚假记载

2017年10月25日，獐子岛披露的秋测结果公告称，獐子岛按原定方案完成了全部计划的120个调查点位的抽测工作。

经与抽测船只秋测期间的航行定位信息对比，在獐子岛记录的完成抽测计划的120个调查点位中，有60个点位抽测船只航行路线并未经过，即獐子岛并未在上述计划点位完成抽测工作，占披露的完成抽测调查点位总数的50%，秋测结果公告相关内容存在虚假记载。

4.獐子岛披露的年终盘点公告和核销公告存在虚假记载

2018年2月5日，獐子岛发布了年终盘点公告，称“截至2月4日累计盘点点位326

个，根据盘点结果，公司拟对107.16万亩海域、成本为57 758.13万元的底播虾夷扇贝存货进行核销处理，对24.3万亩海域、成本为12 591.35万元的底播虾夷扇贝存货计提跌价准备5 110.04万元，上述两项合计影响净利润62 868.17万元，全部计入2017年度损益”。

2018年4月28日，獐子岛发布了核销公告，称“对2014年、2015年及2016年投苗的107.16万亩虾夷扇贝库存进行了核销，对2015年、2016年投苗的24.30万亩虾夷扇贝库存进行了减值，金额分别为57 757.95万元和6 072.16万元”。

经与虾夷扇贝采捕船只的航行轨迹进行比对发现，獐子岛盘点的2014贝底播区域的70个点位已全部实际采捕，2015贝底播区域的119个点位中有80个点位已实际采捕。獐子岛核销区域中，2014年、2015年和2016年底播虾夷扇贝分别有20.85万亩、19.76万亩和3.61万亩已在以往年度采捕，致使虚增营业外支出24 782.81万元，占核销金额的42.91%；减值区域中，2015年、2016年底播虾夷扇贝分别有6.38万亩、0.13万亩已在以往年度采捕，致使虚增资产减值损失1 110.52万元，占减值金额的18.29%。

5.獐子岛未及时进行信息披露

不晚于2018年1月初，獐子岛财务总监勾荣已知悉该公司全年业绩与原业绩预测偏差较大，并向吴厚刚进行了汇报。2018年1月23日至24日，獐子岛陆续收到增殖分公司、广鹿公司等16家公司的第四季度收益测算数据。根据2005年《证券法》第六十七条第二款第十二项、《上市公司信息披露管理办法》第七十一条第二项和《深圳证券交易所股票上市规则》（2014年修订）第11.3.3条的规定，獐子岛应及时披露业绩预告修正公告，该信息在2018年1月初勾荣将全年业绩与预期存在较大差距情况向吴厚刚汇报时触及信息披露时点，应在2日内进行信息披露，但獐子岛迟至2018年1月30日才予以披露。

（三）獐子岛更换审计机构

自獐子岛2006年挂牌上市以来，共与3家会计师事务所合作过，最初是北京中洲光华会计师事务所，2011年年末，大华所承接了獐子岛的审计工作。在与大华所合作了8年后，獐子岛于2019年12月13日宣布拟聘任亚太所为2019年度审计机构，獐子岛近年来会计师事务所及审计意见情况见表13-1。

表13-1 **獐子岛近年来会计师事务所及审计意见情况**

年度	会计师事务所	审计意见
2021	亚太所	带持续经营重大不确定性段落的无保留意见
2020	亚太所	保留意见
2019	亚太所	保留意见
2018	大华所	保留意见
2017	大华所	保留意见
2016	大华所	标准无保留意见
2015	大华所	标准无保留意见

从表13-1可知，2015年度和2016年度，大华所对獐子岛出具的是标准无保留意见，但从2017年度起，大华所连续2年出具了保留意见；而2019年更换的亚太所也在随后2年都出具了保留意见，直至2021年度才出具了带持续经营重大不确定性段落的无保留意见。形成保留意见的基础和带强调事项段的具体情况见表13-2。

表13-2　　形成保留意见的基础和带强调事项段的具体情况

2021年度	獐子岛截至2021年12月31日累计未分配利润余额为-19.11亿元，资产负债率达96.31%，流动资产低于流动负债，2021年度归属于母公司净利润为734.39万元，且因证券虚假陈述涉诉事项，被冻结资金3 815.91万元，獐子岛已经在财务报表附注三（二）中披露了可能导致对持续经营能力产生重大疑虑的主要情况或事项，以及獐子岛管理层针对这些事项和情况的应对计划。我们认为，如财务报表附注十四所示，仍然表明存在可能导致对獐子岛持续经营能力产生重大疑虑的重大不确定性。该事项不影响已发表的审计意见
2020年度	如獐子岛财务报表附注十三所示的“承诺及或有事项”，2020年6月23日，獐子岛收到《中国证监会行政处罚决定书（獐子岛集团股份有限公司、吴厚刚等16名责任人员）》（〔2020〕29号），因该公司2016年年度报告、2017年年度报告存在虚假记载以及信息披露违规，中国证监会对獐子岛给予警告并处以60万元罚款，部分投资者以獐子岛虚假陈述导致其投资损失为由对獐子岛提起诉讼，截至本报告日，大连市中级人民法院以证券虚假陈述民事责任纠纷为案由，受理投资者提出的诉讼共计158起，涉案金额6 284.48万元，截至审计报告日案件尚未审结，该公司对该事项计提预计负债600万元。我们未能对该未决诉讼事项应计提预计负债的最佳估计数获取充分、适当的审计证据，也无法实施替代审计程序获取充分、适当的审计证据，因此无法确定是否对该未决诉讼事项及所涉及的财务报表项目作出调整，也无法确定应调整的金额。 **与持续经营相关的重大不确定性** 獐子岛截至2020年12月31日累计未分配利润余额为-19.18亿元，资产负债率达97.18%，流动资产低于流动负债，2020年度归属于母公司净利润为1 485万元，且因证券虚假陈述涉诉事项，该公司部分银行账号被冻结，被冻结资金为3 615.91万元，獐子岛已经在财务报表附注四（二）中披露了可能导致对持续经营能力产生重大疑虑的主要情况或事项，以及獐子岛管理层针对这些事项和情况的应对计划。我们认为，如财务报表附注十四所示，仍然表明存在可能导致对獐子岛持续经营能力产生重大疑虑的重大不确定性。该事项不影响已发表的审计意见
2019年度	1.如獐子岛财务报表附注十四所示的其他事项，2019年7月9日，獐子岛收到中国证监会下发的（处罚字〔2019〕95号）行政处罚及市场禁入事先告知书：其中，对于成本核算方式认定为涉嫌内部控制存在重大缺失及财务数据存在虚假记载。本年度獐子岛对于成本核算，仍采用原先一贯方式进行，我们不能获取充分、适当的审计证据判断该成本核算是否合理，无法确定是否需要对成本结转作出调整。 2.獐子岛渔业集团韩国有限公司固定资产账面价值46.50亿韩元，折合人民币2 804.81万元；在建工程账面价值8亿韩元，折合人民币482.54万元；无形资产账面价值62.46亿韩元，折合人民币3 767.59万元（以下统称长期资产）。上述长期资产所产生的净现金流量或者实现的营业利润不佳，存在资产减值迹象，獐子岛针对上述长期资产未计提减值准备。在审计过程中，我们未能获取充分、适当的证据来估计上述长期资产的预计可收回金额，亦无法确定对上述长期资产需要计提的减值准备金额。 **与持续经营相关的重大不确定性** 獐子岛截至2019年12月31日累计未分配利润余额为-19.33亿元，资产负债率达98.01%，流动资产低于流动负债，2019年度归属于母公司利润为-39 218.37万元。獐子岛已经在财务报表附注四（二）中披露了可能导致对持续经营能力产生重大疑虑的主要情况或事项，以及獐子岛管理层针对这些事项和情况的应对计划。我们认为，如财务报表附注十四所示，仍然表明存在可能导致对獐子岛持续经营能力产生重大疑虑的重大不确定性。该事项不影响已发表的审计意见

续表

2018年度	1.獐子岛截至2018年12月31日累计未分配利润余额为-15.41亿元，资产负债率达87.58%，流动资产低于流动负债，2019年度需要偿还的借款额达25.76亿元，2019年第一季度预计亏损超4 000万元。獐子岛已经在财务报表附注三（二）中披露了可能导致对持续经营能力产生重大疑虑的主要情况或事项，以及獐子岛管理层针对这些事项和情况的应对计划。我们认为，连同财务报表附注十四所示的其他事项，仍然表明存在可能导致对獐子岛持续经营能力产生重大疑虑的重大不确定性，我们未能就与改善持续经营能力相关的未来应对计划取得充分、适当的证据，因此我们无法对獐子岛自报告期末起未来12个月内的持续经营能力作出明确判断。 2.如财务报表附注十四所示，因涉嫌信息披露违法违规，獐子岛于2018年2月9日收到中国证券监督管理委员会调查通知书（编号：连调查字〔2018〕001号），决定对獐子岛进行立案调查。截至审计报告签发日，中国证监会的立案调查工作仍在进行中，尚未收到中国证监会就上述立案调查事项的结论性意见或决定，我们无法判断立案调查结果对獐子岛财务报表的影响程度
2017年度	1.獐子岛2017年发生净亏损7.26亿元，截至2017年12月31日累计未分配利润余额为-15.73亿元，资产负债率达89.78%，流动资产低于流动负债，按速动资产口径计算营运资金缺口为12.12亿元，消耗性生物资产大量核销，期末结存的消耗性生物资产净值较上期期末下降64.94%，每股净资产仅为0.49元。獐子岛已经在财务报表附注三（二）中披露了可能导致对持续经营能力产生重大疑虑的主要情况或事项，以及獐子岛管理层针对这些事项和情况的应对计划。我们认为，连同财务报表附注十五所示的其他事项，仍然表明存在可能导致对獐子岛持续经营能力产生重大疑虑的重大不确定性，该公司的财务报表对持续经营能力的重大不确定性及应对计划未充分披露。 2.如财务报表附注十五所示，因涉嫌信息披露违法违规，獐子岛于2018年2月9日收到中国证券监督管理委员会调查通知书（编号：连调查字〔2018〕001号），决定对獐子岛进行立案调查。截至审计报告签发日，中国证监会的立案调查工作仍在进行中，尚未收到中国证监会就上述立案调查事项的结论性意见或决定，我们无法判断立案调查结果对獐子岛财务报表的影响程度

从表13-2可以看出，2017—2021年审计报告中均提及了“对獐子岛持续经营能力产生重大疑虑的重大不确定性”，说明两家会计师事务所对獐子岛的持续经营能力存疑，也确实反映了獐子岛所面临的困境。但在2016年以前，大华所对獐子岛一直出具标准无保留意见，2017年出具保留意见的基础之一也是中国证监会于2018年2月9日启动了对獐子岛的立案调查，而从后续的调查结果可以看出，獐子岛的违规行为可以追溯到2014年利用海底库存及采捕情况难发现、难调查、难核实的特点，不以实际采捕海域为依据进行成本结转，或通过少记录成本、营业外支出的方法扭亏为盈，或夸大亏损幅度导致财务报告严重失真。实际上，早在2012年3月，就有獐子岛内部人士举报，称有员工在虾夷扇贝苗种收购过程中收受贿赂，随后，大连市长海县公安局立案调查此事。最后的处理结果为吴厚记（董事长弟弟）被该公司内部处理，他手下至少两名工作人员，其中包括至少一名会计，被移交司法机关，并于2012年7月被宣判入刑。据了解案情的人士透露，其中一名会计跟随吴厚记前往海洋岛收购苗种，负责记账。“吴厚记和苗种老板谈好之后，他检查每箱苗种的数量，然后计入账本”。另一位熟悉案情的人

士告诉腾讯财经，吴厚记负责采购多年，“一般都是他和卖苗业户商量好价钱，然后他（吴厚记）说有多少苗，会计就记多少苗”。由于收购的苗种太多，无法做到每箱都检查，“收苗过程中，最大的问题是数量不对”，收苗一般在11月份进行，温度较低，扇贝苗可能死亡，因此该公司允许存在一定的死亡比例，但“死亡率很难准确认定，所以操作空间非常大”。采购完苗种之后，带有活水舱的播苗船载着苗种驶向指定底播海域，把苗种撒向茫茫大海。虾夷扇贝底播生长至商品规格的养成期大概是17~20个月，播苗后一般到第三个年头才能收获，而2014年“冷水团事件”刚好在此期间发生。案发后，獐子岛开始对采购环节进行改进，外购种苗比例也逐步降低，但是獐子岛有无真正建立有效的内部管理制度不得而知。无独有偶，2018年，有直接负责投苗的船员告诉央视记者：有很多扇贝苗在投放之前就已经死了。这说明獐子岛的财务造假是有预谋的，那么，大华所为何在这么长的时间都未发现獐子岛的违规行为？在为獐子岛提供审计服务期间，大华所是否真正做到了独立与专业？

三、会计师事务所对扇贝事件的审计详情及回复

（一）第一次扇贝受灾

大华所于2014年10月30日发布《关于公司部分海域底播虾夷扇贝监盘、核销及计提跌价准备会计处理的专项说明》，详细介绍了大华所在2014年10月18日至25日期间对獐子岛部分海域底播虾夷扇贝盘点工作的监盘情况。具体安排如下：

盘点日期：2014年10月18日、2014年10月20日、2014年10月25日，共计3天。

参加盘点人员：盘点船只的船长及船上作业人员、该公司的财务人员、会计师事务所的监盘人员。

盘点地点：2011年度底播在獐子岛南以及西南方向的76.0834万亩海域共抽取65个点，2012年度底播在獐子岛西部的29.575万亩海域共抽取56个点，总监盘面积达1 498.39亩。

出海盘点前，先将预先随机选取的点位分配给各个拖网船，各船船长按照点位将船只开到指定海域，船上工作人员下网，盘点人员在盘点表上记录下网时点、下网经纬度。每个点位根据实际情况，拖网宽度为单个网宽2米，有的船只进行双网捕捞作业（即网宽为4米）。拖网船只平均以东西1 440米、南北1 850米作为拖网行驶单位距离，平均拖网作业时间为10~20分钟。拖网完成后，盘点人员记录收网时点、收网经纬度。船上工作人员将网收起，对采捕上来的扇贝进行除杂分拣，分拣过程中盘点人员测量壳高并计数（由于时间较短，采集数量较多，无法对采集上来的扇贝全部测量壳高，故随机选取部分扇贝进行测量，取其平均壳高），随后装入器皿进行称重，整个计数、测量、称重过程产生的数值全部由盘点人员记录在盘点表中。

监盘人员的主要工作包括：观察实际盘点时是否按事先选定的点位下网、起网；对采捕上来的虾夷扇贝的计数、测量、称重是否正确，数据是否正确、完整地记录在盘点表中。海上盘点工作完成以后，拖网船船长、该公司盘点人员以及会计师事务所监盘人员在盘点表上签字确认。

上述监盘程序完成后，大华所认为獐子岛存货核销计入营业外支出、计提跌价准备

计入资产减值损失的会计处理方式符合企业会计准则的相关规定。随后在2014年12月4日，大华所在《獐子岛集团股份有限公司关于深圳证券交易所问询函有关事项的专项核查说明》中进一步说明了对獐子岛苗种供应商的核查情况，更加具体地核实了苗种供应商与獐子岛的合作情况及2011年、2012年的苗种供应信息，最终核查结果认为苗种购买记录真实无误，本次核销及计提跌价准备的存货明细构成及金额列示无误，未发现苗种供应商与獐子岛存在关联方关系；随后还对獐子岛存货内部监测制度及执行情况进行了核查，认为獐子岛已建立了存货的内部监测制度，未发现在监测时间、监测程序、监测方法等方面未按照相关制度执行的情形。

（二）第二次扇贝受灾

根据《獐子岛集团股份有限公司关于底播虾夷扇贝2017年终盘点情况的公告》，2018年1月18日至2月4日，獐子岛按照相关制度进行底播虾夷扇贝的年末存量盘点，大华所和海洋产业专家共同参与了盘点。本次累计盘点11天，盘点点位326个，盘点的底播虾夷扇贝海域面积合计131.46万亩，其中2014年度底播投苗21.14万亩、2015年度底播投苗49.52万亩、2016年度底播投苗60.8万亩。最终盘点结果显示，2014—2016年底播虾夷扇贝平均亩产过低，不足以弥补采捕成本，上年度底播的存货回收金额低于账面价值，应进行存货核销及计提跌价准备合计62 868.17万元；而海洋牧场研究中心的分析显示，虾夷扇贝存货异常的原因在于降水减少导致扇贝的饵料生物数量下降，养殖规模的大幅扩张加剧了饵料短缺，再加上海水温度异常，造成高温期后的扇贝越来越瘦，品质越来越差，长时间处于饥饿状态的扇贝没有得到恢复，最后诱发死亡。与此同时，大华所还查阅了以前年度年末存货的盘点情况，经核查，大华所认为獐子岛本次核销及计提跌价准备符合企业会计准则的规定。

（三）第三次扇贝受灾

2019年，獐子岛开展秋季抽检时发现，在养的全部58.35万亩底播虾夷扇贝中，亩产过低，采捕变现价值不足以弥补采捕成本的海域面积为39.07万亩，需核销成本19 562.33万元；亩产较低，需计提存货跌价准备区域的面积为13.9万亩，预计计提跌价准备金额8 205.89万元。而此前獐子岛曾宣告正在商议与拟聘会计师事务所签约事宜，这也就意味着大华所不再与獐子岛合作，不再继续为獐子岛提供审计服务，因此也未参与秋测的监盘。2020年1月10日到1月15日，由新聘请的亚太所、国家海洋环境监测中心及獐子岛人员共同对在养的2017年、2018年底播虾夷扇贝共计55.45万亩进行资源调查。最终由国家海洋环境监测中心出具的《虾夷扇贝底播海域底播贝资源调查与评估》显示，经该公司财务中心测算，预计核销存货成本及计提存货跌价准备合计金额约2.9亿元。其中，亩产过低，采捕变现价值不足以弥补采捕成本的海域面积约42.97万亩，需核销成本约2.3亿元；亩产较低，需计提存货跌价准备区域的面积约12.48万亩，预计计提跌价准备金额约0.6亿元。也就是说，新聘请的亚太所认可了獐子岛进行成本核销和计提跌价准备的做法。在进行核销和减值后，2019年獐子岛净亏损3.92亿元。而后于2020年5月28日，深交所在《关于对獐子岛集团股份有限公司2019年年报的问询函》中问询亚太所的年审注册会计师及签字注册会计师是否存在以保留意见代替否定意见或无法表示意见，或以无法判断保留意见涉及事项对财务报表的影响为由，逃避审计责任，协助该公司规避被实施退市风险警示的情形，并要求注册会计师提出充分、合理的依据。

四、案例总结和思考

本案例是生物资产审计的经典案例，大华所作为国内八大会计师事务所之一，一直在国内会计师事务所中处于领先地位，在业内也享有盛誉。本案例中，尽管大华所在2017年和2018年对獐子岛都出具了保留意见的审计报告，但獐子岛如此长期、大规模的财务造假足以让大华所饱受诟病，此后，大华所终止了与獐子岛的合作，但受损的声誉已无法挽回。随后接手獐子岛审计工作的亚太所更是被中国证监会质疑是否存在以保留意见代替否定意见或无法表示意见以逃避审计责任的情况。

本案例涉及一些重要的审计实务问题，需要引起足够重视，主要包括：

生物资产具有生长周期性和未来经济利益不稳定性的特点，受自然环境影响大，加上种类繁多，审计人员难以精确估算其数量和价值，因此，在对生物资产这类特殊存货进行审计时，审计人员除了要对现有存货进行盘点以外，还需要追溯存货最初的采购环节、生产领用及销售发出环节，注意存货与其他业务循环的关联性。在审计过程中，审计人员也可以聘请相关方面专家共同参与，以弥补其对存货相关养殖问题了解不足的缺陷。

独立性是审计的本质特征，也是保证审计工作顺利进行的必要条件。本案例中，虽然大华所的审计人员未违反“签字注册会计师连续为某一相关机构提供审计服务不得超过五年”的规定，但查阅2006—2018年獐子岛的签字注册会计师可以发现，獐子岛的审计工作实际上是由同一批注册会计师轮换进行的。在连续多年合作的情况下，虽然大华所的审计人员不参与企业的经营活动，但对獐子岛的业务流程及相关问题也非常熟悉，因此尽管獐子岛扇贝死亡事件引起了多方关注，大华所还是在审计报告中出具了标准无保留意见，直至2018年2月中国证监会启动了对獐子岛的调查，大华所才于审计报告中出具了保留意见。同时，大华所的审计工作报酬也逐年大幅增长，在这种情况下，大华所在为獐子岛提供审计工作期间是否仍保持了独立性是值得怀疑的。

当上市公司出现连续亏损后又扭亏为盈时，审计人员更应保持职业怀疑和谨慎态度。按照深交所的规定，上市公司如连续亏损3年就需暂停上市，本案例中，獐子岛2014年和2015年的净利润均为负数，分别为-11.89亿元和-2.43亿元。如果2016年继续亏损，獐子岛则面临暂停上市的风险。在此背景下，獐子岛选择通过调减成本和营业外支出等进行财务造假，将2016年的业绩扭亏为盈并顺利摘帽，最后按照中国证监会的调查结果，獐子岛在2016年的实际净利润约为-5 000万元。由本案例可知，为了避免被退市或ST，獐子岛在连续亏损后造假的动机更为明显，注册会计师应以谨慎态度执行审计程序，发表审计意见。

五、分析与讨论

1. 如何理解审计报告中的保留意见、否定意见和无法表示意见？
2. 生物资产的审计难点有哪些？

3.如何提高生物资产的审计效率和审计水平？

4.农业类上市公司的财务造假手段有何特点？

5.当前我国证券市场监管存在哪些不足？该如何改进？

6.如何建立有效的投资者保护制度？

六、参考文献

［1］中国证券监督管理委员会. 中国证监会行政处罚决定书（獐子岛集团股份有限公司、吴厚刚等16名责任人员）〔2020〕29号［R/OL］.（2017-06-15）［2022-10-9］. http：//www.csrc.gov.cn/csrc/c101928/c1042334/content.shtml.

［2］田麒筠. 獐子岛存货审计案例研究［D］. 北京：中国财政科学研究院，2022.

［3］孙婷婷. 生物资产审计失败案例研究——以“獐子岛”案为例［D］. 济南：山东农业大学，2022.

［4］中国注册会计师协会. 中国注册会计师执业准则（2017）［M］. 北京：中国财政经济出版社，2017.

［5］中国注册会计师协会. 中国注册会计师执业准则应用指南（2017）［M］. 北京：中国财政经济出版社，2017.

案例说明书

一、本案例要解决的关键问题

1.理解和掌握审计责任、审计独立性、审计专业性、审计风险、生物资产等重要概念；

2.了解生物资产审计的难点和风险；

3.通过中国证监会的行政处罚决定深入了解农业类上市企业的财务造假手段。

二、案例讨论的准备工作

（一）理论背景

财务会计理论、公司财务理论、证券市场理论、上市公司财务报表披露现状、常见造假手段、会计师事务所的独立性与专业性、证券监管部门责任等。

（二）行业背景

獐子岛成立于1958年，2006年在深交所挂牌上市，主营业务为海珍品种业、海水增养殖业、海洋食品产业，及冷链物流、渔业装备等相关产业，包括育种、育苗、养殖、暂养、加工、仓储、流通、贸易等一体化供应链保障体系。该公司产品主要包括鲜活食品系列（扇贝、珍蚝、鲍鱼、龙虾、海螺等海洋珍品）、冻鲜食品系列（鱼类、贝类、虾类、蟹类等大洋产品）、养生食品系列（干海参、干鲍鱼等海参和鲍鱼深加工产品）、料理食品系列（扇贝、虾、三文鱼、鱿鱼等调理调味食品）及休闲食品系列（扇贝、虾、海螺、鲍鱼等海洋零食产品）。2020年，中国证监会使用北斗导航系统，借助卫星定位数据，对该公司27条采捕船只数百万条海上航行定位数据进行分析，委托两家第三方专业机构运用计算机技术还原了采捕船只的真实航行轨迹，复原了该公司最近两年真实的采捕海域，进而确定实际采捕面积，最终认定獐子岛的成本、营业外支出、利润等存在造假行为，内部控制存在重大缺陷，对獐子岛给予警告，并处以60万元罚款；对时任董事及财务总监吴厚刚、梁峻、孙福君、勾荣给予警告，并分别处以20万~30万元罚款；对其余责任人分别处以3万~4万元不等的罚款。

（三）制度背景

《证券法》《中国注册会计师审计准则》《企业会计准则》。

三、教学组织方式

（一）问题清单及提问顺序

1.本案例中，獐子岛采取了哪些财务造假手段？

2.本案例中，扇贝为何屡次为獐子岛的业绩“背锅”？

3.本案例中，大华所和亚太所执行的审计程序存在哪些问题？

4.在为獐子岛提供审计服务期间，大华所和亚太所是否真正保持了独立性与专业性？

5.生物资产的审计难点有哪些？如何规避这些资产的审计风险？

（二）课时分配

1.课前完成案例阅读和初步思考：约3小时。

2.小组讨论并提交分析报告提纲：约3小时。

3.课堂小组代表发言，主题讨论：约3小时。

4.进行归纳总结：约0.5小时。

（三）讨论方式

本案例可以采用小组形式进行讨论。

（四）课堂讨论总结

教师首先评价各小组发言的主要观点，然后提出关键问题或有争议的观点，让学生对此进行进一步思考和讨论；建议学生对案例素材进行扩展研究和深入分析。

案例14　大华所审计东方金钰案例

案例正文

专业领域/方向

审计学

适用课程

审计理论与实务

编写目的

1. 理解和掌握风险评估、内部控制、审计证据、勤勉尽责等重要概念。
2. 理解和掌握虚构销售与采购交易等重要实务问题。
3. 理解和掌握虚假记载营业收入、营业成本、利润总额等重要实务问题。

知识点

风险评估、内部控制、虚构交易、虚假记载

关键词

东方金钰、大华所、风险评估、内部控制

案例摘要

大华所是东方金钰股份有限公司（以下简称东方金钰）2017年财务报表的审计机构，于2018年4月27日出具了标准无保留意见的审计报告。中国证监会对大华所进行了调查，发现其在审计东方金钰的过程中存在多项违规行为，包括风险识别和评估程序不到位、内部控制测试程序存在重大缺陷、实质性审计程序存在重大缺陷、审计工作底稿不完整、审计报告出具不规范等。中国证监会认定大华所及其相关审计人员违反了《中国注册会计师审计准则》和《证券法》的规定，对其作出了行政处罚和市场禁入的决定。在本案例中，我们可以得到以下几点启示：第一，审计机构作为资本市场的重要参与者，应该履行好审计职责，保证审计质量，维护投资者的合法权益，否则将面临法律和市场的严厉惩罚。第二，审计机构应该遵守《中国注册会计师审计准则》和《证券法》等相关法规，建立和完善内部质量控制制度，加强对审计人员的培训和监督，提高审计人员的专业水平和职业道德。第三，审计机构应该根据被审计单位的实际情况，合理设计和执行审计程序，收集和评价充分、适当的审计证据，对审计中发现的问题进行充分的沟通并解决，出具符合规范的审计报告。第四，审计机构应该保持独立性和客观性，不受被审计单位或其他利益相关方的影响或干预，对审计结果负责，对社会公众负责。

一、引言

东方金钰是一家以珠宝首饰为主营业务的上市公司，曾被誉为“玉石之王”。然而，该公司在2017年财务报表中存在重大虚假记载，涉嫌违反《证券法》等法律法规。中国证监会对此事进行了调查，作出了《中国证监会行政处罚决定书（东方金钰股份有限公司、赵宁等20名责任人员）》（〔2020〕62号），对该公司及其相关责任人员进行了行政处罚和市场禁入。

在东方金钰财务造假事件中，作为其2017年财务报表的审计机构，大华所也承担了不可推卸的责任。中国证监会认为，大华所在东方金钰2017年财务报表审计中未勤勉尽责，出具的2017年财务报表审计报告存在虚假记载，违反了《证券法》等法律法规。因此，中国证监会作出了《中国证监会行政处罚决定书（大华所、李东坤、罗述芳）》（〔2022〕32号），对大华所及其相关注册会计师进行了行政处罚。

二、东方金钰的主要违法事实

根据《中国证监会行政处罚决定书（东方金钰股份有限公司、赵宁等20名责任人员）》，2016年12月至2018年5月间（以下简称涉案期间），东方金钰为完成营业收入、利润总额等业绩指标，虚构其所控制的瑞丽市姐告宏宁珠宝有限公司（以下简称姐告宏宁）与普某腊、保某、李某青、凤某、自某堵、张某梅等六名自然人名义客户之间的翡翠原石销售交易。

（一）东方金钰通过其控制的姐告宏宁虚构销售和采购交易

涉案期间，姐告宏宁控制了19个银行账户，虚构销售和采购交易资金流，该19个银行账户分为三组：第一组为普某腊、保某、李某青、凤某、自某堵、张某梅等六名名义客户的银行账户；第二组为董某成、邵某丽、木某1、木某2、余某光、方某华、双某石等七名自然人中转方的银行账户；第三组为李某退、蒋某东、宝某明、吴某龙、杨某荣、董某先等六名名义供应商的银行账户。

1.东方金钰虚构销售交易

姐告宏宁控制了上述19个银行账户，将来源于或转入东方金钰及其控制的公司或银行账户的资金47 930.19万元，通过上述中转方和名义供应商账户转入上述六名名义客户账户，再控制上述名义客户账户支付销售交易款项，资金最终回流至姐告宏宁，上述资金流转构成资金闭环。

同时，涉案销售交易涉及姐告宏宁与普某腊、保某、李某青、凤某、自某堵、张某梅等六名名义客户之间的翡翠原石销售合同系虚假合同，理由如下：第一，该销售合同上普某腊等六人的笔迹与其真实笔迹明显不一致；第二，普某腊等六人称其从未与姐告宏宁发生过任何翡翠原石交易，从未在与姐告宏宁的翡翠原石销售合同或出库单等文件上签过字；第三，从合同的履行情况来看，姐告宏宁并无在上述交易中交付合同标的物的记录，如提货人名称、提货单据、物流单据等，相关工作人员也不知悉标的物的去向，未见过前来看货和提货的客户；第四，普某腊等六名名义客户缺少翡翠原石交易的相关经历、经验、鉴定能力、资金实力及渠道，客观上缺少签订并履行翡翠原石交易合同的能力。综合考虑合同签字情况、履行情况、交易主体适格情况等，姐告宏宁与上述六名名义客户的翡翠原石交易合同系虚假合同。综上，东方金钰通过其控制的姐告宏宁虚构上述销售交易的资金流及销售合同等，虚构上述销售交易。

2.东方金钰虚构采购交易

为使涉案资金顺利从东方金钰及其控制的公司转入名义客户账户，姐告宏宁在2016—2017年伪造与李某退、蒋某东、宝某明、吴某龙、杨某荣、董某先等六名名义供应商之间的采购合同，虚构采购交易。姐告宏宁向上述李某退等六名名义供应商支付81 818.12万元采购款，其中39 789.59万元通过中转方账户转入名义客户账户。综上，东方金钰通过其控制的姐告宏宁虚构上述采购交易的资金流及采购合同等，虚构上述采购交易。

姐告宏宁控制了上述19个银行账户，伪造销售和采购交易现金流，相关资金来源于东方金钰及其控制的公司或银行账户，最终作为普某腊等六人支付的销售款项流入姐告宏宁，构成资金闭环。

（二）东方金钰2016年年度报告的营业收入、营业成本、利润总额存在虚假记载

姐告宏宁通过上述虚构销售合同及现金流等手段，虚构与保某、李某青、自某堵之间的销售交易，合计14 169.09万元，该涉案交易不具有商业实质和真实性，依据《企业会计准则第14号——收入》（2007年1月1日起实施）第四条第一项、第四项的规定，上述涉案交易中的收入不符合收入确认条件，不应予以确认。

同时，姐告宏宁通过上述伪造采购合同等方式，虚构与宝某明、董某先、蒋某东之间的采购交易，合计20 104.02万元。

通过上述虚构的销售交易和采购交易，东方金钰2016年年度报告虚增营业收入14 169.09万元，虚增营业成本4 665万元，导致虚增利润总额9 504.09万元，占当年合并利润表利润总额的29.60%。

（三）东方金钰2017年年度报告的营业收入、营业成本、利润总额存在虚假记载

姐告宏宁通过上述虚构销售合同及现金流等手段，虚构与普某腊、保某、李某青、凤某、自某堵之间的销售交易，合计29 487.1万元，该涉案交易不具有商业实质和真实性，依据《企业会计准则第14号——收入》（2007年1月1日起实施）第四条第一项、第四项的规定，上述涉案交易中的收入不符合收入确认条件，不应予以确认。通过上述虚构的销售交易，东方金钰控制的姐告宏宁在2017年度形成营业收入29 487.1万元，构成虚增营业收入。

同时，姐告宏宁通过上述伪造采购合同等方式，虚构与李某退、吴某龙、宝某明、董某先、蒋某东、杨某荣之间的采购交易，合计61 714.1万元。

通过上述虚构的销售交易和采购交易，东方金钰2017年年度报告虚增营业收入29 487.1万元，虚增营业成本11 038.9万元，导致虚增利润总额18 448.20万元，占当年合并利润表利润总额的59.7%。

（四）东方金钰2018年半年度报告的营业收入、营业成本、利润总额、应收账款存在虚假记载

姐告宏宁通过上述虚构销售合同及现金流等手段，虚构与普某腊、凤某、张某梅之间的销售交易，合计12 000万元，该涉案交易不具有商业实质和真实性，依据《企业会计准则第14号——收入》（2018年1月1日起实施）第五条的规定，上述涉案交易中的收入不符合收入确认条件，不应予以确认。通过上述虚构的销售交易，东方金钰控制的姐告宏宁在2018年1—6月确认营业收入12 000万元，构成虚增营业收入。通过上述虚构的销售交易，东方金钰2018年3月形成应收账款7 720万元，虚增应收账款余额。

通过上述虚构的销售交易，东方金钰2018年半年度报告虚增营业收入12 000万元，虚增营业成本4 100万元，虚增应收账款7 720万元，虚增利润总额7 900万元，占2018年半年度报告利润总额的211.48%。

东方金钰在涉案定期报告确认上述收入，同时导致涉案定期报告虚增营业收入、营业成本、利润总额及应收账款。其中，2016年年度报告虚增营业收入14 169.09万元，虚增营业成本4 665万元，虚增利润总额9 504.09万元，占当年合并利润表利润总额的29.6%；2017年年度报告虚增营业收入29 487.1万元，虚增营业成本11 038.9万元，虚增利润总额18 448.20万元，占当年合并利润表利润总额的59.7%；2018年半年度报告虚增营业收入12 000万元，虚增营业成本4 100万元，虚增应收账款7 720万元，虚增利润总额7 900万元，占2018年半年度报告利润总额的211.48%。

三、大华所的主要问题

根据《中国证监会行政处罚决定书（大华所、李东坤、罗述芳）》，大华所存在以下违法事实：

（一）大华所在东方金钰2017年财务报表审计中未勤勉尽责，出具的2017年财务报表审计报告存在虚假记载

2017年，东方金钰利用其控制的姐告宏宁虚构与普某腊、保某、李某青、凤某、自某堵之间的销售交易，虚构与李某退、吴某龙、宝某明、董某先、蒋某东、杨某荣之间的采购交易，虚增营业收入29 487.1万元，虚增营业成本11 038.9万元。上述事项导致东方金钰2017年年度报告虚增利润总额18 448.2万元，占当年合并利润总额的59.7%。

大华所接受东方金钰委托，对其2017年财务报表进行审计，出具了标准无保留意见的审计报告，财务报表审计业务收入110万元。李东坤、罗述芳是东方金钰2017年财务报表审计报告的签字注册会计师。

（二）大华所的风险识别与评估程序不到位

姐告宏宁2017年利润总额为18 776.19万元，占东方金钰2017年合并报表利润总额30 880.39万元的60.80%，具有财务重大性。大华所的风险识别与评估程序存在如下缺陷：第一，大华所在东方金钰集团层面进行了简要的风险评估，但未对重要组成部分姐告宏宁进行充分的风险评估，未充分识别、评估由于舞弊或错误导致集团财务报表发生

重大错报的风险；第二，大华所在了解被审计单位及其环境时，未基于收入确认存在舞弊风险的假定，将相关收入、收入交易或认定评价为存在舞弊风险，也未记录“认为收入确认存在舞弊风险的假定不适用于业务的具体情况，从而未将收入确认作为由于舞弊导致的重大错报风险领域”的理由。

大华所的上述行为违反了《中国注册会计师审计准则第1141号——财务报表审计中与舞弊相关的责任》（2010年修订）第二十七条、第五十一条，《中国注册会计师审计准则第1401号——对集团财务报表审计的特殊考虑》（2010年修订）第三十条、第三十一条的规定。

（三）大华所的内部控制测试程序存在重大缺陷

1.大华所执行的内部控制测试程序不完整，未对重要组成部分姐告宏宁执行控制测试，部分工作底稿缺失

大华所执行的内部控制测试存在以下重大缺陷：第一，在成本核算与控制的控制测试中，仅执行了询问程序，获取的审计证据不充分；第二，在销售业务的控制测试中，仅针对客户及信用管理的相关控制点进行测试，订单录入、发货、记录应收账款、退换货、收款等流程的关键控制点未见测试记录；第三，在确定内部控制测试多业务单元范围时，未纳入重要组成部分姐告宏宁，控制测试中未包含姐告宏宁的采购、存货管理、销售等业务流程的内部控制；第四，穿行测试和控制测试相关审计工作底稿中记录了测试的程序、步骤、过程和结论等，并附有获取的资料清单，但审计工作底稿中未见上述资料原件或复印件。

大华所基于上述存在重大缺陷的内部控制测试，确认该公司内部控制运行有效，基于此设计并执行了实质性程序，最终出具了标准无保留意见的审计报告，其上述行为违反了《中国注册会计师审计准则第1211号——通过了解被审计单位及其环境识别和评估重大错报风险》（2010年修订）第三十五条，《中国注册会计师审计准则第1231号——针对评估的重大错报风险采取的应对措施》（2010年修订）第八条、第十条，《中国注册会计师审计准则第1401号——对集团财务报表审计的特殊考虑》（2010年修订）第三十八条、第三十九条，《中国注册会计师审计准则第1131号——审计工作底稿》（2016年修订）第三条、第八条的规定。

2.大华所未审慎对待控制测试中发现的内部控制执行缺陷，未对审计证据中可能显示内部控制无效的情况保持必要的职业怀疑

大华所未审慎对待内部控制的执行缺陷和可能显示内部控制无效的情况：第一，大华所在执行控制测试时发现客户信息维护和供应商维护存在执行缺陷，上述缺陷可能造成未经授权和审批的收入确认，但大华所得出的结论为“测试未发现偏差，控制运行有效”。第二，大华所在发现内部控制执行缺陷后，未保持必要的职业怀疑，未向治理层和管理层通报内部控制缺陷，也未审慎对待并修正风险评估结果，修改进一步审计程序的性质、时间安排和范围以应对可能由于舞弊导致的重大错报风险。第三，部分异常情况显示姐告宏宁的内部控制可能无效：一是姐告宏宁翡翠毛料、原料的采购入库单和销售出库单编号存在采用多种编码形式、未按照时间顺序连续编码等异常情况，显示与存货出入库相关的内部控制可能无效；二是部分审

计工作底稿中姐告宏宁的记账凭证记录的制证、复核、记账、会计主管均为张某科一人，显示与该公司财务报告相关的内部控制可能无效；三是在对营业收入执行细节测试时获取的相关记账凭证所附单据在报告期内未保持一致，显示与销售业务相关的内部控制可能未能一贯执行。大华所未对上述异常情况予以关注，未见评价“是否表明存在由于舞弊导致的重大错报风险”，也未见实施必要的审计程序以追踪异常情况的原因及影响。

大华所的上述行为违反了《中国注册会计师审计准则第1101号——注册会计师的总体目标和审计工作的基本要求》（2010年修订）第二十八条，《中国注册会计师审计准则第1211号——通过了解被审计单位及其环境识别和评估重大错报风险》（2010年修订）第三十四条，《中国注册会计师审计准则第1152号——向治理层和管理层通报内部控制缺陷》（2010年修订）第九条、第十条、第十一条，《中国注册会计师审计准则第1141号——财务报表审计中与舞弊相关的责任》（2010年修订）第二十四条、第二十五条的规定。

（四）大华所执行的与采购、销售、存货相关的实质性审计程序存在重大缺陷

1.大华所未对采购和销售业务的相关科目获取充分、适当的审计证据

（1）大华所未审慎核查并评价姐告宏宁与自然人客户之间发生大额翡翠原石交易的商业理由，未对代理交易保持必要的职业怀疑，未评价其是否表明存在舞弊风险并实施进一步审计程序。

姐告宏宁的销售业务存在毛利率高、客户均为自然人、单笔销售金额较大且单一客户销售占比较大、行业存在代理交易等特点。在上述背景下，大华所未对相关事项保持必要的职业怀疑，审慎评价获取的审计证据：第一，姐告宏宁2017年毛利率高达62.57%，具有重大性和异常性，大华所未充分分析、验证其合理性，亦未充分了解自然人客户的背景以评估客户购买翡翠原石的能力，进而分析交易是否存在合理的商业理由，如未核实除普某腊外的其他重要自然人客户与东方金钰是否存在关联方关系，未按照“针对审计工作底稿常见问题的自查”中的计划实施相关核查程序，即得出“核对一致”的自查结论；第二，大华所知悉翡翠原石交易存在代理交易的惯例，而未能保持必要的职业怀疑，未进一步核实姐告宏宁的销售交易是否存在代理交易的情况并评价此种交易安排的商业合理性，未实施相关程序核实相关交易是否存在真实交易对手方或存在虚构销售交易的舞弊可能；第三，大华所对主要客户普某腊进行了电话访谈，但普某腊的电话号码由姐告宏宁提供，且该号码与姐告宏宁提供的函证联系号码不一致，大华所未对该异常予以关注，也未采取有效措施核实其身份，未能发现上述号码均非普某腊本人的。

大华所的上述行为违反了《中国注册会计师审计准则第1101号——注册会计师的总体目标和审计工作的基本要求》（2010年修订）第二十八条，《中国注册会计师审计准则第1141号——财务报表审计中与舞弊相关的责任》（2010年修订）第二十五条、第三十三条，《中国注册会计师审计准则第1301号——审计证据》（2016年修订）第三条、第十条、第十一条的规定。

（2）大华所未对“应收账款”“预收账款”“应付账款”等科目的函证保持有效控

制，也未对营业收入的回函保持合理怀疑，未获取进一步审计证据消除函证回函可靠性的疑虑。

大华所函证程序存在以下重大瑕疵：第一，在发函前未核实被函证对象的身份、联系电话和地址，未发现部分供应商、客户的联系电话与姐告宏宁财务室、员工及关联方相关人员相同，询证函未送达函证对象等异常情况；第二，未关注回函联系信息与发函相关信息不一致的异常情况，如多份回函联系地址与发函地址不一致等；第三，在向六名自然人客户发函询证2017年营业收入时填列的交易金额错误，但回函的五名客户均确认了该金额，大华所未对回函确认错误销售额的异常情况保持合理怀疑，未结合函证控制情况审慎评价询证函回函的可靠性。

在函证程序存在上述重大瑕疵、审计证据可靠性存疑的情况下，大华所未获取充分、适当的审计证据，将与翡翠原石销售业务相关的重大错报风险降低至可接受的低水平：一是对姐告宏宁大幅超过重要性水平的销售收入执行其他细节测试依据不充分，审计工作底稿中未见相关凭证；二是审计工作底稿中未见对营业收入执行细节测试时应获取的客户签字的提货单、物流单等关键单据，也未见进一步调查或对上述缺失予以解释说明的审计工作底稿。

大华所的上述行为不符合《中国注册会计师审计准则第1101号——注册会计师的总体目标和审计工作的基本要求》（2010年修订）第二十八条，《中国注册会计师审计准则第1301号——审计证据》（2016年修订）第十条、第十一条、第十五条，《中国注册会计师审计准则第1141号——财务报表审计中与舞弊相关的责任》（2010年修订）第二十五条，《中国注册会计师审计准则第1312号——函证》（2010年修订）第十四条、第十七条、第十八条、第二十三条，《中国注册会计师审计准则第1131号——审计工作底稿》（2016年修订）第三条、第八条的规定。

2.大华所对存货执行的实质性程序不到位，未对存货的存在及计价和分摊认定获取充分、适当的审计证据

大华所对姐告宏宁存货执行的审计程序存在以下缺陷：第一，存货存在认定的证据不充分。审计工作底稿中的库存盘点表列示了翡翠毛料、原料的数量、重量、单价和金额，上述翡翠毛料、原料的单价均较大且具有唯一性，但大华所仅对其中的部分翡翠毛料、原料进行拍照存档，未获取充分的证据确定上述存货的存在。第二，存货的计价和分摊认定的证据可靠性不足。大华所聘请专家为姐告宏宁的存货出具价值认定报告，但存在上述估值报告未覆盖所有翡翠毛料、原料，部分估值报告缺少价值、重量等关键要素，部分估值报告上的估值与账面金额不一致等异常情况，大华所仍以此作为判断翡翠毛料、原料价值的依据，确认了翡翠毛料、原料的账面价值。

大华所的上述行为违反了《中国注册会计师审计准则第1101号——注册会计师的总体目标和审计工作的基本要求》（2010年修订）第二十八条，《中国注册会计师审计准则第1311号——对存货、诉讼和索赔、分部信息等特定项目获取审计证据的具体考虑》（2010年修订）第三条，《中国注册会计师审计准则第1301号——审计证据》（2016年修订）第十条、第十一条、第十五条，《中国注册会计师审计准则第1421号——利用专家的工作》（2010年修订）第十三条、第十四条的规定。

（五）大华所接受委托前未与前任注册会计师进行必要的沟通，未就期初余额获取充分、适当的审计证据

东方金钰2017年财务报表审计项目是大华所首次接受委托的审计项目，但大华所未将与前任注册会计师的沟通情况记录于审计工作底稿中，也未见其对沟通过程进行评价以确定是否接受委托的记录。

同时，大华所未就期初余额获取充分、适当的审计证据。在包含期初往来的函证存在缺陷、与存货相关的审计程序不到位等情况下，大华所未获取充分、适当的审计证据以确定期初余额是否包含对本期财务报表产生重大影响的错报。

大华所的上述行为违反了《中国注册会计师审计准则第1153号——前任注册会计师与后任注册会计师的沟通》（2010年修订）第七条、第十八条，《中国注册会计师审计准则第1331号——首次审计业务涉及的期初余额》（2010年修订）第八条的规定。

四、案例总结和思考

东方金钰是一家主营珠宝首饰的上市公司，曾经是A股市场的“明星股”，但自2019年1月以来，该公司因涉嫌信息披露违法违规，被中国证监会立案调查。2020年4月，中国证监会公布了对该公司的调查结果，指出该公司存在多项财务造假行为，包括虚增收入、虚增利润、虚增资产、虚增现金流量、隐瞒关联方交易等。中国证监会对该公司及其相关责任人员进行了严厉的行政处罚和市场禁入，同时，也对该公司的审计机构大华所及其两名注册会计师李东坤和罗述芳进行了处罚。

根据中国证监会的行政处罚决定书，大华所对东方金钰2017年财务报表的审计工作未按审计准则的规定获取充分、适当的审计证据作为形成审计意见的基础，存在以下主要问题：未对东方金钰的主要收入来源珠宝首饰销售执行有效的审计程序，未对销售收入的真实性、完整性、准确性、时效性等进行充分的验证，未发现该公司虚增收入的违法行为；未对东方金钰的存货执行有效的审计程序，未对存货的数量、价值、完好性、权属等进行充分的验证，未发现该公司虚增存货的违法行为；未对东方金钰的现金及银行存款执行有效的审计程序，未对现金的存在性、权属性、可支配性等进行充分的验证，未发现该公司虚增现金的违法行为；未对东方金钰的关联方交易执行有效的审计程序，未对关联方的身份、关联性，以及交易的真实性、公允性等进行充分的验证，未发现该公司隐瞒关联方交易的违法行为。

从本案例中，我们可以得到以下几点启示：

审计机构应该严格遵守审计准则，执行有效的审计程序，获取充分、适当的审计证据，形成合理的审计意见，不能为了迎合客户或者获取利益而降低审计质量，否则会损害自身的信誉和公众对审计机构的信任。

审计机构应该保持独立性，避免与被审计单位发生利益冲突或者利益输送，不能为了维护客户关系而牺牲审计原则，否则会违背职业道德和法律规定。

审计机构应该加强内部管理和监督，建立健全质量控制体系，对审计项目进行合理的分配和监督，对审计人员进行培训和考核，对审计工作进行充分的复核和评价，对审计风险进行及时的识别和应对，否则会导致工作失误并被追究责任。

审计机构应该履行社会责任，积极配合监管部门的监督和检查，及时发现和报告被审计单位的违法违规行为，保护投资者和公众的利益，促进资本市场的健康发展，否则就要承担法律责任。

五、分析与讨论

1.东方金钰的财务造假行为违反了哪些会计准则和信息披露规定？请举例说明。

2.东方金钰的财务造假行为有哪些内部控制缺陷和风险指标？请列举并分析。

3.东方金钰的审计师在审计过程中应该执行哪些审计程序和获取哪些审计证据，以检验翡翠原石采购与销售业务的真实性和合理性？请具体说明。

4.东方金钰的审计师在审计过程中存在哪些缺乏专业怀疑态度和专业判断能力的表现？请举例说明，并提出改进措施。

5.东方金钰的审计师在审计过程中是否存在违反职业道德和独立性的行为？如果有，请举例说明，并提出纠正措施。

六、参考文献

[1] 叶钦华，叶凡，黄世忠. 收入舞弊的识别与应对——基于东方金钰交易造假的案例分析 [J]. 财务与会计，2021（15）.

[2] 中国证券监督管理委员会. 中国证监会行政处罚决定书（东方金钰股份有限公司、赵宁等20名责任人员）〔2020〕62号 [R/OL].（2020-09-09）[2022-12-31]. http://www.csrc.gov.cn/csrc/c101928/c1416762/content.shtml.

[3] 中国证券监督管理委员会. 中国证监会行政处罚决定书（大华所、李东坤、罗述芳）〔2022〕32号 [R/OL].（2020-06-30）[2022-12-01]. http://www.csrc.gov.cn/csrc/c101928/c5618103/content.shtml.

[4] 中国注册会计师协会. 中国注册会计师执业准则（2017）[M]. 北京：中国财政经济出版社，2017.

[5] 中国注册会计师协会. 中国注册会计师执业准则应用指南（2017）[M]. 北京：中国财政经济出版社，2017.

案例说明书

一、本案例要解决的关键问题

1.理解和掌握风险评估、内部控制、审计证据、勤勉尽责等重要概念；

2.理解和掌握虚构销售与采购交易等重要实务问题；

3.理解和掌握虚假记载营业收入、营业成本、利润总额等重要实务问题。

二、案例讨论的准备工作

（一）理论背景

注册会计师审计的基本理论与实务知识。

（二）行业背景

东方金钰是一家以翡翠原石开采、加工、销售为主营业务的上市公司，成立于2002年，2012年在上海证券交易所上市。该公司拥有缅甸的翡翠采矿权，是国内最大的翡翠原石供应商之一，也是国内最大的翡翠原石拍卖商之一，拥有自己的翡翠品牌“东方金钰”。

珠宝行业是一个高度依赖品牌、信誉和渠道的行业，也是一个高度不透明、不规范和风险较高的行业。珠宝行业的特点决定了其财务数据的可靠性和真实性难以保证，容易出现虚假交易、虚增收入、虚增存货、虚增利润等财务造假行为。珠宝行业的财务造假不仅损害了投资者的利益，也损害了行业的信誉和发展。

东方金钰的财务造假就是利用珠宝行业的特殊性，通过虚构翡翠原石的购销业务，操纵19个银行账户，伪造合同、发票、函证等，虚增营业收入和利润，达到完成业绩指标和圈钱的目的。东方金钰的财务造假持续了两年多，涉及金额高达数亿元，主观恶意明显，造成了严重的社会影响。

东方金钰的财务造假也暴露了审计机构的失职和失责。东方金钰的审计机构是大信会计师事务所和大华所，两家审计机构都未能发现和报告东方金钰的财务造假，甚至还出具了无保留意见的审计报告，误导了投资者和监管部门。两家审计机构的审计程序和审计证据都存在严重的缺陷和不足，没有履行好审计机构的社会责任。

（三）制度背景

《证券法》《中国注册会计师审计准则》《企业会计准则》。

三、教学组织方式

（一）问题清单及提问顺序

1.本案例中，东方金钰主要涉及哪些财务造假行为？

2.本案例中，大华所在审计中有哪些违规行为？

3.在审计实务中，对销售、采购、关联方交易等业务需要重点关注哪些事项？

4.从中国证监会对东方金钰及大华所的处罚中，我们能够得到哪些启示？

（二）课时分配

1.课前完成案例阅读和初步思考：约3小时。

2.小组讨论并提交分析报告提纲：约3小时。

3.课堂小组代表发言，主题讨论：约3小时。

4.进行归纳总结：约0.5小时。

（三）讨论方式

本案例可以采用小组形式进行讨论。

（四）课堂讨论总结

课堂讨论总结的关键是：归纳、评价发言小组的主要观点；重申重点及亮点；提醒学生对关键问题或有争议的观点进行进一步思考和讨论；鼓励学生发散思维，对案例素材进行扩展研究和深入分析。

案例15　信永中和审计乐视网案例

案例正文

专业领域/方向

审计学

适用课程

审计理论与实务

编写目的

1.通过分析乐视网及相关责任人员的财务造假行为，揭示财务造假的动机、手段、后果和风险，提高学生的诚信意识和防范能力。

2.通过分析信永中和及相关责任人员的审计违规行为，探讨审计机构和审计人员的职责、义务、标准和规范，提高学生的专业素养和责任意识。

3.通过分析中国证监会对乐视网、信永中和及相关责任人员的行政处罚决定，了解我国证券市场的法律制度和监管措施，提高学生的法律意识和遵规意识。

知识点

关联方交易、担保、借款、无形资产、研发费用、非公开发行股票

关键词

中国证监会、信永中和、乐视网、行政处罚

案例摘要

乐视网因2007—2016年连续10年财务造假，被中国证监会作出行政处罚，其中对乐视网合计罚款2.4亿余元、对实际控制人贾跃亭罚款2.41亿余元。乐视网的审计机构信永中和及其注册会计师常晓波、白西敏也因未勤勉尽责，导致其未发现乐视网的虚假记载，被中国证监会责令改正，没收业务收入1 509 434元，并处以3 018 868元罚款。本案例反映了上市公司及其审计机构在信息披露方面的重大违法行为，暴露了上市公司治理结构、内部控制制度、关联方交易管理等方面的严重缺陷，以及审计机构在保障信息真实性、完整性、准确性方面的重要责任。本案例也显示了中国证监会对于上市公司及其审计机构的严厉监管态度和高压惩戒力度，体现了维护市场秩序和保护投资者

合法权益的决心。

一、引言

乐视网是一家从事互联网视频业务的上市公司，其创始人兼实际控制人是贾跃亭。根据中国证监会的调查，乐视网在2010—2016年期间，通过虚构业务收入、伪造合同、未披露关联方交易等手段，对外披露了虚假的财务报表，涉嫌信息披露违法违规。信永中和是乐视网的审计机构，其执业注册会计师常晓波、白西敏分别担任了乐视网2015年度和2016年度审计项目负责人。根据中国证监会的调查，信永中和及其执业注册会计师在对乐视网进行审计时，未按照规定执行审计程序，未能发现并揭示乐视网存在的重大财务造假问题，严重违反了《中华人民共和国注册会计师法》等法律法规。本案例揭示了财务造假的特征、动机和后果，以及审计机构和审计人员应该履行的职责和义务。

二、乐视网的违法事实

根据《中国证监会行政处罚决定书（乐视网、贾跃亭等15名责任主体）》（〔2021〕16号）披露的信息，乐视网涉及的主要违法事实如下：

（一）乐视网于2007—2016年财务造假，其报送、披露的申请首次公开发行股票并上市（IPO）相关文件及2010—2016年年报存在虚假记载

经查，乐视网2007年虚增收入939.95万元，虚增利润870.23万元（虚增利润占当期披露利润总额的59.27%）；2008年虚增收入4 615.52万元，虚增利润4 308.25万元（虚增利润占当期披露利润总额的136.00%）；2009年虚增收入9 375.76万元，虚增利润8 883.18万元（虚增利润占当期披露利润总额的186.22%）；2010年虚增收入9 961.80万元，虚增利润9 443.42万元（虚增利润占当期披露利润总额的126.19%）；2011年虚增收入6 937.65万元，虚增利润6 529.13万元（虚增利润占当期披露利润总额的39.75%）；2012年虚增收入8 965.33万元，虚增利润8 445.10万元（虚增利润占当期披露利润总额的37.04%）；2013年虚增收入19 998.17万元，虚增利润19 339.69万元（虚增利润占当期披露利润总额的78.49%）；2014年虚增收入35 194.19万元，虚增成本590.38万元，虚增利润34 270.38万元（虚增利润占当期披露利润总额的470.11%）；2015年虚增收入39 922.39万元，虚减成本943.40万元，虚增利润38 295.18万元（虚增利润占当期披露利润总额的516.32%）；2016年虚增收入51 247.00万元，虚增成本3 085.15万元，虚增利润43 276.33万元（虚增利润占当期披露利润总额的-131.66%）。具体情况如下：

1. 首次发行阶段，乐视网通过虚构业务及虚假回款等方式虚增业绩，以满足上市发行条件，并持续到上市后

（1）通过贾跃亭实际控制的公司虚构业务，并通过贾跃亭控制的银行账户构建虚假资金循环的方式虚增业绩。具体如下：

2007年，乐视网通过北京亿融通投资咨询有限公司虚构业务、虚构资金循环，虚增业务收入279.15万元，相应虚增利润263.80万元。2007年、2008年和2009年，乐视网通过北京通联信达科技有限公司虚构业务、虚构资金循环，分别虚增业务收入660.80

万元、606.50万元和3.99万元，相应虚增利润624.46万元、573.14万元和3.77万元。2008年和2009年，乐视网通过网联万盟科技有限公司虚构业务、虚构资金循环，分别虚增业务收入568万元和115.66万元，相应虚增利润536.76万元和109.30万元。2009年和2010年，乐视网通过天津世通天宇科技有限公司虚构业务、虚构资金循环，分别虚增业务收入1 046.89万元和1 228.14万元，相应虚增利润989.31万元和1 160.59万元。2008年和2009年，乐视网通过南京新墨客科技有限公司虚构业务、虚构资金循环，分别虚增业务收入186万元和447.37万元，相应虚增利润175.77万元和422.76万元。上述公司均为贾跃亭实际控制的公司。

（2）通过虚构与第三方公司业务，并通过贾跃亭控制的银行账户构建虚假资金循环的方式虚增业绩。具体如下：

2008—2012年，乐视网通过虚构与北京新锐力广告有限公司业务并虚构资金循环，分别虚增收入706万元、1 810.85万元、2 754.66万元、1 286.10万元、95万元，相应虚增利润667.17万元、1 711.26万元、2 603.16万元、1 215.36万元、89.78万元。2008年和2009年，乐视网通过虚构与北京中视龙圣广告有限公司业务并虚构资金循环，分别虚增收入535.70万元和324.54万元，相应虚增利润506.23万元和306.69万元。2009年，乐视网通过虚构与北京激活广告传媒有限公司业务并虚构资金循环，虚增收入657.69万元，相应虚增利润621.52万元。2009—2015年，通过虚构与北京春秋天成广告有限公司业务并虚构资金循环，分别虚增收入518.60万元、1 401万元、2 131万元、1 890万元、4 304.64万元、1 961.58万元和306.60万元，相应虚增利润490.08万元、1 323.94万元、2 013.80万元、1 786.05万元、4 304.64万元、1 961.58万元和306.60万元。

（3）在与客户的真实业务往来中，通过冒充回款等方式虚增业绩。具体如下：

2008—2016年，乐视网在与联动优势科技有限公司的业务往来中，通过冒充客户回款方式，分别虚增收入141.62万元、750.09万元、1 509.87万元、1 534.42万元、370.29万元、-88.64万元、-325.64万元、16.80万元、-23.70万元，合计3 885.10万元；相应虚增利润133.83万元、708.84万元、1 426.83万元、1 450.02万元、349.93万元、-83.77万元、-307.73万元、16.80万元、-23.70万元，合计3 865.93万元。2008—2013年，乐视网在与中国联合网络通信集团有限公司的业务往来中，通过冒充客户回款方式，分别虚增收入1 871.33万元、3 700.07万元、2 010.37万元、1 569.25万元、1 589.13万元、-361.03万元，合计10 377.07万元；相应虚增利润1 768.76万元、3 496.57万元、1 899.80万元、1 482.95万元、1 501.73万元、-341.18万元，合计9 806.33万元。

2.2010年乐视网上市后财务造假情况

2010年乐视网上市后，除利用自有资金循环和串通“走账”虚构业务收入外，还通过伪造合同、以未实际执行框架合同或单边确认互换合同方式继续虚增业绩。

（1）虚构广告业务确认收入，在没有资金回款的情况下，应收账款长期挂账，虚增业务收入和利润。具体如下：

2014年和2015年，乐视网通过上海久尚广告传播有限公司虚构业务、应收账款长期挂账，分别虚增收入943.40万元、943.40万元，相应虚增利润943.40万元、943.40万元。2015年，乐视网通过北京灵集科技有限公司虚构业务、应收账款长期挂账，虚增收入2 689.53万元，相应虚增利润2 689.53万元。2015年，乐视网通过上海睦集网络科技有限公司虚构业务、应收账款长期挂账，虚增收入2 688.68万元，相应虚增利润2 688.68万元。2015年和2016年，乐视网通过北京美度美秀电子商务有限公司虚构业务、应收账款长期挂账，分别虚增收入910.49万元、127.24万元，相应虚增利润910.49万元、127.24万元。2015年，乐视网通过上海河马文化科技股份有限公司虚构业务、应收账款长期挂账，虚增收入1 886.79万元，相应虚增利润1 886.79万元。2015—2016年，乐视网通过易美广告虚构业务、应收账款长期挂账，分别虚增收入5 849.06万元、242.45万元，相应虚增利润5 849.06万元、242.45万元。2013—2016年，乐视网通过北京德荣佳益广告有限公司虚构业务、应收账款长期挂账，分别虚增收入207.55万元、16.13万元、968.52万元、-85.83万元，相应虚增利润207.55万元、16.13万元、968.52万元、-85.83万元。2014年和2015年，乐视网通过北京学之途网络科技有限公司虚构业务、应收账款长期挂账，分别虚增收入972.19万元和-740.18万元，相应虚增利润972.19万元和-740.18万元。2016年，乐视网通过北京维旺明科技有限公司天津分公司虚构业务、应收账款长期挂账，虚增收入4 720.75万元，相应虚增利润4 720.75万元。

（2）虚构广告业务确认收入，在没有资金回款的情况下，后续通过无形资产冲抵全部或部分应收账款，相应虚计成本和利润。具体如下：

2015年、2016年，乐视网通过广州唯品会信息科技有限公司虚构业务，分别虚增收入2 638.93万元、186.10万元，相应虚增利润2 638.93万元、186.10万元。乐视网通过奥凯航空虚构业务，2014年虚增收入12.26万元、虚增成本13万元，2015年虚增收入4 490.57万元，相应地，2014年、2015年分别虚增利润-0.74万元、4 490.57万元。2015年，乐视网通过山水文园凯亚房地产开发有限公司虚构业务，虚增收入943.40万元，相应虚增利润943.40万元。

（3）继续通过虚构与第三方公司业务，通过贾跃亭控制的银行账户构建虚假资金循环的方式虚增业绩。具体如下：

2010年、2011年、2012年、2013年和2014年，乐视网通过虚构与广州绩鼎网络科技发展有限公司业务并虚构资金循环，分别虚增收入546.47万元、416.88万元、3 081.33万元、1 741.95万元和1 205.31万元，相应虚增利润516.41万元、393.95万元、2 911.86万元、1 646.14万元和1 205.31万元。2014年，乐视网通过虚构与北京中润无限科技有限公司业务并虚构资金循环，虚增收入1 389.44万元，相应虚增利润1 389.44万元。2010年、2012年和2013年，乐视网通过虚构与北京环宇移通科技发展有限公司业务并虚构资金循环，分别虚增收入511.30万元、1 939.57万元和592.68万元，相应虚增利润483.17万元、1 832.89万元和560.09万元。2013年和2014年，乐视网通过虚构与北京方园金盛科技有限公司业务并虚构资金循环，分别虚增收入3 011.52万元和3 585.08万元，相应虚增利润2 845.89万元和3 585.08万元。2013年和2014年，乐视网通过虚构与北京迈吉伙伴广告有限公司业务并虚构资金循环，分别虚增收入1 415.09万元和4 653.77万元，相应虚增利润1 415.09万元和4 653.77万元。2013年、2014年，乐视网通过虚构与圣于地（上海）广告有限公司业务并虚构资金循环，分别虚增收入

3 467.50万元、5 201.89万元，相应虚增利润3 467.50万元、5 201.89万元。2015年，乐视网通过虚构与北京联袂互动科技有限公司业务并虚构资金循环，虚增收入1 163.77万元，相应虚增利润1 163.77万元。2014年，乐视网通过虚构与山西慧聪意达广告有限公司业务并虚构资金循环，虚增收入4 682.55万元，相应虚增利润4 682.55万元。

（4）通过第三方公司虚构业务确认收入，同时通过贾跃亭控制的银行账户构建部分虚假资金循环和应收账款长期挂账方式虚增业绩。具体如下：

2016年，乐视网通过虚构与北京科联汇通科技有限公司业务、虚构部分资金循环和应收账款长期挂账，虚增收入5 518.87万元，相应虚增利润5 518.87万元。2015年、2016年，乐视网通过虚构与天津数集业务、虚构部分资金循环和应收账款长期挂账，分别虚增收入3 113.21万元、5 504.51万元，相应虚增利润3 113.21万元、5 504.51万元。2016年，乐视网通过虚构与北京数集科技有限公司业务、虚构部分资金循环和应收账款长期挂账，虚增收入4 905.66万元，相应虚增利润4 905.66万元。2016年，乐视网通过虚构与新疆数集信息科技有限公司业务、虚构部分资金循环和应收账款长期挂账，虚增收入4 622.64万元，相应虚增利润4 622.64万元。2016年，乐视网通过虚构与中荷德业务、虚构部分资金循环和应收账款长期挂账，虚增收入4 716.98万元，相应虚增利润4 716.98万元。2016年，乐视网通过虚构与懿利文化业务、虚构部分资金循环和应收账款长期挂账，虚增收入5 443.40万元，相应虚增利润5 443.40万元。2014年、2015年和2016年，乐视网通过虚构与北京瑞尔互动广告有限公司业务、虚构部分资金循环和应收账款长期挂账，分别虚增收入1 886.79万元、943.40万元和3 773.58万元，相应虚增利润1 886.79万元、943.40万元和3 773.58万元。2016年，乐视网通过虚构与鸿鑫元熙业务、虚构部分资金循环和应收账款长期挂账，虚增收入5 471.70万元，相应虚增利润5 471.70万元。2016年，乐视网通过虚构与北京博格创联信息技术有限公司业务、虚构部分资金循环和应收账款长期挂账，虚增收入5 603.77万元，相应虚增利润5 603.77万元。

（5）通过与客户签订并未实际执行的广告互换框架合同或虚构广告互换合同确认业务收入，虚增业绩。具体如下：

2014年、2015年，乐视网将与北京鼎诚文众广告有限公司签订的未执行互换框架合同确认收入，分别虚增收入377.36万元和2 547.17万元，相应虚增利润377.36万元和2 547.17万元。2015年，乐视网将与北京博思百川国际广告传媒有限公司签订的未执行互换框架合同确认收入，虚增收入2 641.51万元，相应虚增利润2 641.51万元。2014年、2015年，乐视网将与上海魔山广告传播有限公司签订的未执行互换框架合同确认收入，分别虚增收入1 264.15万元、1 122.64万元，相应虚增利润1 264.15万元、1 122.64万元。2014年，乐视网将与北京光华路五号传媒发展有限公司签订的未执行互换框架合同确认收入，虚增收入1 358.49万元，相应虚增利润1 358.49万元。2014年，乐视网将与上海宾谷网络科技有限公司签订的未执行互换框架合同确认收入，虚增收入1 415.09万元，相应虚增利润1 415.09万元。2014年，乐视网将与上海沃盟广告有限公司签订的互换框架合同未执行部分确认收入，虚增收入943.40万元，相应虚增利润943.40万元。2013年，乐视网将虚构的与北京航美影视文化有限公司（以下简称航美影视）的资源置换合同确认收入，虚增收入5 706.91万元，相应虚增利润5 706.91万元；2014年12月31日，乐视网虚构从航美影视购买广告资源，虚增销售费用2 964.17万元，相应虚减利润2 964.17万元；2016年7月31日，乐视网虚构从航美影视购买广告资源，虚增成本3 085.15万元，相应虚减利润3 085.15万元。2015年，乐视网将与上海悦会信息科技有限公司签订的未执行框架合同确认收入，虚增收入896.23万元，相应虚增利润896.23万元。2015年，乐视网将与广东南方新视界传媒科技有限公司签订的未执行框架合同确认收入，虚增收入1 132.08万元，相应虚增利润1 132.08万元。2014年、2015年和2016年，乐视网将与广州市柯圣广告有限公司签订的未执行框架合同确认收入，分别虚增收入905.66万元、2883.02万元和518.87万元，相应虚增利润905.66万元、2 883.02万元和518.87万元。

（6）利用广告互换合同，以只计收入或虚计收入但不计成本的方式虚增业绩。具体如下：

2014年，乐视网与上海第一财经传媒有限公司签订广告互换合作协议，实际执行，但乐视网虚计收入，同时未确认成本，虚增收入622.64万元，虚减成本754.72万元，相应虚增利润1 377.36万元。通过上述类似方式，乐视网通过与上海三众广告有限公司签订互换合同，2014年虚增收入566.04万元，虚减成本471.70万元，相应虚增利润1 037.74万元；2015年虚减收入566.04万元，相应虚减利润566.04万元。乐视网通过与上海高钧广告有限公司签订互换合同，2015年虚增收入452.83万元，虚减成本943.40万元，相应虚增利润1 396.23万元。乐视网通过与上海海泰广告传媒有限公司（之后业务承载主体变更为上海鸿狐文化传播有限公司）签订互换业务协议，2014年虚减成本1 132.08万元，相应虚增利润1 132.08万元。乐视网通过与广州锋网信息科技有限公司北京分公司和广州市太平洋广告有限公司北京分公司开展互换业务，2014年虚减成本1 556.60万元，相应虚增利润1 556.60万元。

（二）乐视网未按规定披露关联方交易

2017年4月17日，乐视网以“增资款”名义转给全资子公司重庆乐视小额贷款公司（以下简称乐视小贷）2.1亿元，乐视小贷收到上述2.1亿元后，立即以贷款名义分7笔每笔3 000万元将资金转给7家乐视网关联公司，上述7家公司收到资金后，当天便将资金全部转给乐视控股（北京）有限公司（以下简称乐视控股）。上述贷款构成关联方交易，根据《深圳证券交易所创业板股票上市规则》（2014年修订）第10.2.4条“交易金额在100万元以上，且占上市公司最近一期经审计净资产绝对值0.5%以上的关联方交易，应当经董事会审议后及时披露”的规定，上述事项是应当经乐视网董事会审议并及时披露的关联方交易事项，但乐视网未按规定及时披露，违反了《证券法》第六十三条，第六十七条第一款、第二款第十二项，以及《上市公司信息披露管理办法》第四十八条的规定，构成《证券法》第一百九十三条第一款所述的信息披露违法行为。乐视网时任董事长贾跃亭未勤勉尽责，是乐视网未披露关联方交易违法行为直接负责的主管人员；时任监事会主席吴孟代表7家关联方中的4家签字，知悉该关联方交易事项，未勤勉尽责，导致乐视网未披露上述关联方交易，是上述违法行为其他直接责任人员。

(三)乐视网未披露为乐视控股等公司提供担保事项

2016年2月，乐视网对乐视控股在乐视云计算机有限公司股权收购及担保合同项下的回购义务提供无限连带保证，担保金额为10亿元，至2019年可能承担的最大回购金额为17.5亿元，占最近一期（2014年）经审计净资产的29.92%（最大回购金额占比52.35%）。乐视致新电子科技（天津）有限公司（以下简称乐视致新）系乐视网2012—2017年并表子公司。2016年12月，乐视致新对其关联公司对外应付货款和存货采购共计5 208.37万美元提供担保，金额折合人民币3.47亿元，占乐视网最近一期（2015年）经审计净资产的9.10%。2015年4月、2016年4月乐视网对乐视体育文化发展有限公司A+轮、B轮融资的投资者承担回购义务，分别涉及回购金额10.2亿元和103.95亿元，分别占最近一期（2014年、2015年）经审计净资产的30%和272.48%。

根据《深圳证券交易所创业板股票上市规则》(2014年修订）第9.11条“上市公司发生本规则9.1条规定的‘提供担保’事项时，应当经董事会审议后及时对外披露”以及“属于下列情形之一的，还应当在董事会审议通过后提交股东大会审议:（一）单笔担保额超过公司最近一期经审计净资产10%的担保……（六）对股东、实际控制人及其关联人提供的担保”的规定，上述三项均属应及时披露的事项，但乐视网未按规定及时披露，也未在2016年年报中披露，违反了《证券法》第六十三条，第六十七条第一款、第二款第十二项，以及《上市公司信息披露管理办法》第三十条第二款第十七项的规定，构成《证券法》第一百九十三条第一款所述的信息披露违法行为。时任董事长贾跃亭参与上述对外担保有关事项，未勤勉尽责，是乐视网未披露对外担保事项违法行为直接负责的主管人员；时任董事会秘书赵凯直接参与对外担保有关事项，并负责该公司信息披露工作，未勤勉尽责，导致乐视网未及时披露上述担保事项，为其他直接责任人员。

(四)乐视网未如实披露贾某芳、贾跃亭向上市公司履行借款承诺的情况

1.贾某芳减持及履行借款承诺情况

2014年12月6日，乐视网发布《关于股东向公司提供借款的计划》(公告编号2014-061)，贾某芳（贾跃亭姐姐）向乐视网出具承诺函，计划在未来一个月内，通过协议转让或者大宗交易集中转让的方式处置所持有的乐视网股票，所得全部借给乐视网作为营运资金使用。该笔借款将用于乐视网日常经营，乐视网可在规定期限内根据流动资金需要提取使用，借款期限将不低于60个月，免收利息。2014年12月11日，乐视网发布《关于股东向公司提供借款暨关联交易的公告》(公告编号2014-119)，与贾某芳签署第一份借款协议，借款金额不少于1.78亿元，借款期限不低于60个月，免收利息，用于补充乐视网营运资金。2015年2月2日，乐视网发布《关于股东向公司提供借款暨关联交易的公告》(公告编号2015-006)，与贾某芳签署第二份借款协议，借款金额不少于15亿元，借款期限不低于60个月，免收利息，用于补充乐视网营运资金。乐视网将上述事项列为上市公司股东承诺事项，并在2014年年报中披露了从贾某芳处借入资金10.16亿元。

2014年12月6日起，贾某芳减持16.09亿元，并从华泰证券转出减持资金13.58亿元，其中5.36亿元转给乐视网。根据乐视网接收借款的银行账户资料及乐视网还款审批

单，自2014年9月30日至2017年5月10日，乐视网从贾某芳处借款发生额共计80.20亿元。但贾某芳在向乐视网借款期间频繁抽回借款。自2014年10月31日至2017年5月10日，乐视网共偿还贾某芳借款56笔，累计发生还款80.20亿元，其中可查到的付款审批单39份，该39份审批单中仅有23份审批单在“董事长”处有签名，且均为贾跃亭授权时任乐视控股某工作人员签署。相关还款未经股东大会审议。

2.贾跃亭减持及履行借款承诺情况

贾跃亭于2015年分两次减持乐视网股票，减持前贾跃亭持有818 084 729股，占总股本的44.21%。

2015年5月26日，乐视网发布《关于控股股东、实际控制人股份减持计划的公告》（公告编号2015-048），实际控制人贾跃亭在公告中称，计划在未来6个月内（2015年5月29日至2015年11月28日），部分减持自己所持有的乐视网股票，并承诺将其所得全部借给该公司作为营运资金使用，乐视网可在规定期限内根据流动资金需要提取使用，借款期限将不低于60个月，免收利息。

2015年6月23日，乐视网发布《乐视网信息技术（北京）股份有限公司第二届董事会第五十六次会议决议公告》（公告编号2015-061），“近日，公司将与贾跃亭先生签署第一笔资金的借款协议，借款金额不少于25亿元，借款期限将不低于10年（120个月），免收利息，用于补充公司营运资金。借款到期后，公司将有权根据自身经营状况自主决定续借或者偿还，所涉关联方交易也必须经董事会与股东会审议，届时贾跃亭先生将回避对应关联的表决，如若续借此笔资金，仍将免收利息。后续减持所得资金借款，相关条款将与本次保持一致”。

2015年7月28日，乐视网发布《维护公司股价稳定的公告》（公告编号2015-082），指出乐视网响应中国证监会《关于上市公司股东及董事、监事、高级管理人员增持本公司股票相关事项的通知》文件精神，针对当前资本市场的非理性波动，为维护资本市场的健康稳定发展，保护全体投资者的利益，同时基于对本公司未来发展的信心以及对目前股票价值的合理判断，支持本公司未来持续稳定发展，本公司积极采取措施，对于近期减持所得资金借予上市公司事项，贾跃亭先生追加承诺如下：第一，已经减持所得资金将全部借予上市公司使用，上市公司还款后，还款所得资金贾跃亭先生将自收到还款之日起6个月内全部用于增持乐视网股份。第二，贾跃亭先生届时增持同样数量股份时，若增持均价低于减持均价，则减持所得款项与增持总金额的差额将无偿赠予上市公司。在减持之日至增持之日期间内发生派息、送股、资本公积金转增股本等除权除息事项，所减持股票的价格与数量将相应进行调整。按照该公告，贾跃亭将减持资金借予上市公司系乐视网在2015年股市异常波动中稳定股价的重要举措之一。

2015年7月28日，乐视网发布《关于承诺事项履行情况专项披露的公告》（公告编号2015-083），指出贾跃亭与本公司签署的不少于25亿元的借款协议正在持续履行中，承诺人严格履行承诺，未发生违反承诺的情形；同时指出贾跃亭具备履约能力，将按照承诺根据上市公司资金需求进行减持，减持资金长期借予上市公司无偿使用；也提示了贾跃亭不履行承诺的风险及对贾跃亭不能履约时的制约措施。

2015年10月30日，乐视网发布《简式权益变动报告书（鑫根基金）》与《关于承诺事项专项披露的公告》(公告编号2015-111),贾跃亭以股份转让方式转让1亿股给深圳市鑫根下一代颠覆性技术并购基金壹号投资合伙企业(有限合伙),占该公司当时总股本的5.39%,转让金额为32亿元,转让所得金额全部无息借予上市公司使用,借款期限将不低于60个月。

乐视网2015年年报、2016年年报将减持资金借予上市公司的承诺履行情况进行了披露,称贾跃亭在报告期遵守了所做的借款承诺。

经查,2015年6月1日至2015年6月3日,贾跃亭通过华泰证券账户大宗交易方式累计减持35 240 300股,占该公司当时总股本的1.9042%;减持金额总计约25亿元,扣除应缴税费后约22.4亿元。上述资金随后转入其他账户,贾跃亭此次减持资金并未借予上市公司使用。2015年10月,贾跃亭收到第二次转让款后立即将税后所得26亿元转给乐视网,随后在短期内通过复杂划转将大部分资金分批转到贾跃亭、贾某芳、贾跃民、乐视控股等非上市公司体系银行账户。梳理资金流向后,贾跃亭此次减持资金26亿元仅有6.3亿元留在了乐视网,其余去向贾跃亭控制的账户。

自2015年6月15日至2017年5月10日,乐视网从贾跃亭处发生多次借款,但均被频繁抽回,并未履行其承诺。自2015年6月15日至2016年11月15日(2016年11月15日之后,贾跃亭未向乐视网继续提供借款),乐视网从贾跃亭处借款发生额共计113.44亿元。自2015年6月29日至2017年5月10日,乐视网共偿还贾跃亭借款46笔,累计发生还款113.44亿元,其中可查到的付款审批单40份,有6笔共计22亿余元付款未找到审批单。查到的40份审批单中,仅有26份审批单在"董事长"处有签名,且仅有3份为贾跃亭签署,其余23份均为贾跃亭授权乐视控股某工作人员签署。所有还款均未按照乐视网2015-061、2015-083、2015-111公告披露的经股东大会审议。

2017年9月20日,乐视网向贾跃亭出具了《关于提醒并要求贾跃亭先生继续履行借款承诺的函》;2017年10月26日,乐视网分别向贾某芳、贾跃亭出具了《关于再次提醒并要求贾某芳女士继续履行借款承诺的函》《关于再次提醒并要求贾跃亭先生继续履行借款承诺的函》。相关函件均要求贾跃亭、贾某芳履行借款承诺,但二人均没有继续履行承诺并于2017年11月9日分别向乐视网出具《关于本人无息借款与上市公司承诺事项的回函》,二人均称"因2016年下半年,公司出现资金危机,至2017年上半年,资金危机持续加重,本人已将减持所得资金全部用于乐视公司业务发展及其所涉及的债务偿付等,目前已无力继续履行无息借款与上市公司的承诺"。

综上,贾跃亭仅短暂将部分减持资金借给上市公司使用,就抽回相关借款,违背减持及借款承诺。乐视网发布的《关于承诺事项履行情况专项披露的公告》(2015-083)及2015年年报、2016年年报中披露的承诺事项履行情况与实际不符,存在虚假记载;贾某芳实际履行承诺情况未在2015年年报、2016年年报的"公司实际控制人、股东、关联方、收购人以及公司等承诺相关方在报告期内履行完毕及截至报告期末尚未履行完毕的承诺事项"项下披露,存在重大遗漏。上述行为违反了《证券法》第六十三条的规定,构成《证券法》第一百九十三条第一款所述的信息披露违法行为。时任董事长贾跃亭违反承诺,直接指使相关人员抽回自己及贾某芳借款,未勤勉尽责,是乐视网相关披露文件存在虚假记载、重大遗漏违法行为直接负责的主管人员。贾跃亭作为乐视网实际控制人，指使相关人员从事上述违法行为，构成《证券法》第一百九十三条第三款所述的违法行为。

（五）乐视网2016年非公开发行股票行为构成欺诈发行

2015年5月25日，乐视网召开第二届董事会第五十二次会议，审议通过乐视网非公开发行股票议案。2015年8月31日，乐视网召开第二届董事会第六十三次会议，审议通过乐视网非公开发行股票的调整事项。2015年9月23日，乐视网非公开发行股票申请经中国证监会发行审核委员会审核，并获无条件通过。2016年5月19日，中国证监会出具《关于核准乐视网信息技术（北京）股份有限公司非公开发行股票的批复》（证监许可〔2016〕1089号）。2016年5月25日，乐视网召开第三届董事会第二十一次会议，审议通过延长乐视网非公开发行股票股东大会决议有效期的议案。2016年8月8日，乐视网非公开发行股票上市。乐视网本次非公开发行新股10 664.30万股，募集资金47.99亿元，申报披露的“三年一期”财务数据期间为2012—2014年及2015年1—6月。根据前述关于乐视网财务造假的事实，乐视网不符合发行条件，以欺骗手段骗取了发行核准。

乐视网上述行为违反了《证券法》第十三条、第二十条，《上市公司证券发行管理办法》第三十九条第一项的规定，构成《证券法》第一百八十九条第一款所述的欺诈发行违法行为。

三、信永中和的违法事实

根据《中国证监会行政处罚决定书（信永中和会计师事务所、常晓波、白西敏）》，中国证监会对信永中和在乐视网2015年、2016年年报审计业务中未勤勉尽责一案进行了立案调查、审理。

（一）信永中和为乐视网提供审计服务情况

经中国证监会另案查明，乐视网2007—2016年连续10年虚增业绩，其中2015年、2016年分别虚增利润总额38 295.18万元、43 276.33万元。信永中和为乐视网2015年、2016年年度财务报表提供审计服务，分别出具了无保留意见及带强调事项无保留意见的审计报告（强调事项与销售收入及利润无关），审计报告的签字注册会计师均为常晓波、白西敏，各年度审计服务费均为754 717元，共计收取1 509 434元。

（二）信永中和在对乐视网2015年年度财务报表进行审计时，未勤勉尽责，出具的审计报告存在虚假记载

注册会计师在进行风险评估时，认定乐视网客户管理层、股东、关键管理人存在舞弊风险，该风险与该公司所有内部控制相关、与财务报表整体广泛相关、与报表中所有科目相关，是仅通过实质性程序无法应对的重大错报风险；认定“收入的真实性及收入确认时点是否正确的风险”跟销售与收款循环内部控制相关，与财务报表整体广泛相关，与营业收入、成本的真实性、完整性及相关科目的准确性相关。

1.未对广告业务“销售与收款循环”内部控制中的重要环节进行穿行测试

乐视网广告业务内部控制流程有“对账与调节”环节，应收账款主管每月复核与客户的对账报告，即向客户寄发的对账单是否均已收回，客户回复金额是否与明细账记录金额一致；如有差异，差异原因是否已经调查，是否需要调整会计记录。注册会计师未对这一重要环节进行穿行测试。

2.未执行控制测试

注册会计师未选取样本对广告业务“销售与收款循环”内部控制有效性进行测试，却得出“内控有效”的审计结论。

3.IT审计测试——方舟系统的审计结论缺少证据支持

注册会计师通过访谈了解了乐视网广告业务系统——方舟系统的基本情况，认为广告业务较为人工控制，要求提取奥凯航空、易美广告等5家公司广告投放量、排期等系统数据。注册会计师在审计工作底稿中记载：“五家公司投放量、排期等系统数据提取尚未提供，无样本”，注册会计师也未进行穿行测试、控制测试，却得出“未发现异常”的审计结论。

4.未对广告业务收入设计有针对性的审计程序

2015年，乐视网广告业务收入为263 367.78万元，占当期营业收入的20.23%，较2014年广告业务收入增长67.53%。注册会计师在进行风险评估时，认定乐视网客户管理层、股东、关键管理人存在舞弊风险，认定销售收入存在舞弊风险。

在此情况下，针对广告业务收入的重大错报风险，注册会计师在“重大错报风险及特别风险的应对措施”中仅设计了两个审计程序：第一，将本期收入与上期收入对比，关注波动大的产品；第二，合同排期是否与广告业务系统排期一致，收入金额是否与合同金额一致。注册会计师未结合乐视网广告业务特点以及上述风险评估情况设计有针对性的审计程序。

综上，信永中和的上述行为违反了《中国注册会计师审计准则第1211号——通过了解被审计单位及其环境识别和评估重大错报风险》第十六条“在了解与审计相关的控制时，注册会计师应当综合运用询问被审计单位内部人员和其他程序，以评价这些控制的设计并确定其是否得到执行”，《中国注册会计师审计准则第1231号——针对评估的重大错报风险采取的应对措施》第八条“当存在下列情形之一时，注册会计师应当设计和实施控制测试，针对相关控制运行的有效性，获取充分、适当的审计证据：（一）在评估认定层次重大错报风险时，预期控制的运行是有效的（即在确定实质性程序的性质、时间安排和范围时，注册会计师拟信赖控制运行的有效性）；（二）仅实施实质性程序并不能够提供认定层次充分、适当的审计证据”，《中国注册会计师审计准则第1301号——审计证据》第十条“注册会计师应当根据具体情况设计和实施恰当的审计程序，以获取充分、适当的审计证据”，《中国注册会计师审计准则第1141号——财务报表审计中与舞弊相关的责任》第三十一条“按照《中国注册会计师审计准则第1231号——针对评估的重大错报风险采取的应对措施》的规定，注册会计师应当设计和实施进一步审计程序，审计程序的性质、时间安排和范围应当能够应对评估的由于舞弊导致的认定层次的重大错报风险”的规定。

5.未有效执行应收账款函证替代程序

注册会计师对乐视网92家客户应收账款进行函证，36家客户回函，回函金额占期末应收账款余额的17.87%；56家客户未回函。注册会计师未对全部未回函客户进行替代测试，仅选取了36家未回函客户执行了替代测试程序。

在执行函证替代测试程序的客户中，注册会计师仅获取了应收账款明细表或乐视网广告业务系统部分销售订单，或前述二者，未获取其他相关、可靠的审计证据。这些客户包括上海高钧广告有限公司、上海久尚广告传播有限公司、奥凯航空、广东南方新视界传媒科技有限公司、易美广告、上海魔山广告传播有限公司、北京德荣佳益广告有限公司、广州唯品会信息科技有限公司、天津数集、上海睦集网络科技有限公司、北京灵集科技有限公司。此外，未发函、未有效执行函证替代测试程序的北京博思百川国际广告传媒有限公司、北京鼎诚文众广告有限公司以及发函未回函且未做替代测试的上海河马动画设计股份有限公司连同上述11家客户均系2015年乐视网虚假业务客户，共计虚增利润32 797.51万元，占当年披露利润总额的442.20%。

信永中和的上述行为违反了《中国注册会计师审计准则第1312号——函证》第十九条“在未回函的情况下，注册会计师应当实施替代程序以获取相关、可靠的审计证据”的规定。

（三）信永中和在对乐视网2016年年度财务报表进行审计时，未勤勉尽责，出具的审计报告存在虚假记载

注册会计师在进行风险评估时，认定乐视网客户管理层、股东、关键管理人存在舞弊风险，该风险与该公司所有内部控制相关、与财务报表整体广泛相关、与报表中所有科目相关，是仅通过实质性程序无法应对的重大错报风险；认定“收入是否真实、收入确认政策是否合理、收入确认时点是否正确、收入成本是否存在跨期的风险”跟销售与收款循环内部控制相关，与财务报表整体广泛相关，与营业收入、成本的真实性、完整性及相关科目的准确性相关。

1.对乐视网内部控制缺陷的判断存在错误

注册会计师对乐视网广告业务“销售与收款循环”进行了内控测试。控制目标“主要风险和报酬转移后对销售收入进行确认”对应的控制措施为：广告实际投放后，应收账款主管复核与客户的对账报告，即向客户寄发的对账单是否均已收回，客户回复金额是否与明细账记录金额一致；如有差异，差异原因是否已经调查，是否需要调整会计记录。控制频率为每月一次。注册会计师将此控制认定为关键控制，以防止未经发布的广告确认了收入。

注册会计师在穿行测试时即发现这一控制措施未得到执行，即没有收到客户的对账回单，但仍得出“未发现销售与收款循环中有缺失的环节”的审计结论，也未选取样本进行控制测试。

注册会计师在“业务层面缺陷评估表”中将发现的两个内控缺陷描述为：第一，乐视网每月根据广告的实际投放进度与客户进行对账，但未留下纸质对账单；第二，乐视网签订的广告合同约定有第三方检测报告，但实际业务执行过程中大部分为内部数据信息，该信息财务未留存。对方收到对账邮件后未反馈就视同认可，建议该公司留存对方确认信息或双方签字确认。注册会计师将上述两个缺陷认定为一般缺陷。

根据乐视网广告业务的特点、广告行业的通常做法以及注册会计师对此控制措施的认定，上述缺陷应属内部控制的重大缺陷，注册会计师判断错误。同时，注册会计师也未意识到上述重大缺陷增加了广告业务的舞弊风险。

2.对乐视网内部生成的信息，未获取充分、适当的审计证据证明内部生成信息的可靠性、完整性与准确性

注册会计师在重点审计领域策略中提出，要利用IT审计人员对乐视网广告业务系统——方舟系统进行审计，了解该公司在广告投放过程中相关数据是否存在舞弊。在内部控制测试以及营业收入实质性测试程序中，注册会计师均使用方舟系统的曝光量数据。用广告客户订单中约定的单价乘以方舟系统中的曝光量，二者的乘积即为广告实际投放收入。将其与订单金额进行比较，用以确认广告实际投放金额与订单金额是否相符、金额是否准确。经查，注册会计师未获取充分、适当的审计证据证明方舟系统曝光量数据的可靠性、完整性与准确性。经中国证监会另案查明，新疆数集科技有限公司、鸿鑫元熙从未与乐视网发生过广告业务，但据审计工作底稿显示存在曝光量数据。

3.营业收入实质性测试程序中，对于发现的异常情况，注册会计师未采取进一步审计程序以获取充分、适当的审计证据

注册会计师从广告业务系统——方舟系统中提取了40家广告客户2016年全年按订单汇总的曝光次数，其中以下两家客户在方舟系统中未检索到：懿利文化、中荷德。注册会计师在对上述提取数据进行复核时，对于上述两家公司2016年有广告收入但在方舟系统检索不到公司名称的原因解释为：上述两家公司分别代替海南阿洋科技有限公司及北京迅鲨科技有限公司投放广告，方舟系统未更替信息。但注册会计师未调取替代公司广告业务合同或广告订单等证据以印证上述解释的合理性。经中国证监会另案查明，懿利文化与中荷德均为乐视网2016年虚假广告业务客户，共计虚增利润9 837.28万元，占当年披露利润总额的29.93%。

4.营业收入实质性测试程序中，部分测试样本计算的广告实际投放收入与订单金额存在重大差异，注册会计师未采取进一步审计程序以获取充分、适当的审计证据

注册会计师在营业收入实质性审计程序中，抽取了10家大额广告客户261笔线上广告投放订单，用订单中约定的单价乘以方舟系统中的曝光量，与订单金额进行比较，用以确认广告实际投放金额与订单金额是否相符、金额是否准确。

审计工作底稿显示，有17笔订单的差异率在±40%以上，其中正向差异率最大为2 343.52%，负向差异率最大为-99.91%。这17笔订单包括乐视网2016年虚假业务客户鸿鑫元熙，其有2笔订单的差异率均为-50%。据中国证监会另案查明，鸿鑫元熙从未与乐视网发生广告业务往来。在上述17笔订单存在重大差异的情况下，注册会计师未采取进一步审计程序，直接得出“测算差异较小，未发现异常”的审计结论。上述重大差异也在一定程度上表明，方舟系统曝光量数据的可靠性、完整性与准确性存在疑虑。

综上，信永中和的上述行为违反了《中国注册会计师审计准则第1301号——审计证据》第十条“注册会计师应当根据具体情况设计和实施恰当的审计程序，以获取充分、适当的审计证据”、第十三条“在使用被审计单位生成的信息时，注册会计师应当评价该信息对实现审计目的是否足够可靠，包括根据具体情况在必要时实施下列程序：（一）获取有关信息准确性和完整性的审计证据；（二）评价信息对实现审计目的是否足够准确和详细”，《中国注册会计师鉴证业务基本准则》第二十八条“注册会计师应当以

职业怀疑态度计划和执行鉴证业务，获取有关鉴证对象信息是否不存在重大错报的充分、适当的证据”，《中国注册会计师审计准则第1314号——审计抽样》第二十一条“注册会计师应当调查识别出的所有偏差或错报的性质和原因，并评价其对审计程序的目的和审计的其他方面可能产生的影响”、第二十四条“注册会计师应当对下列方面进行评价：（一）样本结果；（二）使用审计抽样是否已为注册会计师针对所测试的总体得出的结论提供合理基础”的规定。

上述违法事实有相关审计报告、审计工作底稿、相关人员询问笔录、审计业务收款凭证及发票、乐视网相关年度报告、乐视网相关虚假客户资料等证据证明，足以认定。

中国证监会认为，信永中和的上述行为违反了2005年《证券法》第一百七十三条的规定，构成2005年《证券法》第二百二十三条“证券服务机构未勤勉尽责，所制作、出具的文件有虚假记载、误导性陈述或者重大遗漏”的行为。在相关年度审计报告上签字的注册会计师常晓波、白西敏为直接负责的主管人员。

根据当事人违法行为的事实、性质、情节与社会危害程度，依据2005年《证券法》第二百二十三条的规定，中国证监会决定：

（1）责令信永中和改正违法行为，没收业务收入1 509 434元，并处以3 018 868元罚款；

（2）对常晓波、白西敏给予警告，并分别处以5万元罚款。

四、案例总结和思考

乐视网财务造假案反映了我国资本市场发展和监管中的问题。乐视网的财务造假手段十分高超且隐蔽，涉及多个业务领域和交易方，难以被审计机构和投资者发现。乐视网的财务造假动机主要是为了满足上市条件、吸引融资、扩大市场份额、提高个人影响力等。乐视网的财务造假后果是该公司的资金链断裂、股价暴跌、上市终止、投资者损失、法律处罚等。乐视网的财务造假对我国资本市场的信用和秩序造成了严重破坏，也对审计行业和财务监管提出了更高的要求。

本案例的主要教训和启示如下：

上市公司及其实际控制人应当遵守证券法律法规，诚信经营，如实、完整、及时、准确地履行信息披露义务，不得以任何方式虚假记载、误导性陈述或者重大遗漏，不得从事欺诈发行等违法行为；否则，将面临严厉的法律制裁和市场惩戒，甚至被追究刑事责任。

审计机构及其注册会计师应当恪守职业道德，严格遵守审计准则，对上市公司的财务报表、信息披露、重大事项等进行充分、有效的审计，发现问题及时报告，发表真实、准确、完整的审计意见，不得为上市公司的违法行为提供掩护或者帮助；否则，将承担相应的法律责任，影响自身的声誉和信誉。

投资者应当增强风险意识和自我保护能力，不要盲目追捧高估值、高增长的上市公司，要通过多渠道、多角度、多维度的信息收集和分析，对上市公司的经营状况、财务状况、信息披露、市场表现等进行全面、客观、理性的判断，避免受到虚假信息的误导和欺骗，维护自身的合法权益。

五、分析与讨论

1.如何提高财务报表的质量和可信度，防止财务造假的发生？

2.如何加强审计机构和审计人员的独立性和专业性，提高审计的有效性？

3.如何完善资本市场的规则和制度，加大对财务造假的监管和惩处？

4.如何培养企业的社会责任和道德意识，提高企业的财务透明度和信用水平？

5.如何保护投资者的合法权益，提高投资者的财务分析和风险识别能力？

六、参考文献

［1］中国证券监督管理委员会．中国证监会行政处罚决定书（乐视网、贾跃亭等15名责任主体）〔2021〕16号［R/OL］．（2021-04-12）［2022-12-31］．http：//www.csrc.gov.cn/csrc/c101928/c490192772b7748f58f089887c76bb662/content.shtml.

［2］中国证券监督管理委员会．中国证监会行政处罚决定书（信永中和会计师事务所、常晓波、白西敏）〔2022〕19号［R/OL］．（2022-04-18）［2022-12-31］．http：//www.csrc.gov.cn/csrc/c101928/c2379115/content.shtml.

［3］中国注册会计师协会．中国注册会计师执业准则（2017）［M］．北京：中国财政经济出版社，2017.

［4］中国注册会计师协会．中国注册会计师执业准则应用指南（2017）［M］．北京：中国财政经济出版社，2017.

案例说明书

一、本案例要解决的关键问题

1.通过分析乐视网及相关责任主体的违法行为和违法动机，了解财务造假和欺诈发行的常见手段和特征，提高对舞弊风险的敏感性和识别能力；

2.通过分析信永中和等中介机构在审计过程中存在的问题和失误，掌握审计程序和方法的设计和执行原则，提高对审计证据的获取和评价能力；

3.通过分析中国证监会对乐视网及相关责任主体的处罚依据和处罚标准，了解我国证券市场的法律法规和监管要求，提高对职业道德和职业规范的认识和遵守能力；

4.通过分析乐视网及相关责任主体对投资者和社会造成的损害，认识审计工作的社会责任和价值，提高对社会主义核心价值观的理解和践行能力。

二、案例讨论的准备工作

（一）理论背景

注册会计师审计的基本理论与实务知识。

（二）行业背景

乐视网是一家在深圳证券交易所上市的互联网视频公司，曾经被誉为“中国的

Netflix”。乐视网的创始人和实际控制人是贾跃亭，他同时也是乐视控股的实际控制人。乐视控股是乐视网的关联方，主要从事汽车、体育、影视等业务。

乐视网在2010年的IPO申报材料中就存在财务造假行为，虚增了利润、收入、资产、现金流等多个指标，以达到上市条件。上市后，乐视网继续通过关联方交易、资产置换、商誉减值、应收账款坏账等手段，虚增收入和利润，粉饰财务报表，以获得投资者和融资机构的信任和支持。

乐视网的财务造假行为持续了10年，直到2017年，乐视网的资金链断裂，无法偿还债务，导致股价暴跌，被深交所暂停上市。2018年，乐视网进入退市整理期；2019年，乐视网被正式终止上市。2021年，中国证监会对乐视网和贾跃亭等责任主体作出了历史最高的行政处罚，共计罚款4.8亿元。

乐视网财务造假案是中国资本市场的一场重大危机，也是对中国审计行业的一次严峻考验。乐视网的审计机构是信永中和，审计负责人是常晓波和白西敏。信永中和两位审计人员在乐视网的财务造假过程中，未能履行审计职责，未能发现和揭露乐视网的违法违规行为，未能保护投资者的合法权益，也未能维护资本市场的公平和诚信。2021年，中国证监会对信永中和两位审计人员作出了行政处罚，分别罚款300万元和60万元，并限制其从事证券业务。

乐视网财务造假案涉及多个商务领域，如财务管理、审计监管、资本运作、企业战略、企业伦理等，具有很强的教学价值。通过分析乐视网的财务造假手段、动机、后果和影响，可以帮助学生深入理解财务报表的编制和分析方法、审计机构和审计人员的职责和义务、资本市场的规则和风险，以及企业的社会责任和道德规范。

（三）制度背景

《证券法》《中国注册会计师审计准则》《企业会计准则》。

三、教学组织方式

（一）问题清单及提问顺序

1.乐视网的财务造假手段有哪些？请举例说明。

2.乐视网的财务造假动机是什么？请分析其内部和外部因素。

3.乐视网的财务造假后果有哪些？请从公司、投资者、市场、监管等角度进行分析。

4.乐视网财务造假案对中国资本市场的信用和秩序有什么影响？请从法律、制度、文化等方面进行讨论。

5.乐视网财务造假案对中国审计行业和财务监管有什么启示？请从审计机构、审计人员、监管部门、投资者等角度提出建议。

（二）课时分配

1.课前完成案例阅读和初步思考：约3小时。

2.小组讨论并提交分析报告提纲：约3小时。

3.课堂小组代表发言，主题讨论：约3小时。

4.进行归纳总结：约0.5小时。

（三）讨论方式

本案例可以采用小组形式进行讨论。

（四）课堂讨论总结

课堂讨论总结的关键是：归纳、评价发言小组的主要观点；重申重点及亮点；提醒学生对关键问题或有争议的观点进行进一步思考和讨论；鼓励学生发散思维，对案例素材进行扩展研究和深入分析。

案例16　秋林集团的内部控制问题分析

案例正文

专业领域/方向

审计学、管理会计、内部控制

适用课程

内部控制理论与实务

编写目的

1.了解内部控制制度在企业管理中的作用和意义，提高学生对内部控制制度的认识和重视。

2.掌握评价内部控制制度优劣的方法和标准，提高学生对内部控制制度的评价和设计能力。

3.运用内部控制原理和规范分析和解决实际问题，提高学生对内部控制问题的分析和解决能力。

知识点

COSO、内部控制要素、内部控制缺陷

关键词

秋林集团、内部控制、风险管理

案例摘要

本案例以哈尔滨秋林集团股份有限公司（以下简称秋林集团）为例，考察该公司内部控制制度以及背后的监管问题，从COSO的角度来剖析内部控制缺陷问题；在具体项目选择、案例设计上侧重于对内部控制的重要性、内部控制的概念、内部控制的整合框架进行解读。秋林集团是一家历史悠久的企业，主营百货、食品和黄金珠宝业务，曾是东北地区的知名商业品牌。从2018年起，秋林集团陷入经营危机，黄金业务出现巨额坏账，董事长和副董事长失联，部分股份被司法冻结，财务报告被出具无法表示意见的审计报告。2020年3月18日起，秋林集团股票暂停上市；2021年3月11日，上海证券交易所决定终止秋林集团股票上市。

一、案例简析

1.COSO报告

COSO是美国反虚假财务报告委员会下属的发起人委员会（The Committee of Sponsoring Organizations of the Treadway Commission）的英文缩写。1985年，美国注册会计师协会、美国会计协会、财务经理人协会、内部审计师协会、管理会计师协会联合创建了反虚假财务报告委员会，旨在探讨财务报告中舞弊产生的原因，并寻找解决之道。两年后，基于该委员会的建议，其赞助机构成立COSO，专门研究内部控制问题。1992年9月，COSO发布《内部控制——整合框架》，简称COSO报告。它主要包括以下五个要素：

（1）控制环境（control environment）。控制环境包括组织人员的诚实、伦理价值和能力；管理层哲学和经营模式；管理层分配权限和责任、组织、发展员工的方式；董事会提供的关注和方向。控制环境影响员工的管理意识，是其他部分的基础。

（2）风险评估（risk assessment）。风险评估就是确认和分析实现目标过程中的相关风险，是形成管理何种风险的依据。它随经济、行业、监管和经营条件而不断变化，需建立一套机制来辨认和处理相应的风险。

（3）控制活动（control activities）。控制活动是帮助执行管理指令的政策和程序。它贯穿整个组织、各种层次和功能，包括各种活动，如批准、授权、证实、调整、经营绩效评价、资产保护和职责分离等。

（4）信息的沟通与交流（information and communication）。信息系统产生各种报告，包括经营、财务、守规等方面，这使得对经营的控制成为可能。处理的信息包括内部生成的数据，也包括可用于经营决策的外部事件、活动、状况的信息和外部报告。所有人员都要理解自己在控制系统中所处的位置，以及相互的关系；必须认真对待控制赋予自己的责任，同时也必须同外部团体，如客户、供货商、监管机构和股东进行有效的沟通。

（5）对环境的监控（monitoring）。监控在经营过程中进行，通过对正常的管理和控制活动以及员工执行职责过程中的活动进行监控，评价系统运作的质量。不同评价的范围和步骤取决于对风险的评估和执行中的监控程序的有效性。对于内部控制缺陷，要及时向上级报告，严重的问题要报告给管理层高层和董事会。

2.秋林集团概述

秋林集团是一家历史悠久的企业，其前身为俄国人创建的秋林商行。秋林商行于1867年在俄国创建，1900年在哈尔滨设立分行，是中国境内的第一家百货公司。1992年，经哈尔滨市体改委和中国人民银行哈尔滨市分行批准，以秋林公司为主体，中国工商银行哈尔滨信托投资公司和哈尔滨证券公司共同发起设立成为大型商业公司；1996年，有近百年历史的秋林集团正式在上交所主板上市。2004年，哈尔滨市国资委将持有的国家股（占该公司股份总数的24.6%）转给黑龙江奔马集团。2011年，颐和黄金正式入驻秋林集团。2020年3月8日，秋林集团被上交所暂停上市。2021年3月11日，因连续3年亏损50多亿元，秋林集团股票被上交所终止上市。

3.秋林集团发展的主要大事件

2001—2003年，秋林集团净利润分别为-0.52亿元、-1.4亿元和-1.59亿元，连续3年亏损使得秋林集团陷入经营危机。2004年，黑龙江奔马集团以1.4亿元收购了秋林集团24.6%的股权，使得秋林集团正式脱离哈尔滨市国有资产管理局管控，2004年暂时扭亏为盈。2005—2006年，秋林集团净利润持续亏损，分别为0.7亿元和0.67亿元。2007—2009年，秋林集团净利润为352.02万元、1 647.63万元和488.5万元。2010年股权转让，颐和黄金最大股东平贵杰成为秋林集团实际控制人。2015年，秋林集团完成资产重组，正式实施战略转型，秋林集团的“黄金时代”正式拉开序幕。2015—2017年，秋林集团分别营利2.34亿元、2.05亿元和1.64亿元。此后，秋林集团多次把投资延伸到金融领域，2016年投资购买商业银行股份，2017年设立多个行业基金等，净利润基本保持在2亿元左右；2018年净利润下跌，亏损41.38亿元，遭到上交所退市风险警示；2019年持续低迷，净利润为-2.20亿元，股票被暂停上市；2020年净利润为-5.66亿元，触及退市红线；2021年，股票被终止上市。

二、秋林集团内部控制

1.内部控制环境

在所有权和经营权分离的基础上，通过设立股东大会、董事会、监事会等机构，形成监督制约管理层的制度体系，最终实现公司价值最大化的目标。股权结构是公司治理结构的基础。近年来，秋林集团的股权结构整体虽然稳定，但前几大股东黑龙江奔马集团、嘉颐实业、颐和黄金为一致行动人关系，2020年三者共持有49.68%的股份。实际控股股东对秋林集团拥有绝对的控制权，股权过于集中，形成一股独大的局面，股权制衡机制被削弱，容易导致大股东掏空行为发生。另外，近几年来，秋林集团高管层每年都会发生变动，高管频繁更换表明该公司的组织架构不稳定，这会影响企业内部控制环境的稳定。尽管秋林集团的公司章程中详细规定了股东会、董事会、监事会的组织结构，规范了治理结构和议事规则，明确了决策、执行、监督等方面的职责权限，形成了一定的职责分工和制衡机制，但实际执行不到位，没有形成绝对的相互制衡。

2018年7月，董事长李亚和副董事长李建新空降黄金事业部，成为黄金板块的掌门人。作为该公司重点发展的主营创收业务，其经营决策全部由李亚和李建新独自越权管理，没有制衡的过大权力为二人攫取公司利益提供了可乘之机，他们完全有机会利用职务之便进行经营决策，这给秋林集团带来巨大的经营风险。在未经董事会授权的情况下参与子公司的经营管理，高管凌驾于内部控制制度之上，致使子公司的大量销售合同逾期未被集团层面发现，合同签订、存货收发、款项收回的职责分工和制衡机制失效，近10吨黄金不翼而飞，最终导致近37亿元的巨额亏损。2019年年初，李亚和李建新突然不知所踪，导致控制环境恶化，使得该公司生产经营停滞。黄金业务暴雷造成的巨额亏损直接导致秋林集团2018年经审计的净利润下跌至-41.38亿元。

2.风险评估

风险评估就是企业及时识别、系统分析经营活动中与实现内部控制目标相关的风险，合理确定风险应对策略。风险评估包含风险识别、风险分析、风险应对等方面。其中，风险识别是对企业面临的各种潜在事项进行确认。按风险的来源不同，企业可能存在的风险事项划分为内部风险和外部风险。

秋林集团与新华信托公司签订了“新华信托华晟系列秋林集团单一资金信托合同”，并于2016年12月23日购买了12亿元、期限为1年、预期收益率为6.3%的信托产品，没有进行风险评估，也没有采用相应的预防措施。另外，新华信托公司曾在2015年被曝出多起产品违约事件，信誉严重受损。此举很快惊动了上海证券交易所，上海证券交易所对这份理财合同连续发了2封问询函。2017年2月15日，该公司虽然收回了该信托产品的资金，没有使该公司产生实际损失，但是，对于重大资金投放及收回，该公司决策层没有遵守内部控制规定，缺少统筹安排以及事前细致的调查，由此可见，该公司管理层对风险管理的认识尚不全面，风险防控制度还存在漏洞。

企业文化是推动一个企业发展进步的不竭动力，秋林集团也曾创造出“百年秋林，诚信永远”的优秀企业文化，但近几年来，秋林集团信息披露不合法、违规担保、债务逾期等违法违规事件层出不穷，对其声誉造成了严重的负面影响，昔日创造与积累的良好口碑早已不再。管理层不重视企业文化建设、参与程度不高是秋林集团企业文化逐渐衰落的主因。同时，员工素质低下、整体受教育程度不高也导致秋林集团企业文化的缺失。2020年，该公司年报显示，仅有16.4%的员工接受过高等教育，专业技术人员仅占3.5%。该公司员工整体受教育程度偏低，专业技术人才缺乏，这大大限制了秋林集团的发展。

3.控制活动

控制活动是企业根据风险评估结果，采用相应的控制措施，将风险控制在可承受范围内。企业的控制活动主要有不相容职位分离控制、授权审批控制、会计系统控制、财产保护控制、预算控制、运营分析控制、绩效考评控制、合同控制。作为企业集团，秋林集团对子公司的管理存在巨大漏洞。2015年之前，秋林集团没有制定任何对于子公司的管理制度，完全把子公司当作边缘化、完全放任的小部门，人为割裂秋林集团与子公司的关系。在秋林金汇存续期间，秋林集团对其购买P2P金融产品、进行第三方资金托管等业务毫不知情，对子公司的管理不到位，最终造成管理危机。2018年，秋林集团曾出现违规操作非公开发行债券资金的事件，之后该公司自查发现，董事会和股东大会从未审议或决策过相关事项。2019年3月，秋林集团以出具担保函的形式为滨奥航空5亿元借款提供连带责任保证，担保函上加盖了该公司公章。根据秋林集团内部控制管理条例，这种金额巨大的担保需要提交董事会或者股东大会进行审议，然而在秋林集团的记载里并没有此类事件的授权委托记录以及用章记录。后经判定，印文不是该公司公章，而是用伪造的印章盖的。“萝卜章”担保案的发生表明秋林集团的授权审批机制已经失控。2019年4月，上交所在公开谴责函中就曾细数秋林集团定期报告主要财务数据存在差错、募集资金管理和使用不合规、财务报告内部控制存在缺陷等问题。

4.信息与沟通

信息与沟通是指企业及时、准确地收集、传递与内部控制相关的信息，确保信息在企业内部、企业与外部之间进行有效沟通。其基本目的是确保信息具备及时有效性、反馈性、预测性、真实准确性、安全保密性和成本效益性。秋林集团在信息与沟通中存在明显缺陷，在正副董事长失联后，该公司治理层和管理层对黄金业务的实际经营状况一无所知，并且子公司在2018年年底增加大量非正常账期的订单，该公司管理层直至事发时也从未过问，可见该公司内部存在信息严重断层。该公司通过自查才发现子公司虚构收入，大量应收账款和存货的信息更新延迟，2018年财务报告也因此延迟发布。秋林集团多次因信息披露违法违规被立案调查，该公司对于关联方交易多次隐瞒不报，违规披露。2016年，秋林集团否认前董事长举报秋林集团与洛阳今世福公司的关联方交易行为被中国证监会查出与事实不符，信息违规披露；2018年年报中，该公司公开承认财务造假，指出该公司的业务中存在虚构交易行为，最终使该公司计提坏账准备近23亿元，随即该公司股票被上交所实施退市风险警示。另外，秋林集团实际控制人平贵杰在2015年7月13日至2016年12月6日担任顺泽控股有限公司执行董事、经理职务，而该信息没有在2015年和2016年年报中如实披露，这种疏漏容易误导投资者。

5.内部监督活动

内部监督是企业对内部控制建立与实施情况进行监督检查，包括日常监督检查和专项检查，以此评价内部控制的有效性，并及时改进发现的内部控制缺陷。秋林集团设有专门负责内部审计的稽核部，但是稽核部实质上并没有承担起内部监督的责任。秋林集团领导层轻视内部审计，没有形成良好的监督体系，导致员工对于监督的执行力不足，未定期盘查银行账户、存货等资产，其内部审计流于形式。2014—2019年，秋林集团多次收到中国证监会的问询函，尤其是发布2018年财务报告当天，上交所对秋林集团进行问询，要求彻查主要责任人以及黄金业务存货去向和应收账款是否真实，同时要求董事会尽快成立工作组，查清是否存在利益输送、高管侵害公司资产等行为，由此可见，秋林集团的内部监督机制几乎失效。2017年12月，秋林集团以“瑞华会计师事务所业务繁忙且已连续四年提供审计服务”为由，临时将外部审计机构更换为大信会计师事务所，这也从侧面反映出其内部控制存在薄弱环节。

三、案例总结与思考

秋林集团是我国最早的百货公司之一，也是一家有着百年历史的上市公司。然而，由于内部控制失效，该公司面临经营危机和退市风险。

秋林集团内部控制失效的表现主要有以下几个方面：在综合管理方面，对子公司的管控制度未能有效执行，导致子公司合同签订、存货收发、款项收回等环节出现问题，甚至出现高管失联的情况。在投资管理方面，对外投资未进行有效的跟踪管理，导致无法获取联营公司的财务信息，无法确认当期损益。在财务管理方面，对募集资金的管理未实现有效控制，导致违规担保、债务逾期等事件发生。

秋林集团内部控制失效的后果主要有公司声誉受损、引发负面市场效应、导致股价大幅下跌。该公司持续亏损，触发退市红线，最终被上交所强制退市。该公司资产负债率过高，偿债压力巨大，面临破产清算的风险。

秋林集团内部控制失效的原因主要有以下几个：控制环境不佳，表现在治理结构失衡、缺乏企业文化、员工素质低等方面；风险评估不充分，表现在对外投资风险、财务流动性风险等未进行有效识别、分析和应对；控制活动失效，表现在子公司失去控制、高管层越权经营、授权活动失控等方面。

针对秋林集团内部控制失效的原因和后果，我们提出以下几点改进措施：完善控制环境，优化治理结构，增强管理层内部控制意识；保持管理层相对稳定，提高员工素质，营造积极向上的企业文化环境。加强风险评估，建立专业的风险分析和管理团队，制定科学的风险预警和应对机制。规范控制活动，建立有效的子公司管控体系，明确各级职责分工和制衡机制；加强对高管层的监督和问责；严格执行投资和担保审批程序和标准。

四、分析与讨论

1.针对秋林集团内部环境问题，你有什么好的建议？

2.企业在识别内部控制风险时应关注哪些要素？针对秋林集团风险评估问题，你有什么好的建议？

3.从秋林集团信息与沟通的时间来看，你对于完善信息与沟通机制有什么建议？

4.秋林集团该如何加强企业内部监督？

5.你有什么完善秋林集团内部控制制度的总体建议？

五、参考文献

[1] 冯雪，李维刚．秋林集团财务状况分析与启示［J］．现代商业，2021，611（22）．

[2] 孙常祥，王永德．秋林集团内部控制失效案例研究［J］．商场现代化，2021（11）．

[3] 朱沛青．企业内部控制信息披露问题研究——以秋林集团为例［J］．新经济，2021（10）．

[4] 费智雅，沈杰．基于哈尔滨秋林集团的企业内部控制有效性分析［J］．中国集体经济，2019（23）．

[5] 梁蕾．秋林集团强制退市的原因及影响研究［D］．长春：长春工业大学，2022．

[6] 朱宝．秋林集团内部控制优化研究［D］．昆明：云南财经大学，2019．

[7] 李云．基于内部控制角度秋林集团财务困境研究［D］．天津：天津商业大学，2020．

案例说明书

一、本案例要解决的关键问题

1.认识和了解COSO《内部控制——整合框架》的五个要素；

2.运用COSO报告分析秋林集团内部控制存在缺陷的原因；

3.针对秋林集团内部控制缺陷问题提出相应的对策建议。

二、案例讨论的准备工作

（一）理论背景

COSO《内部控制——整合框架》的五个要素及其含义。

（二）行业背景

2001—2003年，秋林集团净利润分别为-0.52亿元、-1.4亿元和-1.59亿元，连续3年亏损使得秋林集团陷入经营危机。2004年，黑龙江奔马集团以1.4亿元收购了秋林集团24.6%的股权，使得秋林集团正式脱离哈尔滨市国有资产管理局管控，2004年暂时扭亏为盈。2005—2006年，秋林集团净利润持续亏损，分别为0.7亿元和0.67亿元。2007—2009年，秋林集团净利润为352.02万元、1 647.63万元和488.5万元。2010年股权转让，颐和黄金最大股东平贵杰成为秋林集团实际控制人。2015年，秋林集团完成资产重组，正式实施战略转型，秋林集团的“黄金时代”正式拉开序幕。2015—2017年，秋林集团分别营利2.34亿元、2.05亿元和1.64亿元。此后，秋林集团多次把投资延伸到金融领域，2016年投资购买商业银行股份，2017年设立多个行业基金等，净利润基本保持在2亿元左右；2018年净利润下跌，亏损41.38亿元，遭到上交所退市风险警示；2019年持续低迷，净利润为-2.20亿元，股票被暂停上市；2020年净利润为-5.66亿元，触及退市红线；2021年，股票被终止上市。

（三）制度背景

《关于规范上市公司与关联方资金往来及上市公司对外担保若干问题的通知》《企业内部控制基本规范》《企业内部控制审计指引》等。

三、教学组织方式

（一）问题清单及提问顺序

1.本案例中，COSO报告的五个要素及其含义是什么？

2.本案例中，秋林集团在内部控制方面有哪些违规行为？

3.如何理解COSO《内部控制——整合框架》的五个要素之间的关系？

4.基于COSO《内部控制——整合框架》的五个要素，你对秋林集团内部控制有什么针对性建议？

5.从秋林集团内部控制缺陷中，我们能够得到哪些启示？

（二）课时分配

1.课前完成案例阅读和初步思考：约1小时。

2.小组讨论并提交分析报告提纲：约1小时。

3.课堂小组代表发言，主题讨论：约1.5小时。

4.进行归纳总结：约0.5小时。

（三）讨论方式

本案例可以采用小组形式进行讨论。

（四）课堂讨论总结

课堂讨论总结的关键是：归纳、评价发言小组的主要观点；重申重点及亮点；提醒学生对关键问题或有争议的观点进行进一步思考和讨论；鼓励学生发散思维，对案例素材进行扩展研究和深入分析。

案例17　康美药业关键审计事项实质信息含量分析

案例正文

专业领域/方向

审计学

适用课程

审计理论与实务

编写目的

1.理解和掌握关键审计事项、重大错报风险、职业判断等相关概念及理论。

2.掌握确定关键审计事项的决策框架（思路）等重要实务问题。

3.重点理解与分析关键审计事项沟通的实质性信息含量。

知识点

关键审计事项、重大错报风险

关键词

关键审计事项、信息含量、审计责任

案例摘要

为了明确注册会计师在审计报告中沟通关键审计事项的责任，财政部于2016年12月发布了《中国注册会计师审计准则第1504号——在审计报告中沟通关键审计事项》，旨在通过提高已执行审计工作的透明度，增加审计报告的沟通价值。本案例以康美药业的审计失败为例，分析关键审计事项的实质信息含量，并进一步提出相应的建议。

一、引言

2016年12月，财政部印发了《中国注册会计师审计准则第1504号——在审计报告中沟通关键审计事项》等12项新准则，并于2017年1月1日起在“A+H”股上市公司以及只在H股上市的公司实施，其他上市主体财务报表审计业务于2018年1月1日起实施。此后，学术界围绕沟通关键审计事项的研究层出不穷，尤其是针对关键审计事项的披露是否具有信息增量。大部分学者的研究认为，审计报告具有一定的信息沟通价值，关键审计事项的披露能够提升审计质量及会计信息质量，增强财务报告可信度、提高信息透明度。

康美药业作为上市公司，从2017年开始按照新准则披露关键审计事项。2018年12月28日，康美药业收到中国证监会的立案调查通知，涉及的违法问题中有营业收入、营业成本账实不符问题。实际上，康美药业2017年度、2018年度审计报告均按要求披露了关键审计事项，两年都把“医药销售收入的确认”、“存货可变现净值的确认”和“存货”作为关键审计事项，并披露了详细的审计应对程序。这就向公众传达了这样一种信息：至少被审计单位年报在这些报表项目方面应该是没有问题的，但事实恰恰相反。这就引起广大信息使用者深思：沟通关键审计事项是否能提高已执行审计工作的透明度、增加审计报告的沟通价值？是否能够帮助财务报表预期使用者了解被审计单位以及已审计财务报表中涉及重大管理层判断的领域？本案例以康美药业为研究对象，结合关键审计事项的相关理论，研究关键审计事项披露的实质信息含量问题。

二、关键审计事项准则的相关内容

（一）定义及目标

关键审计事项，是指注册会计师根据职业判断认为对本期财务报表审计最为重要的事项。关键审计事项从注册会计师与治理层沟通过的事项中选取。注册会计师的目标是：确定关键审计事项，并在对财务报表形成审计意见后，以在审计报告中描述关键审计事项的方式沟通这些事项。

（二）确定关键审计事项应当遵循的决策框架

1.以“与治理层沟通的事项”为起点选择关键审计事项

注册会计师应当从与治理层沟通过的事项中选取关键审计事项。审计准则要求注册会计师与治理层沟通审计过程中的重大发现，包括对被审计单位的重要会计政策、会计估计和财务报表披露等会计实务的看法，审计过程中遇到的重大困难，已与治理层讨论或需要书面沟通的重大事项等。

2.从“与治理层沟通的事项”中选出“在执行审计工作时重点关注过的事项”

注册会计师重点关注过的领域通常与财务报表中复杂、重大的管理层判断领域相关，因而通常涉及困难或复杂的注册会计师职业判断。重点关注过的事项通常影响注册会计师的总体审计策略以及对这些事项分配的审计资源和审计工作力度。这些影响可能包括高级审计人员参与审计业务的程度，或者注册会计师的专家或在会计、审计的特殊领域具有专长的人员（包括会计师事务所聘请或雇佣的人员）对这些领域的参与等。注册会计师在确定哪些事项属于重点关注过的事项时，应当特别考虑下列方面：

（1）评估的重大错报风险较高的领域或识别出的特别风险。

（2）与财务报表中涉及重大管理层判断的领域相关的重大审计判断，包括被认为具有高度估计不确定性的会计估计。

（3）当期重大交易或事项对审计的影响。

3.从“在执行审计工作时重点关注过的事项”中选出“最为重要的事项”，从而构成关键审计事项

确定哪些事项以及多少事项对本期财务报表审计最为重要属于职业判断问题。“最为重要的事项”并不意味着只有一项，但对关键审计事项作冗长的列举可能与这些事项是审计中最为重要的事项这一概念相抵触。注册会计师可能已就需要重点关注的事项与治理层进行了较多的互动，通常能够明了哪些事项对审计而言最为重要。

（三）关键审计事项的披露

在审计报告的关键审计事项部分逐项描述关键审计事项时，注册会计师应当分别索引至财务报表的相关披露（如有），在审计报告中描述每项关键审计事项，并同时说明如下内容：第一，该事项被认定为审计中最为重要的事项之一，因而被确定为关键审计事项的原因；第二，该事项在审计中是如何应对的。

三、康美药业的资料

（一）康美药业舞弊暴露全过程

2018年，有网络媒体发文质疑康美药业货币资金过高、存贷双高、大股东股票质押比例过高、中药材毛利率较同行业过高、其关联公司深圳博益投资发展有限公司涉嫌内幕交易炒作康美药业股票等问题。2018年12月底，康美药业涉嫌披露信息违法违规，中国证监会对康美药业进行调查并要求其进行自查。

2019年4月，康美药业公布2018年年报及2019年一季报的前一天，该公司发布更正公告称，2017年财务数据出现会计处理上的错误；同时该公司发布《关于前期会计差错更正的公告》，对2017年财务报告作出重大调整。

2019年4月30日当晚，上交所向康美药业发出问询函。

2019年5月17日，中国证监会通报康美药业2016—2018年年度财务报告存在虚假记载的事实。

2019年8月17日，中国证监会对康美药业财务舞弊案作出处罚决定，对该公司和个人共罚款595万元。

（二）2017—2018年度关键审计事项披露情况

康美药业2017年度、2018年度审计报告均按要求披露了关键审计事项，两年都把“医药销售收入的确认”、“存货可变现净值的确认”和“存货”作为关键审计事项，并披露了详细的审计应对程序。具体情况见表17-1。

（三）康美药业立项调查及企业自查财务报告中存在的问题

1.虚增营业收入及利润

调查结果显示，康美药业2016—2018年年度报告中存在虚假记载，虚增营业收入、利息收入及营业利润。其中，2016年年度报告虚增营业收入89.99亿元，多计利息收入1.51亿元，虚增营业利润6.56亿元，占合并利润表当期披露利润总额的16.44%。2017年年度报告虚增营业收入100.32亿元，多计利息收入2.28亿元，虚增营业利润12.51亿元，占合并利润表当期披露利润总额的25.91%。2018年半年度报告虚增营业收入84.84亿元，多计利息收入1.31亿元，虚增营业利润20.29亿元，占合并利润表当期披露利润

表17-1 康美药业关键审计事项披露情况

2017年度		2018年度	
关键审计事项名称	事项描述	关键审计事项名称	事项描述
医药销售收入的确认	2017年度医药销售收入占营业收入的89.60%，占比较大；该公司对管理层设有经营业绩考核指标，医药销售交易量大且频繁，产生错报的固有风险较高，因此我们将医药销售收入的确认识别为关键审计事项	医药销售收入的确认	2018年度营业收入为1 935 623.34万元，其中医药销售收入1 650 420.08万元，占营业收入的85.27%，占比较大。康美药业对管理层设有经营业绩考核指标，且医药销售收入发生频繁，交易量大，存在管理层为了达到特定目标或期望而操纵收入确认的固有风险，因此我们将医药销售收入的确认识别为关键审计事项
存货可变现净值的确认	合并存货账面余额1 573 149.93万元，存货跌价准备3 131.09万元。确定存货可变现净值需要管理层运用适当的方法检查和分析各种类型和类别存货的过时程度、不同产品的定价计划，考虑持有存货的目的等因素作出判断和估计，实际的结果与原先估计的差异将在估计被改变的期间影响存货的账面价值，鉴于存货金额重大且需要管理层作出重大判断，为此我们确定存货可变现净值为关键审计事项	存货	康美药业存货账面价值3 426 554.61万元，存货跌价准备5 592.51万元。鉴于存货金额重大，存货跌价准备的计提对财务报表影响较为重大，且存货跌价准备计提过程中可变现净值的确定涉及管理层判断，因此我们将存货及其跌价准备确定为关键审计事项

总额的65.52%。2018年年度报告虚增营业收入16.13亿元，虚增营业利润1.65亿元，占合并利润表当期披露利润总额的12.11%。

2.虚增货币资金

2016年1月1日至2018年6月30日，康美药业通过财务不记账、虚假记账，伪造、变造大额定期存单或银行对账单，配合营业收入造假、伪造销售回款等方式，虚增货币资金。通过上述方式，康美药业2016年年度报告虚增货币资金22 548 513 485.42元，占该公司披露总资产的41.13%和净资产的76.74%；2017年年度报告虚增货币资金29 944 309 821.45元，占该公司披露总资产的43.57%和净资产的93.18%；2018年半年度报告虚增货币资金36 188 038 359.50元，占该公司披露总资产的45.96%和净资产的108.24%。

3.存货存在巨额差错

2019年4月30日，康美药业发布的《关于前期会计差错更正的公告》显示，2017年年报中，该公司存货错报率为124.50%，原报告数为157亿元，少计195亿元。另外，从存货项目分析表中可以看出，未调整前，计提的存货跌价准备占比0.2%；调整后，存货跌价准备占比0.09%。这说明当年存货的价格波动不大，所以康美药业存货195亿元的调整是由存货数量增加引起的。

四、康美药业关键审计事项实质信息含量分析

按照《中国注册会计师审计准则第1504号——在审计报告中沟通关键审计事项》，增加关键审计事项的目的是“通过提高已执行审计工作的透明度增加审计报告的沟通价值”。然而，对比康美药业2017—2018年关键审计事项审计报告披露和立项调查及自查的问题，关键审计事项的实质信息含量并未达到目的。

（一）正中珠江关键审计事项认定缺乏有效性

相关资料显示，正中珠江为康美药业提供了近20年审计服务。康美药业2017年度及2018年度均按要求把“医药销售收入的确认”、“存货可变现净值的确认”和“存货”作为关键审计事项，并披露了详细的审计应对程序。不仅如此，承接业务的注册会计师还在审计报告中明确指出将其列为关键审计事项的原因，并对附注中的相关内容进行了链接。在审计应对措施层面，注册会计师列明了其执行的审计程序。在医药销售收入的确认上，注册会计师明确提到已经对医药销售收入进行了关键控制测试，与管理层进行了沟通，实施了实质性分析程序并通过该程序获取了具有说服力的文件，这些都可以说明“医药销售收入的确认”不存在问题。在存货层面，注册会计师也明确提到其已对存货的关键控制点和控制流程进行了测试，对存货也已实行监盘，尤其点明，对价值难以估计的消耗性生物资产，聘请了有专业经验的评估机构进行评估，并且已经对以前年度的存货进行了复核和检查。由此可见，注册会计师披露“医药销售收入的确认”、“存货可变现净值的确认”和“存货”作为关键审计事项，就是向公众传达了这样一种信息，至少被审计单位年报在这些报表项目方面应该是没有问题的，但恰恰相反，这些项目的重大错报触目惊心。除此之外，2017年度和2018年度关键审计事项和应对措施基本相同，关键审计事项的描述形式和内容基本无变化，因此，该事项认定的有效性值得怀疑。

（二）质疑认定关键审计事项会计师的专业性及独立性

关键审计事项是注册会计师根据执业经验进行职业判断的结果，由关键审计事项可以追查至风险错报，但是，从审计结果来看，错报风险并没有被识别。从关键审计事项的审计应对措施来看，注册会计师虽然认定了收入和存货是关键审计事项，但是从两年的审计执行情况看，存货等实物资产仍存在巨额差错。存货中库存商品和生物资产占比较大，正中珠江在对这些实物资产进行检查时，仅制订了一般监盘计划，重点关注点为存货的可变现净值是否有减值迹象，而缺少对存货的完整性认定的应对程序。关于收入真实性的认定，审计应对措施中提到“对主要客户的销售收入额和应收账款期末余额进

行函证确认，检查应收账款期后回款情况”等，但是在会计差错和更正公告中，应收账款错报金额为64.11亿元。审计应对措施未能发现应收账款的重大错报，更未识别出由于货币资金的错报而直接导致的收入虚增。这些导致我们对正中珠江审计人员的专业性及独立性产生怀疑。

（三）关键审计事项审计流程流于形式

对比2017年和2018年关键审计事项的审计流程，除了数据进行了重大错报调整外，注册会计师执行了几乎相同的审计应对程序，仅仅调换了个别字词的顺序及表达方式，至于在实际中是否真正执行了相应程序，就不得而知了。通过关键审计事项披露的审计应对措施可以发现，会计师事务所对于该项盘点，采用了聘请专家协助监盘的程序进行实地考察，没有进行抽样统计等实质性内容，而且审计人员没有审核专家提供的证据，也没有对证据的收集和形成过程进行专业判断；营业收入两年执行程序雷同，也说明注册会计师过度依赖上年程序和以前年度的经验，对本年度可能出现的疏漏没有足够的警惕。同时，查看该公司近几年年报，可以发现，2012—2016年中药材贸易收入每年在60亿元左右，但2017年、2018年该项收入仅有7.96亿元，波动极大。对于该项业务，审计人员应在了解被审计单位及其环境的情况下作出解释，但审计人员没有解释清楚，也没有采取特殊的审计程序。

五、案例总结和思考

从正中珠江对康美药业的审计过程不难看出，审计程序的执行，尤其是关键审计事项的披露，在理论上应该对会计师事务所的执业质量产生积极的影响，但是实际上，关键审计事项是否能够真正提高审计质量，影响因素是很多的，注册会计师对审计准则的遵守程度以及其自身的独立性和执业能力是关键因素。尽管已有研究表明，审计报告准则的修订可能提升审计报告的信息含量和审计工作透明度，从而促进注册会计师与管理层、治理层的沟通，强化注册会计师遵纪守法的意识和执业能力，然而，审计报告的质量决定因素极为复杂，任何客观、主观情况的变动都会引起审计质量的变化。康美药业审计失败并不是个例，忽视审计报告的质量和信息含量、流于形式的关键审计事项披露，很难阻止审计失败的产生，一旦涉及审计问题甚至诉讼，很难在已经披露的关键审计事项上证明自身无过失，反而会增加会计师事务所及注册会计师自身举证的风险。

本案例通过对康美药业关键审计事项披露的信息含量进行分析可知，要解决目前我国关键审计事项的信息质量有效性问题，需要监管部门广泛听取各方意见，尤其是反面意见，督促注册会计师提高关键审计事项的增量信息含量。对注册会计师而言，对关键审计事项的选取要反复斟酌，不要因为关键审计事项的选取具有一定的弹性、被审计单位不配合而避重就轻。注册会计师要做到：一是关键审计事项的列示数量应合适，列示太多无法突出重点，干扰性强；列示太少，提供的信息不充分，增大了信息不对称风险，即要解决披露的充分性问题。二是对行业特征显著的公司，披露的关键审计事项要体现其行业属性，即解决披露的针对性和准确性问题。审计报告的使用者要避免过度依赖关键审计事项的披露，形成对审计工作的正确预期十分必要。期望注册会计师代替自己阅读和审核报表、精准识别相关风险是不现实的。解决问题的关键是通过长期学习，提高财务报表分析水平。

六、分析与讨论

1.如果客户故意舞弊，注册会计师如何沟通关键审计事项？

2.关键审计事项到底该如何确定？

3.如何平衡注册会计师与管理层之间在关键审计事项上的矛盾？

七、参考文献

［1］尹蘅．对《在审计报告中沟通关键审计事项》准则的比较与思考［J］．中国注册会计师，2018，225（02）．

［2］邹程程，王冬梅，林旭锋．关键审计事项的提示作用到底有多强？——基于“老练者”的典型案例分析［J］．财务管理研究，2021（05）．

［3］谢晓娟．基于关键审计事项视角下的审计失败案例研究——以正中珠江对康美药业的审计为例［J］．商业会计，2020，680（08）．

案例说明书

一、本案例要解决的关键问题

1.理解和掌握关键审计事项、审计责任、重要性、审计风险、职业谨慎、勤勉尽责等重要概念；

2.掌握确定关键审计事项的决策框架（思路）等重要实务问题；

3.重点理解与分析关键审计事项沟通的实质性信息含量。

二、案例讨论的准备工作

（一）理论背景

注册会计师审计的基本理论与实务知识。

（二）行业背景

医疗企业是指从事医药制造、医疗器械生产、医药流通、医疗服务等相关业务的企业。医疗企业的特点是涉及人类健康和生命安全，受到国家法律法规和行业标准的严格监管，同时面临市场竞争和技术创新的挑战。医疗企业的审计目的是保障其财务报表的真实、完整、准确和合规，评价其内部控制和风险管理的有效性。2016年12月，财政部印发了《中国注册会计师审计准则第1504号——在审计报告中沟通关键审计事项》等12项准则，并于2017年1月1日起在“A+H”股上市公司以及只在H股上市的公司实施，其他上市主体财务报表审计业务于2018年1月1日起实施。康美药业作为上市公司，从2017年开始按照新准则披露关键审计事项。2018年12月28日，康美药业收到中国证监会立案调查通知，涉及的违法问题中有营业收入、营业成本账实不符问题。然而，康美药业2017年度、2018年度审计报告均按要求披露了关键审计事项，两年都把

“医药销售收入的确认”、“存货可变现净值的确认”和“存货”作为关键审计事项，并披露了详细的审计应对程序。这就向公众传达了这样一种信息，至少被审计单位年报在这些报表项目方面应该是没有问题的，但事实恰恰相反。

（三）制度背景

《证券法》《中国注册会计师审计准则》《企业会计准则》。

三、教学组织方式

（一）问题清单及提问顺序

1.本案例中，康美药业主要涉及哪些方面的造假行为？

2.本案例中，正中珠江在审计中有哪些违规行为？

3.如何理解关键审计事项？怎么认定关键审计事项？

4.关键审计事项的沟通信息到底有多强？

5.从本案例中，我们能够得到哪些启示？

（二）课时分配

1.课前完成案例阅读和初步思考：约3小时。

2.小组讨论并提交分析报告提纲：约3小时。

3.课堂小组代表发言，主题讨论：约3小时。

4.进行归纳总结：约0.5小时。

（三）讨论方式

本案例可以采用小组形式进行讨论。

（四）课堂讨论总结

课堂讨论总结的关键是：归纳、评价发言小组的主要观点；重申重点及亮点；提醒学生对关键问题或有争议的观点进行进一步思考和讨论；鼓励学生发散思维，对案例素材进行扩展研究和深入分析。

案例18　中兴财光华对新绿股份审计失败案例

案例正文

专业领域/方向

审计学

适用课程

审计理论与实务

编写目的

1. 理解和掌握会计责任、审计责任、审计风险、职业谨慎、勤勉尽责等重要概念。

2. 理解和掌握合理的函证程序、获取公正真实的审计证据、关联方交易等重要实务问题。

3. 通过中国证监会的行政处罚决定加深对审计理论与实务关键问题的理解。

知识点

会计责任、审计责任、审计风险、职业谨慎、勤勉尽责

关键词

中国证监会、新绿股份、中兴财光华、行政处罚

案例摘要

2019年6月11日，中国证监会发布了对山东新绿食品股份有限公司（以下简称新绿股份）的行政处罚决定书。2015年8—11月，新绿股份向全国中小企业股份转让系统提交申请股票公开转让申报文件并公开披露，这些文件存在虚假记载：虚增申报会计期主营业务收入、虚增申报会计期末银行存款和固定资产；隐瞒申报会计期关联方交易；未如实披露该公司存在重大内控缺陷；关联方交易不规范等。2020年5月14日，中国证监会发布了对中兴财光华会计师事务所（以下简称中兴财光华）的行政处罚决定书，中兴财光华在为新绿股份2015年年报提供审计服务过程中，违反了依法制定的业务规则，在审计中未勤勉尽责，存在虚假记载；对银行存款实施的审计程序存在缺陷；对应收账款和预付账款的审计程序不当；对存货的审计程序执行不到位；对其他应收款的审计程序执行不当等。该案例涉及诸多审计理论与实务问题，对本案例进行认真解读

和扩展探索，有助于我们加深对审计准则、审计理论、审计实务、国家政策法规等方面的理解和掌握。

一、引言

2020年5月14日，中国证监会发布了关于中兴财光华的行政处罚决定书，在资本市场上引起了很大反响。其违法事实是中兴财光华在新绿股份2015年年报审计过程中没有勤勉尽责，出具的审计报告存在虚假记载。中兴财光华于2016年6月20日对新绿股份2015年年度报告出具了标准无保留意见的审计报告。随后中国证监会对中兴财光华和相关注册会计师进行了处罚，对中兴财光华的违规行为责令改正，罚没审计业务收入25万元，并处以25万元罚款；对审计该项目的注册会计师孙国伟和许洪磊给予警告，并分别处以5万元罚款。

中兴财光华创建于1983年，总部在北京，是一家具有证券期货相关业务资格的专业会计服务机构，主营业务为审查企业会计报表、出具审计报告以及其他相关会计、审计、财务咨询工作。中兴财光华有从业人员约3 000名、注册会计师约1 000名，其他具备国际相关技术资格和高级职称的人数也很多，2020年其审计业务收入达到12.50亿元。截至2021年6月，中兴财光华为60多家上市公司提供年报审计服务，审计新三板企业超过1 000家，荣获“中国十大最值得信赖会计师事务所”称号。然而，在2017—2020年短短的4年间，因为出具不恰当的审计意见，中兴财光华频频收到中国证监会的警示函、责令改正和行政处罚决定书。

二、新绿股份财务舞弊手段与中兴财光华审计问题分析

（一）案例背景

新绿股份于2005年6月注册成立，位于山东省泗水县经济开发区，法定代表人为张永胜，是以肉牛养殖、加工、销售为一体的综合性大型牛肉食品加工企业。该公司于2015年12月于新三板挂牌上市，2016年10月因财务舞弊被中国证监会立案调查，2019年5月被终止挂牌新三板，至今处于停牌状态。新绿股份在2010—2015年期间，为了在新三板上市，通过融资不断扩大企业产值和规模，并聘请北京兴华会计师事务所对其在新三板挂牌事项进行审计，出具了标准无保留意见的审计报告，2015年12月成功挂牌上市。此后不久，新绿股份就公告延期披露2015年年报，导致其在2016年5月份被责令暂停在新三板交易。新绿股份临时变更会计师事务所，由中兴财光华承接2015年年报审计工作。在短短一个月的时间内，中兴财光华就为新绿股份出具了标准无保留意见的审计报告。在新绿股份挂牌后的一年中，该公司管理层经历了多次人事变动，收到多份券商发出的风险提示，被曝出财报披露不实、股权质押和关联方资金占用等问题，引发了社会的广泛关注，中国证监会于2016年10月对其立案调查。之后因审计风险过高，没有会计师事务所承接新绿股份的审计项目，新绿股份最终未能披露2017年年报，于2019年5月被终止挂牌新三板。2019年6月，中国证监会公布了对新绿股份的处罚公告，披露其虚增主营业务收入、虚增固定资产、虚增利润的财务舞弊事实。中国证监会也于2020年5月发布了对中兴财光华的行政处罚，作为新绿股份的年报审计机构，在新

绿股份存在财务造假的情况下，中兴财光华仍为其2015年年报出具了标准无保留意见，与其真实财务状况严重不符。中兴财光华在审计过程中未严格执行审计程序，没能发现新绿股份的财务舞弊和造假行为，出具了不恰当的审计报告，标志着中兴财光华审计失败。

2019年6月11日，中国证监会对新绿股份下发了处罚公告和市场禁入通知。根据行政处罚决定书，新绿股份虚增2015年主营业务收入和固定资产、隐瞒期末负债、隐瞒2015年关联方资金往来发生额；在关联方交易方面，新绿股份没有如实披露相关信息：隐瞒关联方占用新绿股份的资金，虚假披露关联方之间往来的金额，董事会没有按照内部控制的要求审议关联方交易事项，隐瞒大股东大额质押新绿股份股权的事实。中国证监会对新绿股份给予警告，并处以60万元罚款；对陈星、张永胜、张从光、孙志旭等主要违规人员分别给予警告，并分别处以10万元罚款；对赵鑫慷、韩广星、尤华东、卢运东、李皓月、李兰涛、李金和张钦城等随从人员分别给予警告，并处以3万元罚款；对主犯陈思给予警告，并处以30万元罚款。需要特别注意的是，新绿股份的实际控制人、本案主犯陈思被采取终身证券市场禁入措施，这是新三板首例实际控制人被执行市场禁入措施，可见本次舞弊影响之恶劣。

2020年5月14日，中国证监会对中兴财光华和相关注册会计师出具处罚公告，对中兴财光华的违规行为责令改正，罚没审计业务收入25万元，并处以25万元罚款；对注册会计师孙国伟和许洪磊给予警告，并分别处以5万元罚款。

（二）新绿股份财务舞弊的主要手段

1.重大财务造假和虚假披露

（1）虚增主营业务收入。

2013—2015年，新绿股份为了挂牌上市和达到对赌协议要求，每年都虚增50%左右的营业收入。2015年，新绿股份利用中国工商银行莒南支行账户伪造银行收款1 054笔，虚构银行收款54 664.38万元，根据测算，虚增主营业务收入36 907.29万元。虚增部分主营业务收入占当期公开披露的48.21%，对2015年利润总额的影响高达5 497.46万元，占当期公开披露利润总额的86.67%（见表18-1）。伪造金额如此之大，审计时却未发现。

表18-1　**新绿股份实际营业收入与虚增营业收入对比情况**　金额单位：万元

年份	2013	2014	2015
对外披露营业收入	49 429.35	64 855.64	76 559.79
实际营业收入	22 846.68	34 704.04	39 652.50
虚增营业收入	26 582.67	30 151.60	36 907.29
虚增额占比	53.77%	46.49%	48.21%

（2）虚增期末固定资产。

新绿股份利用5份虚假的银行付款凭证，进行虚假的记账凭证编制，在2013—2014年虚列“车间二期工程”项目相关成本。在建工程的相关成本虚增，使得记录的固定资产原值不实，最终虚增2015年固定资产2 728万元；然后通过固定资产折旧计入制造费用，使虚增银行存款的影响逐步摊入长期资产。

（3）该公司披露的文件存在虚假记载。

新绿股份披露的董事会决议内容与事实不符。2016年6月28日，新绿股份披露的董事会决议公告显示董事会会议应到董事9名，实到董事9名，全体赞成通过2015年年报审议等5项议案。但实际情况是，该次董事会会议应到董事9名，实到董事5名，以5张赞成票表决通过了8项议案。董事会会议披露的信息与实际会议内容不符，欺骗了投资者。

新绿股份披露的关联方资金占用归还情况与实际情况不符。2016年7月19日，新绿股份公告关联方占用该公司资金情况，称莒南鸿润已经归还占用资金5 160万元，剩余部分利息尚未归还。但实际上，经查证，莒南鸿润根本未归还占用资金。陈思作为新绿股份和莒南鸿润的实际控制人，也是莒南鸿润虚假归还占用资金的主导人，该公司对外披露的关联方资金占用情况与实际事实严重不符，违反了相关披露规定的要求，未如实向投资者公开关联方资金占用情况。

该公司未按规定披露大股东股权质押信息。2015年12月3日至16日，陈星分别与海际证券有限责任公司等6家机构签订股权质押合同，并办理了股权质押登记手续，将其持有的新绿股份58 427.31万股（占总股本的39.75%）股权质押给上述机构，为北京绿润、莒南鸿润发行的私募债券延期提供兑付担保。上述股权质押信息迟至2016年7月8日才公开披露。陈思作为实际控制人，且是股权质押事项的受益人和当事人，违反了中国证监会相关管理办法，对上述违法行为负直接责任。新绿股份存在巨额担保，影响该公司持续经营，未能如实向投资者及时披露股权质押信息。

2.隐瞒关联方关系和资金往来发生额

新绿股份在2016年度披露的2015年年报中关于关联方交易的部分存在不真实、不合理的描述，具体表现为：与关联方的交易资金在账外记录，随意篡改或捏造银行收付款凭证。2015年，新绿股份使用中国工商银行莒南支行账户、中国工商银行泗水支行账户及中国农业银行泗水支行账户与莒南鸿润等4家关联方发生关联方交易，这4家关联方都是新绿股份实际控制人陈思控制的公司，和陈思累计发生关联方资金往来40 615.37万元。但是在新绿股份2015年年报中，仅披露了3家关联方，山东绿色乐园食品有限公司并未包括在内，合计占用新绿股份资金10 521万元，归还1 600万元，实际发生额较当期公开披露发生额高出28 494.37万元。同时，在新绿股份披露的、由中兴财光华出具的关联方占用资金情况说明中，也未全部披露关联方交易，隐瞒关联方资金往来发生额28 494.37万元，存在虚假记载和披露。

3.为达到对赌协议约定业绩存在舞弊动机

2012年，新绿股份与馨兰聚君和诚鼎二期等股东签订了对赌协议，只要全年净利润达到4 000万元，便对新绿股份进行增资，否则就要把部分股权转让。此后，新绿股份还与多家投资方签订对赌协议，其中就包括嘉兴硅谷天堂、上海建银国际、北京方正富邦创、方正和生等。对赌协议对新绿股份的业绩进行了约定，新绿股份按照扣除非经常性损益前和扣除非经常性损益后净利润孰低的原则确定业绩，2013—2015年业绩分别不得低于5 750万元、7 475万元、9 775万元。而在对赌协议约定的前一年，新绿股份实际利润仅为3 721万元。这意味着新绿股份在此后的业绩至少要增长2~3倍，这使得新绿股份承受了过度压力。

新绿股份一直是由陈星和陈思父子绝对控股，他们一方面想要股东增资，另一方面又不想使自己的股权被稀释，从这时开始，新绿股份因对赌协议产生了舞弊动机。新绿股份实际控制人陈思主导了财务造假事宜，还专门制定了《泗水上市工作流程交接报告》当作造假操作指引，通过一系列财务舞弊，虚增净利润，有计划、有目的地进行财务造假。审计人员未发现，导致审计失败。

4.内部控制存在重大缺陷

新绿股份的股权结构是一股独大，没有互相制衡。新绿股份是家族企业，陈星和陈思父子绝对控股，他们掌握了绝对的话语权。一股独大是一把“双刃剑”，一方面可以提高决策效率，避免股东因为控制权发生争斗；另一方面会缺乏内部制衡，实际控制人凌驾于内部控制之上，独断专行。事实证明，正是因为这种股权结构不合理，才给新绿股份的财务舞弊行为提供了运作空间，导致审计风险提高。新绿股份设置了内账、税务账和上市账多套财务账，而且三套账的财务数据都不一致，其中内账与上市账的主营业务收入存在巨大差异，财务数据严重失真。另外，关联方交易审批授权不当。新绿股份基本上没有按照公司章程召开董事会会议和股东大会审议关联方交易事项，相关经济业务由陈思独断，股东大会和董事会等审议机构无法对关联方交易的风险进行把控。

该公司财务部门并不独立，关联方交易相关财产保护控制活动存在重大缺陷。新绿股份与关联方财务管理不独立，中国工商银行莒南支行的账户和网银完全被关联方管控，该公司财务资源被关联方占用的风险巨大。

此外，关联方交易相关会计控制存在重大缺陷。新绿股份采用往来资金不入账的方法将关联方交易剔除在会计核算之外，从而达到掩盖交易违规的目的；为了粉饰报表，串联关联方虚构营业收入和利润，并伪造相关的经营性现金流入。以上操作使得该公司的会计信息无法真实、准确地反映经营成果。

（三）中兴财光华情况与主要审计问题

1.中兴财光华基本情况

中兴财光华规模较大，机构健全，资质齐全，整体实力在全国名列前茅，已为数十家上市公司提供年报审计和相关咨询服务，审计过上千家新三板企业。近些年来，中兴财光华营业收入增长较快，呈稳步上升趋势。根据中注协每年发布的综合评价前100家会计师事务所信息，2012—2020年，中兴财光华的营业收入均列入综合排名前20，特别是在2015年和2016年，其审计业务尤其是新三板审计业务不断扩大，收入增长速度达到48.79%和44.64%。但是在2018年和2019年，其收入增幅放缓，2020年收入增幅下降至3.75%。这可能与对新绿股份审计失败受到中国证监会行政处罚带来的不利影响有关。

2.主要审计问题

（1）审计程序执行不到位。

首先是银行存款函证程序失当。审计准则有严格规定，即使是本期已经处于注销状态的银行存款账户，注册会计师也必须按照流程严格落实函证程序。然而在对银行存款进行审计时，本应对新绿股份的39个银行账户进行函证，但真正实施函证的只有34个。

其次是预收账款函证程序未认真实施。中兴财光华在实施预收账款函证程序时，发出了20份询证函，在没有收集所有回函的情况下，还发生了15份回函中有5份是新绿股份直接找被询证单位盖章扫描发回复印件的情况，其中涉及的金额占期末预付账款余额的27%。根据审计准则的规定，虽然没有对所有的应收账款进行函证，但审计人员应该根据自己的职业判断作出合理的选择，同时一定要注意，在被审计单位没有预防的情况下，由审计人员亲自编制、寄发询证函并亲手接收回函。中兴财光华的审计人员对回函进行评价时，没有保持职业怀疑，当新绿股份的人员自行盖章扫描发回复印件时，却对其保持完全信任。

最后是存货的审计程序执行不到位。新绿股份主营业务为肉牛养殖、屠宰、加工、销售等，属于典型的农林牧渔业。新绿股份有5个牧场，存货品种500余个，中兴财光华仅抽查了40%的牧场和1.6%的存货品种。对于农业大类下的食品加工类企业而言，其存货的质量和数量会随时改变，注册会计师在农业类企业审计过程中，存货监盘程序是必不可少的，更是需要格外关注的，中兴财光华的抽盘比例较低，极大地影响了存货监盘的结果。

（2）未及时关注异常的关联方交易。

中兴财光华在对新绿股份的关联方交易进行审计过程中，并未认真执行相关审计程序，对关联方交易执行的审计程序不充分。根据新绿股份年报披露，新绿股份有3家关联方，合计占用新绿股份资金10 521万元，实际归还1 600万元。但是经查，山东绿色乐园食品有限公司也属于新绿股份的关联方，这4家关联方全年累计发生关联资金40 615.37万元，比年报披露的金额高出28 494.37万元，且这4家关联方都是控股股东陈思所控制的公司。新绿股份有意隐瞒，并没有把与关联方的实际交易信息披露出来，通过伪造、篡改银行收付款凭证进行财务数据造假。中兴财光华对于新绿股份的关联方交易审计不到位，对于关联方之间的交易并未仔细查阅相关材料，没有执行必要的实质性程序。

（3）审计证据缺乏公允性和真实性。

中兴财光华在执行审计程序时收集到的审计证据中，有不少是由新绿股份提供的。例如在对应收账款进行审计时，销售回款的回单是新绿股份自己打印的回款凭证，而且有两张回单号码相同但凭证内容不同；再如对预付账款进行审计时，收到的回函是新绿股份找被询证客户盖章扫描发回的复印件，在对预付账款进行细节测试时，部分划款凭证是新绿股份自己打印的网银电子回单；在对其他应收款进行审计时，支付给养牛户的划款凭证是新绿股份财务总监邮件发送的复印件。根据审计准则的规定，相较于通过其他途径获取的审计证据，从被审计单位外部独立获取的证据更加真实可信。中兴财光华未将这些新绿股份提供的材料和原件进行比对，造成审计证据缺乏公允性和真实性。

三、案例分析

（一）新绿股份财务舞弊是审计失败的内在原因

被审计单位财务舞弊与审计失败存在因果关系。新绿股份挂牌新三板的前3年，其实际控制人陈星和陈思父子为了进一步股权融资，与馨兰聚君、联新投资等公司股东签订对赌协议，承诺该公司2013年、2014年和2015年扣除非经常性损益净利润分别达到5 750万元、7 475万元和9 775万元。要达到该对赌目标，新绿股份存在极大困难，因为2012年该公司的净利润仅为3 721万元，这就意味着新绿股份3年后净利润要增长1.63倍，年复合增长率为37.98%。对赌协议使得陈星和陈思父子承受了过度的业绩压力，因此有充足的动机利用非正常的关联方交易调节或粉饰利润、输送利益，从而达到业绩目标。此外，新绿股份的股权结构是一股独大，没有互相制衡。新绿股份是家族企业，实际控制人为陈星和陈思父子，他们凌驾于该公司的内部控制之上，这种股权结构给新绿股份的财务舞弊行为提供了运作空间。在这种内部控制体系下，新绿股份设置了内账、税务账和上市账多套财务账，而且三套账的财务数据都不一致，其中内账与上市账的主营业务收入存在巨大差异，财务数据严重失真。同时，该公司财务部门并不独立，其名下管理的中国工商银行莒南支行账户的电子网银被山东绿润食品有限公司长时间操纵使用，进行银行存款数据造假。内部控制的严重缺陷为新绿股份的财务舞弊埋下了隐患，也让多套账、伪造财务数据行为有了操作空间。

（二）注册会计师未勤勉尽责是审计失败的直接原因

注册会计师在审计过程中未勤勉尽责的表现有以下4点：

1.未严格执行审计程序

中兴财光华未能按照审计准则的要求，严格执行审计程序。在对新绿股份的银行存款进行审计时，银行账户未全部实施函证，在当年注销的银行账户未进行函证，其中就包括财务造假的关键性账户。会计师事务所在承接审计业务前，应当根据审计准则的要求，提早对被审计单位及会计师事务所的实际情况进行评估，落实好前后任会计师事务所的沟通程序。但是，中兴财光华仅是简单地走过场，流于形式，并未进行风险评估，承接了本不该接受的业务。在对存货项目进行审计时，中兴财光华仅执行1.6%的抽盘是不符合审计准则规定的。

2.未充分保持职业怀疑态度

中兴财光华对新绿股份2015年年度报告出具了无保留意见，即注册会计师相信新绿股份内部控制制度设计合理并执行到位。但事实上，新绿股份的内部控制存在显而易见且较为重大的缺陷。新绿股份集权化严重，治理层和管理层没有区分开，内部控制形同虚设。注册会计师非但没有把这一点当作审计中应该给予高度关注的特殊风险且执行相应的程序，反而在审计工作中对新绿股份非常信赖，所以影响了审计质量。此外，中兴财光华在对应收账款进行审计时，在明知有2张银行电子回单号码相同但凭证内容不同的情况下，仍未引起高度怀疑和警觉；在对其他应收款进行审计时，原始凭证和记账凭证转款人员不符，中兴财光华也未进一步查证，在审计过程中缺乏敏感性，错失了很多关键的审计证据。

3.未充分关注重大错报风险

注册会计师未以风险为导向进行审计，没有充分关注新绿股份所处行业的特定风险；没有对新绿股份的内控环境进行有效评估，包括对企业集权化、管理机制、员工激励机制、企业组织结构等进行评估，同时也没有对行业相关数据进行了解；注册会计师在面对一些明显不符合行业特征的数据时，选择了信任，而这种信任是过度的，也是注册会计师缺乏风险意识的体现。

4.前后任注册会计师之间缺乏有效沟通程序

依据新绿股份2016年披露的会计师事务所变更公告，2016年5月30日，董事会同意聘任中兴财光华。作为新绿股份挂牌财务报表审计机构的北京兴华会计师事务所，已经对新绿股份有了比较深刻的了解，也给出了无保留意见的审计报告。即便挂牌审计没有发现重大错报风险，中兴财光华的审计人员也应与前任注册会计师进行必要的沟通，但实际情况是，中兴财光华称已通过电话实施了沟通程序，只是并未在任何审计工作底稿中显示，随附的书面沟通函因无盖章和签字也成为无效证明文件，违反了审计准则的规定。

（三）中兴财光华对审计质量把控不严是审计失败的间接原因

中兴财光华的质量控制体系流于形式，未能起到控制审计质量的作用，是导致审计失败的间接原因。中兴财光华在2016年5月30日才承接新绿股份2015年年报审计业务，早已超过了正常年报的披露时间。在明知新绿股份延迟披露年报的情况下，中兴财光华仍然作出承接该业务的决定。中兴财光华被要求在短时间内出具审计报告，面临很大的审计风险和工作压力，最终导致审计过程流于形式，多项审计程序执行不到位，未能发现该公司的财务舞弊行为。当基本的审计流程完成以后，会计师事务所的质量控制复核也未发挥应有的作用，如对银行存款函证中存在回函内容异常的问题，在对存货监盘时出现比例不足的情况，在对预付账款的细节测试中抽取样本数量不足等，以上这些问题均未能在执行三级复核程序时被识别，导致中兴财光华出具了标准无保留意见的审计报告。

（四）审计行业执业环境不佳是审计失败的外部原因

1.审计行业市场竞争不规范

我国会计师事务所的数量在近些年中稳步增长，2019年全国会计师事务所的数量就已突破9 000家，而且继续稳步增长。然而，我国上市公司的增长速度却不及会计师事务所的增长速度。在这种竞争环境中，一旦会计师事务所为了收入而作出违背道德、违反审计工作原则的事情，或者降低审计收费，以低成本进行低质量的审计工作，就很容易发生“劣币驱逐良币”的现象，追求高质量审计结果的会计师事务所反而无法生存下去，会计师事务所很容易被利益所裹挟，不得不对财务报表中的错误或者刻意舞弊睁一只眼闭一只眼，甚至被要求与管理层合作进行审计报告造假。同时，审计客户资源大部分掌握在大型会计师事务所手上，国外“四大”会计师事务所和国内“八大”会计师事务所的业务数量和收入占整个审计市场的一半以上。在这种情况下，中小型会计师事务所对客户的一些不合理要求便难以“强硬”起来，注册会计师话语权丧失。

2.审计失当的违规成本过低

对于企业财务造假和会计师事务所审计失败，中国证监会采取的处罚大部分是行政处罚，较少涉及刑事处罚，处罚力度不大，违规收益远超违规成本，这是导致审计失败的重要外部原因。本案例中的新绿股份造假金额巨大，对资本市场的影响极为恶劣，受到的处罚也只是罚款60万元和警告，这与其造假所获得的利益相比实在是太少了。而中兴财光华仅被罚没审计业务收入25万元，并处以25万元罚款；对违规的注册会计师更是只给予警告，并分别处以5万元罚款，对个人的处罚太轻。

四、案例总结和思考

中兴财光华对新绿股份审计失败案是资本市场关于审计责任的经典案例，涉及会计师事务所和注册会计师执业过程中的诸多重要理论与实务问题，我们可以从中得到一些启示。

（1）注册会计师应时刻保持谨慎和职业怀疑。

注册会计师应当保持职业怀疑，以质疑的态度对审计证据进行评价，对异常数据与情况保持应有的警惕。

（2）恰当、完整地执行审计程序。

会计师事务所应对被审计单位的实际情况以及行业现状进行充分调查，对被审计单位的重大错报风险进行识别与评估，综合考虑客户的诚信、审计人员的素质和专业胜任能力、时间和资源等因素来决定是否承接业务。销售和收款是财务舞弊的重要领域，需要格外注意，要适当增加审计工作量，识别风险并加以应对。

（3）坚持风险导向审计。

注册会计师要树立风险意识，严格执行审计计划，判断所获得的审计证据是否能够形成完整的证据链。

（4）健全会计师事务所审计质量控制机制。

首先是慎重承接或保持审计业务；其次应完善质量控制体系；最后应引入同业复核制度，针对上市公司披露的信息和数据向同行和上下游关联企业求证，以提高准确性和真实性。

（5）规范审计市场竞争秩序。

在我国，成立会计师事务所的门槛比较低，较低的进场标准必然导致审计市场中存在良莠不齐、执业水平差距较大的问题，这又必然导致竞争加剧，有的会计师事务所就会钻空子，甚至铤而走险。根据目前审计行业的发展情况，应适当提高成立会计师事务所的门槛，提高从业人员准入标准。

（6）加大对相关责任主体的处罚力度。

要完善法律体系和监管体系，对会计师事务所和被审计单位的违法违规行为给予重重一击。一方面，要根据不同的主体制定明确的违法判定标准，尽快建立相应的民事赔偿制度及追责制度；另一方面，要提高会计师事务所或者注册会计师的违法成本，使其违法成本高于冒险违规而获得的收益，迫使审计单位在承接业务和出具审计报告时三思而行。

（7）适当改变审计收费机制。

在审计业务中，会计师事务所为乙方，被审计单位为甲方，被审计单位向会计师事务所支付审计费用。目前，审计费用支付方式主要有两种：一是被审计单位在审计业务开始时向会计师事务所支付30%的审计费用，剩余的在完成全部审计工作后才支付；二是在会计师事务所完成全部审计工作后，一次性支付所有审计费用。由此可见，在支付审计费用的方式上，会计师事务所处于被动地位，这在很大程度上限制了会计师事务所的独立性。这就需要相关监管部门搭建第三方平台，有效保证会计师事务所及注册会计师的独立性，降低审计失败的概率。

五、分析与讨论

1.如果客户故意舞弊，如何划分会计责任与审计责任？

2.如何理解审计上的会计师事务所“劣币驱逐良币”？

3.在审计实务中，实施合理的函证程序、获取公正真实的审计证据、关注关联方交易等业务需要重点关注哪些事项？

4.如何理解审计上的“勤勉尽责”？

5.结合中国证监会的其他行政处罚决定，对会计师事务所及注册会计师的处罚有哪些规律？

6.如何理解会计师事务所的声誉口碑？

六、参考文献

［1］中国证券监督管理委员会. 中国证监会行政处罚决定书（新绿食品股份有限公司、陈思、陈星等14名责任人员）〔2019〕55号［R/OL］.（2019-06-11）［2022-12-25］. http://www.csrc.gov.cn/csrc/c101928/c1042450/content.shtml.

［2］中国证券监督管理委员会. 中国证监会行政处罚决定书（中兴财光华会计师事务所、孙国伟、许洪磊）〔2020〕20号［R/OL］.（2020-05-14）［2022-12-25］. http://www.csrc.gov.cn/csrc/c101928/c1042340/content.shtml.

［3］中国注册会计师协会. 中国注册会计师执业准则（2017）［M］. 北京：中国财政经济出版社，2017.

［4］中国注册会计师协会. 中国注册会计师执业准则应用指南（2017）［M］. 北京：中国财政经济出版社，2017.

［5］卢菁. 关联方交易审计失败案例研究——以中兴财光华会计师事务所对新绿股份审计为例［D］. 南昌：江西财经大学，2021.

［6］贺钟霖. 基于职业谨慎性的审计失败问题研究——以中兴财光华审计失败为例［D］. 呼和浩特：内蒙古财经大学，2021.

［7］李昕岑. 中兴财光华会计师事务所对新绿股份审计失败的案例分析［D］. 南昌：江西财经大学，2022.

案例说明书

一、本案例要解决的关键问题

1.理解和掌握会计责任、审计责任、审计风险、职业谨慎、勤勉尽责等重要概念；

2.理解和掌握合理的函证程序、公正真实的审计证据、关联方交易等重要实务问题；

3.通过中国证监会的行政处罚决定加深对审计理论与实务关键问题的理解。

二、案例讨论的准备工作

（一）理论背景

注册会计师审计的基本理论与实务知识。

（二）行业背景

新绿股份于2005年6月成立，地址在山东省泗水县经济开发区，法定代表人为张永胜，是以肉牛养殖、加工、销售为一体的综合性大型牛肉食品加工企业。该公司于2015年12月在新三板挂牌上市，2016年10月因财务舞弊被中国证监会立案调查，2019年5月，新绿股份被终止挂牌新三板，至今处于停牌状态。2021年3月3日，新绿股份更名为山东国新食品有限公司，注册资本1 000万元，法定代表人为赵桂斌。

新绿股份在2010—2015年期间，为了在新三板上市，通过融资不断扩大企业产值和规模，并聘请北京兴华会计师事务所对其在新三板挂牌事项进行审计，出具了标准无保留意见的审计报告，2015年12月成功上市。此后不久，新绿股份就公告延期披露2015年年报，导致其在2016年5月份被责令暂停在新三板交易。新绿股份临时变更会计师事务所，由中兴财光华承接2015年年报审计工作。在短短一个月的时间内，中兴财光华就为新绿股份出具了标准无保留意见的审计报告。在新绿股份挂牌后的一年内，该公司管理层经历了多次人事变动，收到多份券商发出的风险提示，被曝出财报披露不实、股权质押和关联方资金占用等问题，引发了社会的广泛关注。中国证监会于2016年10月对其立案调查。之后因审计风险过高，没有会计师事务所承接新绿股份的审计项目，新绿股份最终未能披露2017年年报，于2019年5月被终止挂牌新三板。2019年6月，中国证监会公布了对新绿股份的处罚公告，披露其虚增主营业务收入、虚增固定资产、虚增利润的财务舞弊事实。中国证监会也于2020年5月发布了对中兴财光华的行政处罚，作为新绿股份的年报审计机构，在新绿股份存在财务造假的情况下，中兴财光华仍为其2015年年报出具了标准无保留意见，与真实财务状况严重不符。中兴财光华在审计过程中未严格执行审计程序，没能发现新绿股份的财务舞弊和造假行为，出具了不恰当的审计报告，标志着中兴财光华审计失败。

（三）制度背景

《证券法》《中国注册会计师审计准则》《企业会计准则》。

三、教学组织方式

（一）问题清单及提问顺序

1. 本案例中，新绿股份主要涉及哪些方面的造假行为？

2. 本案例中，中兴财光华在审计中有哪些违规行为？

3. 如何理解会计责任与审计责任？

4. 在审计实务中，对实施合理的函证程序、获取公正真实的审计证据、关注关联方交易等业务需要重点关注哪些事项？

5. 从本案例中，我们能够得到哪些启示？

（二）课时分配

1. 课前完成案例阅读和初步思考：约3小时。

2. 小组讨论并提交分析报告提纲：约3小时。

3. 课堂小组代表发言，主题讨论：约3小时。

4. 进行归纳总结：约0.5小时。

（三）讨论方式

本案例可以采用小组形式进行讨论。

（四）课堂讨论总结

课堂讨论总结的关键是：归纳、评价发言小组的主要观点；重申重点及亮点；提醒学生对关键问题或有争议的观点进行进一步思考和讨论；鼓励学生发散思维，对案例素材进行扩展研究和深入分析。

案例19　深圳堂堂所：失守的底线

案例正文

专业领域/方向

审计学

适用课程

审计理论与实务

编写目的

1.理解和掌握独立性、项目质量复核、审计意见购买、或有收费、居间费用等审计概念。

2.理解和掌握审计业务承接、审计风险的识别和应对、审计证据的获取和评价、业务质量管理等审计工作原理和方法。

3.理解和掌握注册会计师行业的职业道德要求和会计师事务所的业务质量管理要求。

知识点

职业道德、审计收费、项目质量复核、收入审计、函证程序、职业怀疑

关键词

审计意见购买、独立性、审计失败、质量管理

案例摘要

2020年3月1日，新《证券法》放宽了证券服务机构的业务准入要求，我国中小会计师事务所只要在中国证监会和财政部完成“双备案”，也能执行证券期货相关业务。深圳堂堂会计师事务所（以下简称堂堂所）是首家承接上市公司年报审计业务的中小会计师事务所，却在2020年因陆续承接了多家ST及*ST上市公司的审计工作而受到中国证监会的关注。中国证监会于2021年对堂堂所执行*ST新亿2019年年报审计业务进行了立案调查，发现堂堂所明知*ST新亿出于购买审计意见意图而变更会计师事务所，仍与其签订了审计业务约定书以及补充协议，并在补充协议中承诺不出具“无法表示意见”或“否定意见”的审计报告，同时还提出，如果被监管部门处罚，*ST新亿应予补

偿。在整个执业过程中，堂堂所缺乏应有的职业操守和底线，存在独立性严重缺失、审计程序实施不当、审计报告存在虚假记载和重大遗漏，以及质量控制流于形式等严重违纪违规行为。因此，中国证监会依据新《证券法》的规定，对堂堂所实施了“没一罚六”的严厉处罚，并将相关主体涉嫌犯罪问题移送公安机关处理。

一、引言

2018年12月28日，第十三届全国人大常委会第十五次会议表决通过了新修订的《证券法》，自2020年3月1日起正式实施。根据新《证券法》的规定，会计师事务所从事证券业务资格的审批制改为备案制，这就意味着那些符合条件的中小会计师事务所，只要在中国证监会和财政部完成“双备案”，就自然拥有了证券期货相关业务资格。堂堂所是新《证券法》实施后，国内首家承接上市公司年报审计业务的中小会计师事务所，也是国内第一家出具A股上市公司审计报告的中小会计师事务所，于2020年12月跻身深圳百强会计师事务所行列。2020年，该所因陆续承接了多家ST及*ST上市公司的审计工作而受到中国证监会的关注。2020年下半年，中国证监会对堂堂所执行的*ST新亿2019年年报审计业务进行了立案调查，发现其在执业过程中存在诸多问题。2022年2月25日，中国证监会针对堂堂所在*ST新亿审计业务中未勤勉尽责的违法违规行为依法下达了行政处罚决定书。

二、堂堂所存在的违法事实

根据《中国证监会行政处罚决定书（堂堂所、吴育堂、刘润斌、刘耀辉）》（〔2022〕6号），堂堂所及其注册会计师在为*ST新亿提供2018年和2019年年报审计服务过程中，主要存在以下违法事实：

（一）出具的文件存在虚假记载和重大遗漏

2020年8月，*ST新亿召开股东大会，通过了聘请堂堂所为该公司年审机构并予以公告。2020年9月，堂堂所与*ST新亿签订了2018年和2019年审计业务约定书，负责对*ST新亿2018年、2019年年度财务报表以及喀什韩真源投资有限责任公司（*ST新亿的子公司，以下简称韩真源）2018年净资产、2019年年度财务报表进行审计，并于2021年4月收取了*ST新亿支付的审计费199万元。根据中国证监会的调查结果，*ST新亿2018年和2019年年度报告存在虚假记载和重大遗漏，而堂堂所对*ST新亿2018年和2019年年度财务报表出具了带保留意见的审计报告，对韩真源2018年净资产和2019年年度财务报表出具了标准意见审计报告。

（二）审计独立性缺失

1.承诺对*ST新亿2019年年度财务报表不出具否定或无法表示意见的审计报告并约定或有费用

根据中国证监会的调查，2020年2月初，注册会计师刘耀辉向堂堂所的注册会计师吴育堂推荐*ST新亿2019年年审业务，且通过微信将*ST新亿年审业务《年报无法表示意见问题及处理思路》和《600145ST新亿2019-05-09审计报告》等相关资料发给吴育堂，同时称“2019年年报不能出具无法表示意见及否定意见报告，可以是保留意见”，吴育堂回复“知道，我这边商量一下”。吴育堂经过初步了解后，决定通过堂堂所承接*ST新亿2019年年审业务，并就业务约定书的条款与刘耀辉进行了讨论、修改。同日，刘耀辉和*ST新亿时任董事长黄某要求吴育堂出具“承诺函”（即审计业务约定书补充协议），承诺不对*ST新亿2019年年度财务报表出具否定或无法表示意见的审计报告；吴育堂也反过来提出要求，若堂堂所受到处罚，*ST新亿需对堂堂所进行补偿。2020年3月17日，吴育堂对刘耀辉发过来的业务约定书补充协议进行了修改，补充了要求*ST新亿继续聘请堂堂所为2020年年报审计机构以及*ST新亿要对堂堂所可能面临的处罚进行赔偿等相关内容。*ST新亿与堂堂所于2020年3月26日签订了*ST新亿2019年审计业务约定书和审计业务补充约定书。审计业务补充约定书的主要内容如下：

“一、乙方（堂堂所）知晓甲方（*ST新亿）2018年会计师事务所审计意见中所述问题的原因，并与甲方一起协调讨论确定了后附的《2018年年报无法表示意见问题及处理思路》；

二、甲方按照后附的《2018年年报无法表示意见问题及处理思路》提供审计所需要的资料和文件，全力配合乙方完成审计工作；

三、在甲方满足上述第二条的情况下，乙方承诺不会出具否定或无法表示意见的审计报告；

四、如果因为甲方原因，导致出具了否定或无法表示意见的审计报告，甲方应按审计业务约定书的条款正常支付相应的审计费；

五、如果在甲方满足上述第二条的情况下，乙方还是出具了否定或无法表示意见的审计报告，甲方有权不支付相关的审计费，并可要求乙方赔偿等额的审计费；

六、如果在甲方满足上述第二条的情况下，乙方出具了非否定或无法表示意见的审计报告，甲方承诺继续聘请乙方作为2020年度年报审计机构，乙方和甲方一起持续、健康、稳定、向上共同成长；

七、如乙方因出具非否定或无法表示意见的审计报告导致乙方及签字注册会计师受到监管部门处罚，则甲方应赔偿乙方及签字注册会计师因处罚所遭受的损失，包括罚金及名誉损失费50万元，以及法律诉讼损失。”

2.承诺对因签字导致的行政处罚给予赔偿

注册会计师刘润斌于2020年8月5日与堂堂所签订劳动合同，并于8月23日申请将注册会计师执业关系转到堂堂所。在原拟签字注册会计师拒绝签署*ST新亿相关审计报告后，堂堂所的吴育堂与刘润斌沟通签署*ST新亿相关年审报告事宜，要求刘润斌签署*ST新亿相关审计报告。刘润斌担心签署*ST新亿相关审计报告会被行政处罚，要求堂堂所出具承诺书，对可能导致的行政处罚给予补偿。2020年8月25日，吴育堂将加盖堂堂所公章的承诺书扫描版通过微信发给刘润斌。在该承诺书中，堂堂所对刘润斌作为新疆亿路万源实业控股股份有限公司2018年度、2019年度审计报告签字注册会计师所做的大量工作表示了感谢，并承诺：如该审计报告给刘润斌带来行政处罚的罚款，由会计师事务所承担所有罚款；如果此审计报告给刘润斌带来严重的行政处罚（行业禁入），会计师事务所会给予其人民币30万元经济补偿；收到审计费后，会计师事务所会按规定时间支付审计报告签字费，没有收到审计费本年也一定支付。同时还承诺，项目组的绩效工资在此审计报告接受证监局质量检查结束予以支付。

3.承诺支付居间费用

2020年8月27日，由于堂堂所是通过刘耀辉承接的*ST新亿年审业务，因此刘耀辉拟定了书面居间协议，对居间业务的相关费用进行了明确。协议中提到深圳市何山创贸易有限公司居间引荐堂堂所和*ST新亿洽谈，并最终促成双方签订审计业务约定书，因此堂堂所应按所签业务约定书总额的20%，支付其居间报酬55万元。之后，该协议因吴育堂团队在审计期间被隔离在新疆未能签署，待其回深圳后，又因该项目被监管部门检查，刘耀辉未与吴育堂补签书面协议。截至2021年4月30日，堂堂所尚未收到全部审计费用，居间费用也因此未予支付。

4.违规修改审计报告内容

（1）堂堂所更改韩真源2018年净资产审计报告的审计意见类型。2020年7月下旬，*ST新亿年审原拟签字注册会计师、项目经理在完成韩真源2018年审计工作后，拟对韩真源2018年净资产审计报告出具保留意见。对此，刘耀辉和*ST新亿时任董事长黄某明确表示不能接受。在刘耀辉、黄某施压下，吴育堂要求原签字注册会计师更改审计报告意见，而该注册会计师予以拒绝并辞职。堂堂所更换了签字注册会计师，在未执行进一步审计程序以消除保留意见产生基础的情况下，更改了韩真源2018年净资产审计报告审计意见类型。

（2）堂堂所根据相关方要求删除审计报告中的重要内容。2020年5月24日，韩真源与喀什市自然资源局签署喀什市开源市场用地规划调整开发协议（以下简称开发协议），约定对韩真源开源市场进行规划调整并重新开发。根据开发协议，如果韩真源2020年8月24日前未拆除完毕，视为韩真源放弃开发，喀什市自然资源局收回土地使用权；如韩真源原产权证书办理了抵押手续，也应该在2020年7月20日内办理解抵押手续。堂堂所在审计报告资产负债表日后事项中提及“韩真源于2020年6月开始拆迁，终止房屋出租、场地使用权出租业务……预期开发期间经营活动产生的现金流为负数。拟取得投资方相关安排尚未形成明确协议，导致其结果具有不确定性”，但未就开发协议中关于8月24日前未拆除完毕，视为韩真源放弃开发，自然资源局收回土地使用权和强制性要求解除抵押的事项予以披露。经查，堂堂所在审计报告初稿中，拟对开发协议进行完整披露，但在黄某、刘耀辉的要求下，堂堂所删除了关于“8月24日前未拆除完毕，视为韩真源放弃开发，自然资源局收回土地使用权”的内容。

（3）堂堂所关于*ST新亿2018年和2019年审计报告复核工作实际上依赖刘耀辉团队完成。刘耀辉团队、堂堂所团队和黄某创建了关于*ST新亿2018年和2019年年审报告复核微信群，群成员包括堂堂所吴育堂、刘润斌等人，刘耀辉及其团队成员以及*ST新亿黄某。刘耀辉团队在群内提出修改意见或直接修改，堂堂所团队根据意见修改审计报告。

（三）收入审计存在严重缺陷

1.协助修改租金抵账协议，审计程序存在严重缺陷

新疆宏晟置业有限公司（以下简称宏晟置业）、韩真源、*ST新亿三方签署租金抵账协议，其中约定韩真源将开源市场的房产出租给宏晟置业，以抵偿*ST新亿欠宏晟置

业的款项。2019年12月31日，韩真源根据发票，确认租赁收入130万元。经查，该租金抵账协议于2020年年报审计期间倒签，未约定租赁的具体房产，宏晟置业既未实际租赁开源市场房产，也未对相关房产进行管理转租或收到转租租金，协议未实际履行，相关债务未抵销。根据相关审计工作底稿，堂堂所审计人员在第一次现场审计中，发现该公司该笔租金收入只有发票，无法提供合同并拒绝配合实施现场走访程序，存在重大异常，并进行了调减，同时记录在审计工作底稿中，并经吴育堂复核，吴育堂也发现了该公司针对该笔收入仅存在发票而未提供相关合同的异常情形。在第二次现场审计中，吴育堂协助*ST新亿修改租金抵账协议，要求韩真源和相关方尽快盖章，并据此在审计报告中确认了韩真源该笔2019年租金收入130万元。

2.未实施充分审计程序核实贸易收入真实性

*ST新亿子公司亿源汇金系*ST新亿2018年和2019年贸易收入主体。2018年5月，亿源汇金分别与吐鲁番思北投资有限公司（以下简称思北投资）、鄯善阿信商贸有限公司（以下简称阿信商贸）签署铁精粉采购与销售合同。亿源汇金根据上述采购与销售合同，分别确认2018年、2019年营业收入1 338万元、212万元。

堂堂所审计人员在第一次现场审计中发现，*ST新亿贸易收入存在重大异常，存在贸易收入对应的采购方与销售方的工商注册地址一致、在账上看到有相应的存货但在实物盘点时没有盘点到相应的存货等异常情况，且该公司财务人员离职、变动较大，提供给项目组的收入确认资料不齐备，建议调减该收入。第二次现场审计时，在风险评估中对收入已识别存在重大错报风险和特别风险的情况下，未实施特别审计程序，以获取比第一次现场审计更有效的证据，原拟签字注册会计师明确提出调减*ST新亿2018年和2019年贸易收入的意见。之后实施了函证程序，但仍然存在重大缺陷。签字注册会计师更换为刘润斌后，刘润斌称其在签署报告前复核审计工作底稿时未发现相关问题，签署报告后整理审计工作底稿时发现关于亿源汇金铁精粉销售收入仅获取了发票，但是没有合同、发货单、结算单，要求该公司补充提供合同、发货单、结算单。该公司只提供了合同和2019年的结算单、发货单，2018年的结算单直至2021年4月30日仍未获得。因为审计报告已经出具，刘润斌修改了审计工作底稿。签字注册会计师吴育堂签署报告前对于审计工作底稿中记录的事项未认真复核，对原拟签字注册会计师提出的意见未予以采纳，也未进一步实施审计程序以核实其真实性，就确认了*ST新亿2018年和2019年有关亿源汇金的贸易收入。

3.未实施必要审计程序核实物业费收入的真实性

经中国证监会调查发现，喀什鼎盛源物业服务有限公司（以下简称鼎盛源）2019年物业费收入合同安排明显不合理，不符合收入确认条件。一是鼎盛源于2019年8月30日设立，2019年1月1日至2019年8月29日期间，鼎盛源不是会计核算的主体。二是根据韩真源与鼎盛源签订的物业管理委托合同，2019年11月18日开始，韩真源才将开源市场委托鼎盛源管理，2019年1月1日至2019年11月17日期间，鼎盛源无权委托喀什宏腾达物业服务有限公司（韩真源原股东实际控制，以下简称宏腾达）代管开源市场。三是2019年12月31日倒签协议约定2019年委托经营管理不具有合理性。针对上述情况，原拟签字注册会计师明确提出鼎盛源2019年物业费收入属于合同安排、财务造假，不同意确认该收入，如果*ST新亿坚持确认该收入，要在审计报告中将该事项列为保留事项。对于该注册会计师的意见，吴育堂知悉并与其进行了讨论。后任注册会计师刘润斌未关注合同签署时间，但关注该收入无对应的成本，也对该收入提出过质疑，并要求宏腾达补充出具了说明，说明由宏腾达承担物业管理成本、发票由宏腾达向商户开具。至本案调查时，宏腾达尚未将物业费款项支付给鼎盛源。

最终，堂堂所仅在宏腾达补充出具由宏腾达承担物业管理成本的情况说明后，认可了*ST新亿确认相关收入，没有实施必要的审计程序以及发表恰当的审计意见。

4.未实施充分审计程序核实保理业务收入

2019年12月，*ST新亿子公司深圳市阳云科技有限公司（以下简称阳云科技）受*ST新亿委托，与深圳德福商业保理有限公司（以下简称德福保理）签订保理合同，约定将*ST新亿享有的2.38亿元债权作价2.66亿元转让给德福保理。*ST新亿在收到7 590万元应收债权转让款后，又通过孙公司新疆恒泊今盛科技发展有限公司（以下简称恒泊今盛），以产品采购款和对外借款的形式转出上市公司。

堂堂所在第二次现场审计中发现*ST新亿2019年7 590万元保理资金在收到后以预付账款和其他应收款的形式转出，并将预付账款调整至其他应收款，堂堂所仅获取了保理合同、委托付款协议、与所转让债权相关的民事判决书、收款单据，对资金来源和去向以及交易的商业实质存疑，认为存在与债务人串通舞弊风险，并明确提出需进一步执行向债务人核实的程序。但是堂堂所在函证程序存在瑕疵的情况下未保持职业怀疑，最终并未进一步执行审计程序核实该笔营业外收入的真实性，未发现*ST新亿虚增营业外收入。

5.修改、删除审计工作底稿

针对*ST新亿的贸易收入问题，负责收入审计的项目组成员在第一次现场审计时，对*ST新亿子公司亿源汇金2019年的贸易收入存疑，认为未获取充分、适当的审计证据，不认可其收入确认，并记录于审计工作底稿中。签字注册会计师刘润斌在出报告前没有关注，在整理审计工作底稿时才发现，为掩盖审计中发现的问题，他修改了审计工作底稿，并要求该公司补充提供2018年合同和结算单。审计工作底稿中存在多处审计说明和审计结论相互矛盾之处，如2019年应付账款替代测试表审计工作底稿中记录了审计说明："已检查合同、发票、结算单，未发现异常；对期初余额进行检查未发现异常。"审计结论为："由于未获取充分、适当的审计证据，无法证实应付账款的真实、准确。"2018年应付账款替代测试表审计工作底稿中记录了审计说明："已检查合同、发票、结算单，未发现异常；对期初余额进行检查未发现异常。"审计结论为："由于未获取充分、适当的审计证据，无法证实应付账款的真实、准确。"上述问题表明，堂堂所在期后整理审计工作底稿时，修改了其中的一部分，未来得及全面删改审计工作底稿。

（四）函证程序存在缺陷

1.未对应收账款、应付账款函证保持控制

堂堂所的审计工作底稿记录显示，亿源汇金因向阿信商贸销售铁精粉形成应收账款，2019年12月31日和2018年12月31日余额分别为604万元、357万元。亿源汇金审计工作底稿"应收账款函证结果汇总表"记录被审计单位因新冠肺炎疫情原因未能盖章询证，函证程序无法实施，通过电子邮件函证的形式替代，并附有邮箱地址为"'阿信'53××××486@qq.com"的肯定性回函（邮件回复时间为2020年7月30日晚上9：45）以及询证函的扫描件，审计工作底稿中未记录发出邮箱的信息，也未记录核实"阿信"53××××486@qq.com邮箱地址为阿信商贸所有的过程。

堂堂所审计工作底稿记录，亿源汇金因向思北投资采购铁精粉形成应付账款，2019年12月31日和2018年12月31日余额分别为456万元、207万元。亿源汇金审计工作底稿"应付账款函证结果汇总表"记录被审计单位因新冠肺炎疫情原因未能盖章询证，函证程序无法实施，已实施替代程序，并附有邮箱地址为"'思北'53××××11@qq.com"的肯定性回函（邮件回复时间为2020年7月30日晚上8：53）以及询证函的扫描件，审计工作底稿中未记录发出邮箱的信息，也未记录核实"思北"53××××11@qq.com邮箱地址为思北投资所有的过程。

在出具审计报告后，堂堂所补充实施函证程序时，仍然通过*ST新亿将函证给到思北投资和阿信商贸。

2.其他应收款函证程序执行不恰当

堂堂所其他应收款审计工作底稿记录，截至2019年12月31日，其应收天津中宇乾坤国际贸易有限公司（以下简称天津中宇）1.6亿元、日照紫峰货物代理有限公司（以下简称日照紫峰）9 000万元、天津市启运塑料制品有限公司（以下简称天津启运）5 000万元、深圳市中盛亚科技有限公司（以下简称中盛亚科技）3 000万元。时任*ST新亿监事、亿源汇金法定代表人李某安排非*ST新亿人员黄某1与堂堂所审计人员吴某校对接，黄某1安排林某杰与吴某校对接具体事宜，黄某1和林某杰未在*ST新亿及其下属公司任职，办公地址在福田区通业大厦南塔11楼某投资公司，自称以前与*ST新亿有合作，并代管阳云科技和深圳市艾美达易科技有限公司（*ST新亿子公司）、恒泊今盛的公章、账务资料、税务登记系统账号密码、网银等。林某杰向吴某校提供了天津中宇等4家公司的联系方式和联系地址，堂堂所审计人员根据林某杰提供的联系地址发出了快递。2020年7月29日，吴某校收到了林某杰从广东省深圳市福田区华强北路4002号中洲圣廷苑酒店发来的快递，内容为中盛亚科技的回函。吴某校2020年7月29日18：04通过微信向林某杰进行了确认，并进一步要求林某杰帮忙提供其余3家未回函公司的联系方式。后来吴某校收到了天津中宇、日照紫峰的询证函回函，快递单显示都是2020年8月11日上午寄出的，未收到天津启运的询证函回函。吴某校未与天津中宇等4家公司的函证联系人联系过。

3.营业外收入函证程序执行不恰当

堂堂所营业外收入审计工作底稿记录，2019年*ST新亿将享有的2.38亿元债权作价2.66亿元转让给德福保理，并在收到7 590万元应收债权转让款后，确认为营业外收入。堂堂所对德福保理和深圳市百盛易威科技有限公司（以下简称百盛易威）实施函证程序。

堂堂所根据林某杰提供的德福保理和百盛易威联系人、联系方式及联系地址进行函证，发现林某杰提供的百盛易威与德福保理的函证地址一致以及百盛易威的函证地址和其注册地址不一致的异常情形，堂堂所为此向林某杰确认，未向函证对象确认其身份，也未将函证中发现的异常情况记录在审计工作底稿中。

（五）投资性房地产审计存在缺陷

*ST新亿聘请深圳中洲资产评估有限公司（以下简称中洲评估）对韩真源2018年12月31日和2019年12月31日全部股东权益价值进行了评估。2020年8月26日，中洲评估出具了相关资产评估报告。2020年8月，*ST新亿召开董事会，决定自2019年1月1日起对投资性房地产的后续计量模式由成本计量模式变更为公允价值计量模式。*ST新亿在披露2019年年报的同时，对2018年报表数据进行了差错更正，将原计入固定资产及无形资产的韩真源房屋建筑物及土地使用权，调整确认为投资性房地产，并根据2019年年底基准日的评估报告，确认2019年度投资性房地产公允价值变动收益2 231万元。根据调查，中洲评估相关资产评估报告涉嫌按照预设值倒轧，重要参数存在明显问题。

堂堂所在利用中洲评估的工作时，未考虑中洲评估出具的相关报告使用的重要假设的合理性，未对评估报告中参数设置进行有效复核。堂堂所抽查了部分物业进行租金比对，但选取的物业信息数量较少且与开源市场不具有可比性，未关注评估机构设定的单位租金显著高于实际，空置率参数设置显著低于实际。堂堂所依赖中洲评估出具的评估报告，未对*ST新亿投资性房地产的核算获取充分、适当的审计证据即对相关会计处理予以认可，导致未能发表恰当的审计意见。

（六）未能准确获取与识别*ST新亿关联方关系

*ST新亿2019年财务报告中披露的“其他应付款——关联方往来”期初数为865万元，期末数为2 078万元；*ST新亿审计工作底稿“其他应付款——非合并范围内关联方”期初审定数为860万元，期末审定数是881万元。关于*ST新亿2019年财务报告其他应付款关联方往来期末数与*ST新亿审计工作底稿中其他应付款期末审定数差异较大的原因，堂堂所的解释是，因为编制审计工作底稿时未将宏晟置业等主体列示为关联方，在编制合并报表时又将宏晟置业等主体错误作为关联方披露，导致2019年年报中其他应付款关联方交易信息期初数和期末数包含的关联方不一致，吴育堂则表示“我不清楚具体情况”。上述情况表明，堂堂所未能准确获取与识别*ST新亿关联方关系，导致2019年审计报告期初与期末关联方认定口径前后不一致，进而导致*ST新亿2019年年报中其他应付款关联方交易信息披露错误。

（七）质量控制存在缺陷

堂堂所*ST新亿年审项目原质量控制复核人在复核*ST新亿年审项目后拒绝签字，由项目签字注册会计师吴育堂同时担任质量控制复核人。签署审计报告前，吴育堂未审阅完审计工作底稿，没有发现审计报告存在的问题；刘润斌仅复核了审计报告和实质性底稿的电子版，没有完整复核所取得的审计证据。堂堂所的复核工作流于形式，对于发现的异常，没有保持职业怀疑，未执行进一步审计程序以核实相关业务的真实性，最终在相关审计人员拒绝签字、审计团队被隔离期间未完成审计程序的情况下，出具了*ST新亿相关审计报告。

三、堂堂所受到中国证监会的处罚

根据堂堂所上述违法行为的事实、性质、情节与社会危害程度，中国证监会依据《证券法》对其进行了以下处罚：

（1）对堂堂所责令改正，没收其业务收入1 970 297.01元，处以11 821 782.06元的罚款，并暂停从事证券服务业务1年；

（2）对吴育堂给予警告，并处以100万元的罚款；

（3）对刘润斌给予警告，并处以50万元的罚款；

（4）对刘耀辉给予警告，并处以30万元的罚款。

四、案例总结和思考

会计师事务所及其从业人员作为资本市场的“看门人”，其职业道德、法律意识、执业能力及勤勉尽责程度关系到广大投资者的切身利益和资本市场健康发展秩序，因此应当严把质量关，切实担负起监督的职责。然而在本案例中，堂堂所明知*ST新亿年报审计业务已被其他会计师事务所“拒接”，仍与其签订了审计业务约定书以及补充协议，并在补充协议中承诺不出具“无法表示意见”或“否定意见”的审计报告；同时还提出要求，如果自己被监管部门处罚，*ST新亿应予以补偿。在整个执业过程中，堂堂所缺乏应有的职业操守和底线，存在独立性严重缺失、审计程序实施不当、审计报告存在虚假记载和重大遗漏以及质量控制流于形式等严重违纪违规行为，因此受到中国证监会“没一罚六”的严厉处罚。

新《证券法》虽然取消了会计师事务所从事证券服务业务的行政许可准入规定，将行政许可调整为事后备案管理，但同时也大幅提升了违法违规的法律责任。证券服务业务，尤其是上市公司审计业务，由于专业性强、执业风险高、违法成本高，更需要会计师事务所具备良好的职业道德、较强的风险防范意识和较高的执业能力。特别是中小会计师事务所，在进入资本市场执业前，一定要全面、深入地了解相关法律、监管、市场主体等方面的情况，充分评估自身的专业胜任能力和风险防范能力，审慎承接证券服务业务，避免承接那些有审计意见购买意图的上市公司的审计业务。

五、分析与讨论

1.上市公司变更会计师事务所的原因是什么？

2.本案例中，*ST新亿审计意见购买能够成功的原因是什么？

3.针对频繁更换会计师事务所的上市公司审计业务，会计师事务所应当如何进行风险应对？

4.请结合《中国注册会计师职业道德守则》，进一步分析堂堂所在为*ST新亿提供审计服务过程中存在哪些职业道德问题、导致堂堂所职业道德问题的原因是什么，并对如何加强注册会计师职业道德管理提出建议。

5.职业怀疑是保证审计质量的关键要素，根据本案例资料，分析讨论堂堂所在进行审计过程中，哪些环节未能保持职业怀疑，并说明审计人员应如何保持合理的职业怀疑。

6.请结合会计师事务所质量管理相关准则，分析讨论堂堂所在项目质量复核中存在的不足，并说明会计师事务所应如何进行项目质量复核。

六、参考文献

［1］中国证券监督管理委员会. 中国证监会行政处罚决定书（堂堂所、吴育堂、刘润斌、刘耀辉）〔2022〕6号［R/OL］.（2022-02-25）［2022-03-10］. http：//www.csrc.gov.cn/csrc/c101928/c2346843/content.shtml.

［2］沙千. 中国证监会拟对深圳堂堂会计师事务所作出行政处罚［R/OL］.（2022-01-07）［2022-03-10］. https：//finance. sina. com. cn/jjxw/2022-01-07/doc-ikyamrmz3785239.shtml.

［3］胡萌. 深圳堂堂所被“没一罚六”背后：ST公司审计潜规则露冰山一角［R/OL］.（2022-01-08）［2022-03-10］. https：//finance.sina.com.cn/jjxw/2022-01-08/doc-ikyakumx9039310.shtml.

案例说明书

一、本案例要解决的关键问题

1.了解《证券法》《中国注册会计师审计准则》等相关法律法规和职业规范，认识遵守法律法规和职业规范的重要性和必要性；

2.分析审计独立性的内涵和外延，掌握影响审计独立性的因素和风险，有效防范和应对风险；

3.探讨审计程序的设计和执行，理解审计程序的目的和意义，根据被审计单位的实际情况和风险特征制定合理有效的审计程序；

4.研究审计证据的获取和评价，明确审计证据的质量要求和评价标准，运用专业怀疑精神和专业判断能力对审计证据进行获取和评价；

5.讨论审计报告的编制和出具，了解审计报告的形式和内容要求，根据审计结果和财务报表的真实性出具适当的审计意见。

二、案例讨论的准备工作

（一）理论背景

公司和公司治理理论、有效市场理论、委托代理理论、冰山理论、信息不对称理论、信号传递理论、现代风险导向审计理论。

（二）行业背景

注册会计师审计是提高会计信息质量、维护市场秩序的重要制度安排。我国注册会计师行业自1980年恢复重建后，始终坚持服务国家建设，经过40多年的持续发展，从无到有、由弱变强，从国内走向国际，体制机制不断优化，服务领域不断拓展，做强做大战略取得成效，行业发展总体呈现良好态势，成为促进经济社会健康发展的重要力量。

1.注册会计师行业管理制度体系日趋完善

我国相继出台了《会计师事务所执业许可和监督管理办法》《注册会计师注册办法》等部门规章和《关于加强注册会计师行业监管有关事项的通知》等文件，为规范会计师事务所和注册会计师执业，加强行业监管提供制度保障，并对审计准则和职业道德守则进行了补充和修订，从而为规范和指导注册会计师开展实务工作、提升审计工作质量夯实了执业基础。同时，为营造良好的制度环境和氛围，还相继出台《会计师事务所审计档案管理办法》《关于推动有限责任会计师事务所转制为合伙制会计师事务所的暂行规定》《会计师事务所从事证券服务业务备案管理办法》《关于进一步规范银行函证及回函工作的通知》《关于推进会计师事务所函证数字化相关工作的指导意见》等文件，持续优化执业环境，深化注册会计师行业“放管服”改革。

2.注册会计师行业管理效能不断提升

为推动行业规范发展，增强会计服务市场的活力和竞争力，我国形成了一套涉及会计师事务所设立及注册会计师注册备案、执业、退出及日常管理全过程的监管安排。通过压缩会计师事务所及其分支机构设立审批时限、精简审批材料，放宽准入条件、取消或下放部分审批事项，加大行业简政放权力度，不断释放会计服务市场活力。同时，不断强化行业日常管理，包括开展会计师事务所持续符合执业资格、执业质量等日常及专项检查，依法整治会计师事务所无证经营、注册会计师挂名执业、网络售卖审计报告、超出胜任能力执业等各类违法违规行为，净化行业发展土壤，营造风清气正的执业环境。对于注册会计师行业，我国形成了财政行政监管与中注协自律管理相互配合、各有侧重的监管体系，不断提升行业监管效能。此外，随着财政会计行业管理系统升级优化，注册会计师行业的信息化管理水平也不断提升。

3.注册会计师行业服务国家建设能力不断增强

随着我国改革开放的不断深入和资本市场的持续发展，注册会计师审计鉴证、经济鉴证、社会监督和咨询服务等业务的市场需求不断扩大。我国注册会计师行业在改革开放的大潮中乘势而起，围绕服务国家建设主题和诚信建设主线，会计师事务所做强做优、做专做精成效明显，业务收入结构不断优化，业务收入规模实现较快增长，服务领域不断拓展。截至2020年年底，全国共有会计师事务所8 600余家（不含分所），行业年度业务收入超过1 000亿元，为4 000多家上市公司、1万多家新三板企业和420多万个企事业单位提供审计鉴证和其他专业服务，并深度参与国家“一带一路”建设、为1.1万家中国企业在全球200多个国家和地区设点布局提供强有力的专业支持。

4.注册会计师行业人才队伍不断发展壮大

经济社会的快速发展加大了对注册会计师行业人才的需求。近年来，我国注册会计师行业人才队伍持续发展壮大，人才资源总量稳步增长，人才素质持续提高，年龄结构不断优化。截至2020年年底，全国注册会计师行业共有人大代表、政协委员829人，全国行业高端人才555人，从业人员超过40万人，为提升会计信息质量和经济效率、维护资本市场秩序和社会公众利益发挥了不可或缺的作用，日益成为党和国家信赖和倚重的一支专业力量。

（三）制度背景

《会计师事务所质量管理准则》《中国注册会计师职业道德守则》《中国注册会计师审计准则》《企业会计准则》《证券法》。

三、教学组织方式

（一）问题清单及提问顺序

1.本案例中，*ST新亿变更会计师事务所的动因是什么？

2.本案例中，*ST新亿购买审计意见的手段是什么？其成功的原因是什么？

3.本案例中，堂堂所审计失败的原因是什么？注册会计师行业有哪些职业道德要求？

4.在审计实务中，为什么要保持职业怀疑？注册会计师应如何保持合理的职业怀疑？

5.为什么要进行项目质量复核？注册会计师应如何进行项目质量复核？

6.基于本案例，会计师事务所应如何强化职业道德管理和业务质量管理？

（二）课时分配

1.课前完成案例阅读、资料收集整理以及初步思考：约2小时。

2.小组讨论并提交分析报告提纲：约3小时。

3.课堂小组代表发言，主题讨论：约1小时。

4.进行归纳总结：约0.5小时。

（三）讨论方式

本案例可以采用小组形式进行讨论。

（四）课堂讨论总结

课堂讨论总结主要集中在以下方面：对各组发言同学的主要结论进行归纳，并重申其结论中的重点及亮点；根据本说明书提供的讨论问题，指导学生对要点进行总结；提醒学生对会计师事务所变更、职业道德、职业怀疑、项目质量复核问题进行进一步思考，并建议学生对这部分内容进行深入分析。

案例20　中兴财光华审计柏堡龙案例

案例正文

专业领域/方向

审计学

适用课程

审计理论与实务

编写目的

1. 了解注册会计师在审计过程中应遵守的法律法规、职业道德和审计准则，以及违反相关规定可能导致的法律责任和社会影响。

2. 掌握货币资金审计、收入确认、舞弊风险识别等重要审计技能和方法，以及保持职业怀疑、获取充分适当的审计证据、采取有效的替代程序、评价审计受限对审计意见的影响等审计程序。

3. 理解会计师事务所内部控制和质量控制的重要性，建立和完善有效的内部控制和质量控制机制，提高审计质量和效率。

知识点

营业收入、利润总额、银行存款、其他非流动资产、担保

关键词

中国证监会、中兴财光华、柏堡龙、行政处罚

案例摘要

本案例以柏堡龙股份有限公司（以下简称柏堡龙）信息披露违法违规事件及中兴财光华（特殊普通合伙）审计不勤勉尽责为背景，分析了柏堡龙及其相关责任主体在上市过程中存在的虚假陈述、内部控制缺失、对外担保违规等问题，以及中兴财光华在对柏堡龙货币资金、营业收入、利润总额等项目的审计中存在的问题，中国证监会对两家机构及其相关责任人采取了行政处罚和市场禁入措施。本案例旨在通过具体的事实和数据，让学生了解上市公司信息披露和注册会计师审计实践中应遵守的法律法规、职业道德和审计准则，以及违反相关规定可能导致的法律责任和社会影响。

一、引言

中兴财光华是一家具有证券期货相关业务资格的独立法人机构，与国内知名投行、券商、基金公司建立了战略合作关系，业务涵盖审计、资产评估、工程造价、税务咨询、管理咨询等领域。该事务所在2016—2018年期间，为柏堡龙提供审计、验资等服务。柏堡龙是一家从事房地产开发、物业管理、酒店经营等业务的综合性企业集团，于2016年在深圳证券交易所创业板上市。该公司在2016—2018年期间，通过虚构交易、虚增收入、虚增利润等手段，对外公布了虚假的财务报告和其他信息披露文件，严重误导了投资者。中国证监会在对柏堡龙及其相关责任主体进行调查后发现，中兴财光华在为柏堡龙提供审计服务过程中，存在重大违法违规行为，包括未按照规定执行审计程序、未保持专业怀疑态度、未发现并报告被审计单位的虚假财务信息等。根据《证券法》《会计师事务所从事证券服务业务备案管理办法》等法律法规的规定，中国证监会对中兴财光华及其相关责任人员作出了行政处罚决定。

二、柏堡龙的违法事实

根据《中国证监会行政处罚决定书（柏堡龙、陈伟雄等9名责任主体）》（〔2022〕18号），柏堡龙存在以下违法事实：

（一）柏堡龙首次公开发行股票招股说明书、2016年非公开发行股票发行情况报告书暨上市公告书及定期报告存在虚假记载

1.柏堡龙虚增营业收入和利润总额

柏堡龙通过虚构与万杰隆集团及其关联方万杰隆电子商务（以下简称万杰隆）之间的服装设计、组织生产业务，虚增营业收入和利润总额。2013—2018年，柏堡龙累计虚增营业收入1 276 355 996.12元，累计虚增利润总额410 277 766.64元。其中，2013年虚增营业收入145 917 290.72元，虚增利润总额47 850 914.29元，占柏堡龙当年利润总额的40.47%，虚增净利润41 231 995.56元；2014年虚增营业收入214 377 724.44元，虚增利润总额63 285 230.33元，占柏堡龙当年利润总额的50.83%，虚增净利润54 584 161.71元；2015年虚增营业收入294 071 376.03元，虚增利润总额96 164 052.80元，占柏堡龙当年利润总额的68.25%，虚增净利润82 810 982.80元；2016年1—9月虚增营业收入208 028 265.83元，虚增利润总额64 920 038.15元，占柏堡龙当期利润总额的69.43%，虚增净利润54 922 705.25元；2016年虚增营业收入237 158 723.23元，虚增利润总额77 338 156.66元，占柏堡龙当年利润总额的56.86%，虚增净利润67 310 030.27元；2017年虚增营业收入243 190 547.39元，虚增利润总额71 847 751.78元，占柏堡龙当年利润总额的48.48%，虚增净利润62 681 770.92元；2018年虚增营业收入141 640 334.31元，虚增利润总额53 791 660.78元，占柏堡龙当年利润总额的24.67%，虚增净利润47 282 316.43元。这些导致柏堡龙首次公开发行股票招股说明书（报告期为2012—2014年）、2016年非公开发行股票发行情况报告书暨上市公告书（报告期为2013年至2016年1—9月）、2015—2018年年报存在虚假记载。

2.柏堡龙虚假记载银行存款

柏堡龙通过伪造入账单、资金进出不入账等方式，虚假记载银行存款。其中，2012年年末虚假记载银行存款74 177 440.20元，2013年年末虚假记载银行存款105 269 056.89元，2014年年末虚假记载银行存款228 713 271.09元，2015年年末虚假记载银行存款261 975 314.92元，2016年9月30日虚假记载银行存款434 150 138.57元，2018年年末虚假记载银行存款737 975 363.28元，2019年年末虚假记载银行存款1 097 554 969.81元，占柏堡龙对应期期末资产总额的比例分别为16.84%、20.63%、39.07%、20.80%、29.26%、24.38%、34.93%，导致柏堡龙首次公开发行股票招股说明书（报告期为2012—2014年）、2016年非公开发行股票发行情况报告书暨上市公告书（报告期为2013年至2016年1—9月）、2015年年报、2018—2019年年报存在虚假记载。

除披露的银行存款期末余额存在虚假记载外，柏堡龙银行存款2012—2016年、2018—2019年每年的借方发生额和贷方发生额与银行流水实际发生额存在较大差异，直接导致柏堡龙披露的上述文件中存在虚假记载。

上述行为违反了《证券法》第七十八条第二款的规定，构成《证券法》第一百九十七条第二款所述“信息披露义务人报送的报告或者披露的信息有虚假记载、误导性陈述或者重大遗漏”的行为。

（二）柏堡龙在2017—2019年年度报告中未如实披露“其他非流动资产”报表项目的情况，在2018年年度报告中未如实披露募集资金的使用情况

柏堡龙子公司深圳衣全球联合设计有限公司（以下简称衣全球）的在建工程——深圳柏堡龙衣全球项目（含创意设计中心项目及全球时尚设计生态圈项目，以下简称衣全球项目）累计预付工程款3.3亿元，其中2017年支付1.1亿元、2018年支付2.2亿元（募集资金）。上述预付工程款在2017—2019年年度报告中均作为“其他非流动资产”列报。上述累计预付工程款3.3亿元中的2.835亿元最终转入柏堡龙所控制的银行账户，用于柏堡龙体外资金循环等用途。柏堡龙在2017—2019年年度报告中未如实披露“其他非流动资产”报表项目的情况，在2018年年度报告中未如实披露募集资金的使用情况。

上述行为违反了《证券法》第七十八条第二款的规定，构成《证券法》第一百九十七条第二款所述行为。

（三）柏堡龙在2018—2020年存在对外担保未履行审批程序及信息披露义务的情况

柏堡龙于2018年8月至2020年10月期间，以海口联合农村商业银行股份有限公司定期存单为第三方借款提供质押担保33笔，担保金额合计11亿元。截至2021年4月底，已解除担保责任7.5亿元，尚余担保金额3.5亿元。

2018年，柏堡龙发生未按规定履行信息披露义务的对外担保事项7笔，担保金额2.9亿元；2019年，柏堡龙发生未按规定履行信息披露义务的对外担保事项14笔，担保金额4.2亿元；2020年，柏堡龙发生未按规定履行信息披露义务的对外担保事项12笔，担保金额3.9亿元。

柏堡龙未及时及未在2018年年报、2019年半年报披露7笔对外担保（均在2018年发生），金额合计2.9亿元。柏堡龙未及时及未在2019年年报披露对外担保共21笔（其中2018年发生7笔，2019年发生14笔），金额合计7.1亿元（其中2018年发生2.9亿元，2019年发生4.2亿元）。柏堡龙未及时及未在2020年半年报中披露对外担保16笔（包括2019年下半年发生14笔4.2亿元，2020年上半年发生2笔4 000万元），金额合计4.6亿元。柏堡龙在2020年年报中公告了4.7亿元的对外担保情况，但仍存在11笔未按规定在2020年年报中披露的对外担保，金额合计3.4亿元。同时，相关对外担保未及时披露。

根据《证券法》第八十条第二款第三项、《上市公司信息披露管理办法》第三十条第二款第十七项、《关于规范上市公司对外担保行为的通知》（证监发〔2005〕120号）第一条的规定，柏堡龙应当及时披露其对外担保事项。柏堡龙未按规定及时披露上述重大事件。

根据《公开发行证券的公司信息披露内容与格式准则第2号——年度报告内容与格式》（中国证监会公告〔2017〕17号）第四十一条第二项以及《公开发行证券的公司信息披露内容与格式准则第3号——半年度报告内容与格式》（中国证监会公告〔2017〕18号）第三十九条第二项，柏堡龙应在相关定期报告中披露重大担保事项。柏堡龙未在2018年年报、2019年半年报、2019年年报、2020年半年报以及2020年年报中披露该事项，导致相关定期报告存在重大遗漏。

上述担保事项，柏堡龙未按规定履行审批程序，也未及时披露且未在相关定期报告中披露，违反了《证券法》第七十八条第一款、第二款，构成《证券法》第一百九十七条第二款所述行为。

三、中兴财光华的违法事实

根据《中国证监会行政处罚决定书（中兴财光华、姚庚春、赵丽红、白新盈）》（〔2022〕36号），经查明，中兴财光华的违法事实如下：

（一）中兴财光华在柏堡龙2018年年审中未勤勉尽责

1.中兴财光华在对货币资金的审计中未勤勉尽责的情况

在2018年年审对货币资金的审计中，中兴财光华违反审计准则的规定，未保持应有的职业怀疑，未从银行获取柏堡龙基本户（以下简称基本户）银行存款对账单，也未采取有效的替代审计程序，未考虑审计受限对审计意见的影响，未有效控制函证过程，未获取与银行存款真实性相关的充分、适当的审计证据，未能将审计风险降低至可接受的水平，以至于未能发现虚增基本户银行存款的舞弊行为。中兴财光华将货币资金存在性认定的固有风险评估为高风险以及中兴财光华在对货币资金的审计中未勤勉尽责的具体情况如下：

（1）中兴财光华将货币资金存在性认定的固有风险评估为高风险，计划重点审计，基本户为关键银行账户，深圳分所提示了基本户审计方面的风险。

（2）在对货币资金循环的内部控制审计中，中兴财光华未保持应有的职业怀疑，未关注到职责不分离的内控缺陷。

（3）在深圳分所项目组遇到柏堡龙不配合打印对账单等审计范围受限的情形下，中兴财光华未能消除审计受限的影响，未采取有效的替代审计程序，未评价审计受限可能对审计意见的影响。

①控制测试和实质性程序中，中兴财光华未关注到柏堡龙所提供的对账单存在异常情况，未采取有效的进一步审计程序。

②实质性程序中，因柏堡龙不配合，中兴财光华自助打印基本户银行对账单的审计工作受到限制。

根据柏堡龙2018年度财务报告审计工作安排（对审计计划的修改），为了确定银行账户的真实性，规定审计人员从自动柜员机上打印银行账户的流水。同时，深圳分所提交给北京总部的“现场情况说明”中提到，因为现场审计人员对该公司的销售回款等银行流水及期末余额存在怀疑，所以要求对账单的打印必须在审计人员的受控状态下。

柏堡龙基本户属于该公司主要账户，深圳分所项目组在执行实质性审计程序时，曾于2019年1—2月多次前往中国农业银行普宁西市场支行，多次要求柏堡龙配合在该银行网点自动柜员机打印基本户对账单，都未能打印。相关情况已在深圳分所提交的“现场情况说明”中详细阐述，且北京总部项目组已阅知该情况说明，但2019年3月初，北京总部承接后，柏堡龙仍然不配合在自动柜员机上打印基本户对账单，北京总部项目组没能从银行独立获取基本户的对账单。

因为柏堡龙不配合，中兴财光华未能独立从银行获取基本户银行对账单，在审计范围受限的情况下，深圳分所和北京总部针对该基本户，未采取有效的替代程序，也未能从柜台打印基本户对账单，中兴财光华自助打印基本户银行对账单的审计工作受到限制。

（4）在深圳分所已充分提示审计风险的情况下，中兴财光华未恰当评价深圳分所项目组所获柏堡龙基本户询证函的可靠性，未按照审计计划实施函证程序，未获取充分、适当的审计证据。中兴财光华的审计结论所依据的银行函证是深圳分所函证执行人未对函证保持应有职业怀疑和有效控制情况下获取的虚假询证函。

综上，在货币资金存在性认定的固有风险为高风险的情况下，中兴财光华未保持应有的职业怀疑，未关注到内部控制缺陷，未能有效控制基本户函证过程，未能关注基本户对账单的异常，未能从银行独立获取对账单及采取有效的替代程序，未能考虑未从银行获取基本户对账单导致审计受限情形对审计意见的影响，未获取与银行存款真实性相关的充分、适当的审计证据，以至于未能将审计风险降低到可接受的低水平，未能发现虚增银行存款的财务舞弊行为。中兴财光华违反了《中国注册会计师审计准则第1502号——在审计报告中发表非无保留意见》第八条、第十条、第十二条、第十三条、第十四条，《中国注册会计师审计准则第1142号——财务报表审计中对法律法规的考虑》第二十七条，《中国注册会计师审计准则第1101号——注册会计师的总体目标和审计工作的基本要求》第十七条、第二十条、第二十二条、第二十八条、第三十条，《中国注册会计师审计准则第1141号——财务报表审计中与舞弊相关的责任》第九条、第十三条，《中国注册会计师审计准则第1231号——针对评估的重大错报风险采取的应对措施》第二十五条、第二十六条、第二十七条，《中国注册会计师审计准则第1312号——函证》第十四条、第十七条、第二十三条，《中国注册会计师审计准则第1301号——审计证据》第三条、第十条、第十一条，《中国注册会计师审计准则第1502号——在审计报告中发表非无保留意见》应用指南，《中国注册会计师审计准则第1312号——函证》应用指南，《中国注册会计师审计准则问题解答第12号——货币资金审计》，《中国注册会计师审计准则问题解答第2号——函证》和《中国注册会计师审计准则问答解答第1号——职业怀疑》的规定。

2.中兴财光华在对销售与收款循环的审计中未勤勉尽责的情况

中兴财光华在柏堡龙2018年年审对销售与收款循环的审计中，违反多项审计准则的规定，未保持应有的职业怀疑，未获取支持内控有效运行的充分、适当的审计证据，未获取与柏堡龙造假对手方公司收入确认相关的充分、适当的审计证据，未能将评估的营业收入的高风险降低至可接受的水平，以至于未能发现柏堡龙虚增其与造假对手方某公司营业收入的财务舞弊行为。中兴财光华将营业收入确定为可能存在重大风险的审计领域以及中兴财光华在对销售与收款循环审计中未勤勉尽责的具体情况如下：

（1）在风险评估中将营业收入确定为可能存在重大风险的审计领域。

（2）在针对销售与收款的穿行测试审计程序中，中兴财光华未获取充分、适当的审计证据以支持内部控制“可依赖”“健全有效”的审计结论。

（3）在销售与收款的控制测试中，中兴财光华未能发现收入确认时点的内部控制缺陷。

（4）在针对柏堡龙造假对手方公司销售收入的穿行测试中，中兴财光华未保持应有的职业怀疑，未审慎评价审计证据，未关注到所有销售业务的出库单出库日和销售发票开票日为同一天，销售数量与出库量、发票数量不一致等异常情况，未获取充分、适当的审计证据，未采取进一步审计程序。

（5）在针对造假对手方公司销售业务的穿行测试及实质性程序中，中兴财光华未获取样衣产前确认表、客户确认回单、货运单、物流单、品控记录、车辆出入库记录等重要审计证据，不能证明组织生产的货物及设计服务已经提供给柏堡龙造假对手方公司，以至于未获取与收入确认真实性相关的充分、适当的审计证据，未关注到柏堡龙对柏堡龙造假对手方公司收入确认的舞弊风险迹象。

（6）北京总部项目组接手审计前，深圳分所已提示无法获取与收入相关的充分、适当的审计证据的风险，而北京总部项目组在对柏堡龙造假对手方公司的销售收入审计中未充分关注该风险和获取相应的审计证据。

综上，在销售与收款循环审计中，在深圳分所提示无法获取与收入相关的充分、适当的审计证据，且中兴财光华将营业收入评估为可能存在重大风险审计领域的情况下，中兴财光华未获取关于内部控制可信赖及有效运行的充分、适当的审计证据，未获取柏堡龙造假对手方公司收入确认的充分、适当的审计证据，未对与柏堡龙造假对手方公司销售业务相关的审计证据的异常情况保持应有的职业怀疑，未能把营业收入的高风险降低到可接受的低水平，以至于未能发现柏堡龙虚增其造假对手方公司收入的舞弊行为。中兴财光华违反了《中国注册会计师审计准则第1141号——财务报表审计中与舞弊相关的责任》第九条、第十三条，《中国注册会计师审计准则第1101号——注册会计师的总体目标和审计工作的基本要求》第十七条、第二十条、第二十二条、第二十八条、第三十条，《中国注册会计师审计准则第1301号——审计证据》

第三条、第四条、第五条、第六条、第十条、第十一条，《中国注册会计师审计准则第1231号——针对评估的重大错报风险采取的应对措施》第二十五条、第二十六条、第二十七条的规定。

3. 中兴财光华在对其他非流动资产的审计中未勤勉尽责的情况

中兴财光华在柏堡龙2018年年审和专项审核中对其他非流动资产的审计中，违反审计准则的规定，未能有效执行审计程序，未保持应有的职业怀疑，未审慎评价审计证据，未获取充分、适当的审计证据，未能有效核实预付工程款的合法性和真实性，未能将评估的特别风险降低到可接受的低水平，未能发现柏堡龙未如实披露其他非流动资产和募集资金的使用情况等问题。

2017年起，柏堡龙开始建设子公司衣全球的衣全球项目，项目承包方为银广厦集团有限公司（以下简称银广厦）。

（1）深圳分所已经向北京总部提示了工程项目的审计风险，中兴财光华将“其他非流动资产”科目评估为特别风险领域。

（2）中兴财光华未保持应有的职业怀疑，未关注到土石方施工委托协议签订日期早于其所依据政府文件发布日期的异常情况，未采取进一步审计程序。

（3）中兴财光华未保持应有的职业怀疑，未关注到承包方对第三方供应商的采购合同订立日期、预付工程款日期早于第三方供应商成立日期的异常情况，未采取进一步审计程序，以至于未发现虚假的承包方网银交易。

（4）中兴财光华未保持应有的职业怀疑，未充分关注柏堡龙向银广厦提前支付工程款的异常情况，未采取进一步程序核实预付工程款的合法性问题。

（5）中兴财光华未关注到承包方银广厦采购材料的到货情况。

综上，在其他非流动资产评估为特别风险的情况下，中兴财光华未保持应有的职业怀疑，未关注到审计证据的异常情况，未收集与其他非流动资产相关的充分、适当的审计证据，以至于未能将特别风险降低到可接受的低水平，未能核实柏堡龙衣全球项目中预付工程款的真实性，未能发现未如实披露其他非流动资产和募集资金使用情况的财务舞弊行为。中兴财光华违反了《中国注册会计师审计准则第1101号——注册会计师的总体目标和审计工作的基本要求》第十七条、第二十二条、第二十八条，《中国注册会计师审计准则第1301号——审计证据》第十条、第十一条，《中国注册会计师审计准则第1231号——针对评估的重大错报风险采取的应对措施》第二十五条、第二十六条、第二十七条的规定。

（二）中兴财光华在柏堡龙2019年年审中未勤勉尽责

1. 中兴财光华在对货币资金的审计中未勤勉尽责的情况

中兴财光华在柏堡龙2019年年审货币资金审计中，违反审计准则的规定，未保持应有的职业怀疑，未独立从银行获取基本户的对账单，未监督或独立获取网银流水，未有效控制基本户函证过程，未获取与银行存款真实性相关的充分、适当的审计证据，以至于未能发现虚增银行存款的财务舞弊行为。

（1）将“货币资金”科目评估为可能存在重大错报风险领域，基本户属于该公司的关键银行账户。

（2）尽管广东监管局提示了风险、要求重点关注货币资金的真实性，中兴财光华在2019年度财务报告审计中依旧未能消除审计受限的影响，未能从银行获取基本户对账单，未采取有效的替代审计程序。

（3）中兴财光华未保持应有的职业怀疑，未选择适当的被询证者，未有效控制邮寄函证过程，以至于获取了虚假的银行询证回函。

综上，在广东监管局发函提示审计风险，且中兴财光华将货币资金评估为可能存在重大错报风险领域的情况下，中兴财光华未能消除柏堡龙不配合从银行获取基本户对账单等审计受限情形，未能独立从银行获取基本户对账单及采取有效的替代程序，未能考虑柏堡龙不配合等审计受限情形对审计意见的影响，未获取与基本户银行存款真实性相关的充分、适当的审计证据，未有效控制基本户函证过程，以至于未能将审计风险降低到可接受的低水平，未能发现虚增基本户银行存款的财务舞弊行为。中兴财光华违反了《中国注册会计师审计准则第1141号——财务报表审计中与舞弊相关的责任》第九条、第十三条，《中国注册会计师审计准则第1301号——审计证据》第三条、第十条、第十一条，《中国注册会计师审计准则第1312号——函证》第十四条、第十七条，《中国注册会计师审计准则第1231号——针对评估的重大错报风险采取的应对措施》第二十五条、第二十六条、第二十七条，《中国注册会计师审计准则第1502号——在审计报告中发表非无保留意见》第八条、第十条、第十二条、第十三条、第十四条，《中国注册会计师审计准则第1312号——函证》应用指南，《中国注册会计师审计准则问答解答第1号——职业怀疑》和《中国注册会计师审计准则问题解答第2号——函证》的规定。

2. 中兴财光华在对其他非流动资产的审计中未勤勉尽责的情况

在柏堡龙2019年年审和专项审核对其他非流动资产的审计中，中兴财光华违反审计准则的规定，未保持应有的职业怀疑，未审慎评价审计证据，未关注到审计证据的异常情况，未能有效核实衣全球项目中预付工程款的真实性，未能获取充分、适当的审计证据及将评估的特别风险降低到可接受的低水平，以至于未能发现柏堡龙未如实披露其他非流动资产的问题。

（1）中兴财光华将“其他非流动资产”科目评估为特别风险领域。

（2）中兴财光华未保持应有的职业怀疑，未关注到衣全球项目承包方向第三方供应商的采购合同订立日、预付工程材料款日早于第三方供应商成立日的异常情况，未采取进一步审计程序，以至于未发现虚假的承包方网银付款交易。

（3）中兴财光华未保持应有的职业怀疑，未获取充分、适当的审计证据，未按程序获取承包方银广厦的账户资金流水。

（4）中兴财光华未保持应有的职业怀疑，未关注承包方银广厦采购材料的到货情况。

综上，在广东监管局提示相关审计风险，且其他非流动资产评估为特别风险的情况下，中兴财光华未保持应有的职业怀疑，未关注到所获审计证据的异常，未收集与其他非流动资产相关的充分、适当的审计证据，以至于未能将特别风险降低到可接受的低水平，未能核实柏堡龙衣全球项目中预付工程款的真实性，未能发现未如实披露其他非流动资产的财务舞弊行为。中兴财光华违反了《中国注册会计师审计准则第1101号——注册会计师的总体目标和审计工作的基本要求》第十七条、第二十二条，《中国注册会计师审计准则第1141号——财务报表审计中与舞弊相关的责任》第九条、第十三条，《中国注册会计师审计准则第1301号——审计证据》第九条、第十条、第十一条，《中国注册会计师审计准则第1231号——针对评估的重大错报风险采取的应对措施》第二十五条、第二十六条、第二十七条的规定。

四、案例总结和思考

本案例是一个典型的审计失败案例，涉及柏堡龙和中兴财光华。柏堡龙通过虚增银行存款、虚构技术许可业务等手段，对外披露了虚假的财务报告；而中兴财光华作为其审计机构，未能勤勉尽责地执行审计程序，未能获取充分、适当的审计证据，未能保持应有的职业怀疑，未能发现并揭露其财务舞弊行为，最终出具了标准无保留意见的审计报告。中国证监会对柏堡龙及其相关责任人员、中兴财光华及其签字注册会计师进行了行政处罚。

从公司和会计师事务所两方面，本案例引发我们以下思考：

公司方面，应当建立健全内部控制制度，规范财务管理活动，遵守法律法规和会计准则的规定，如实反映经营业绩和财务状况，维护投资者的利益和市场秩序。同时，应当加强与审计机构的沟通、合作，配合审计工作顺利进行，不得拒绝或者妨碍审计机构获取必要的审计证据。

会计师事务所方面，应当严格遵守职业道德，执行有效的质量控制程序，保证审计工作的独立性、客观性和公正性。同时，应当根据被审计单位的风险特征和业务特点，设计并实施合理的审计策略和程序，获取充分、适当的审计证据，保持应有的职业怀疑，及时发现并处理可能存在的重大错报或者舞弊风险，并在审计报告中如实反映审计意见。

本案例对教学有以下几点启示：第一，本案例可以帮助学生了解财务舞弊的常见手段、影响和后果，提高学生对于财务信息真实性、完整性和可靠性的关注度和判断力。第二，本案例可以帮助学生掌握审计准则、审计程序和审计证据的基本概念、原则和要求，提高学生对于审计工作的理解和认识。第三，本案例可以帮助学生分析审计失败的原因、表现和责任，提高学生的职业道德、职业风险和职业责任意识。

五、分析与讨论

1.中兴财光华在对柏堡龙货币资金的审计中，未能获取银行存款对账单，也未采取有效的替代审计程序，这违反了哪些审计准则的规定？应该采取哪些替代审计程序？

2.中兴财光华在对柏堡龙技术许可业务的审计中，未关注到技术许可协议的签订日期早于股东大会审议日期、收货日期早于发货日期等异常情形，这表明中兴财光华缺乏什么样的职业素质？应该如何保持和提高这种职业素质？

3.中兴财光华在对柏堡龙技术许可业务的审计中，未获取重大、非常规收入交易标的作价依据，也未考虑实施其他替代程序，这可能导致什么样的审计风险？应该如何评估和控制这种审计风险？

4.中兴财光华在对柏堡龙技术许可业务的审计中，函证和访谈获取的证据可靠性受到被审计单位的影响，这可能导致什么样的审计证据效力问题？应该如何保证函证和访谈获取的证据效力？

5.中兴财光华为柏堡龙出具了标准无保留意见的审计报告，但柏堡龙存在虚增银行存款、营业收入、利润总额等虚假记载，这属于什么类型的审计差错？应该如何纠正和披露这种审计差错？

六、参考文献

［1］中国证券监督管理委员会. 中国证监会行政处罚决定书（柏堡龙、陈伟雄等9名责任主体）〔2022〕18号［R/OL］.（2022-04-02）［2022-12-31］. http：//www.csrc.gov.cn/csrc/c101928/c2379158/content.shtml.

［2］中国证券监督管理委员会. 中国证监会行政处罚决定书（中兴财光华、姚庚春、赵丽红、白新盈）〔2022〕36号［R/OL］.（2022-07-12）［2022-12-31］. http：//www.csrc.gov.cn/csrc/c101928/c7144570/content.shtml.

［3］中国注册会计师协会. 中国注册会计师执业准则（2017）［M］. 北京：中国财政经济出版社，2017.

［4］中国注册会计师协会. 中国注册会计师执业准则应用指南（2017）［M］. 北京：中国财政经济出版社，2017.

案例说明书

一、本案例要解决的关键问题

1.了解注册会计师在审计中应当遵守的法律法规、职业道德和审计准则，以及违反规定可能导致的法律责任和职业风险；

2.理解两份行政处罚决定书涉及的不同审计问题，以及审计程序、审计证据、审计风险评估和应对、审计报告等方面的基本概念和原则；

3.掌握如何在审计实务中运用审计知识和技能，提高审计质量和效率，保持审计独立性和职业怀疑态度，应对审计监管和社会舆论的压力。

二、案例讨论的准备工作

（一）理论背景

注册会计师审计的基本理论与实务知识。

（二）行业背景

柏堡龙是一家成立于2006年的纺织服装企业，总部位于广东省普宁市，主要从事服装设计、生产和销售，拥有80多个成衣品牌，客户包括特步、李宁、匹克等知名运动品牌。柏堡龙于2015年在深圳证券交易所上市，是我国第一家专注服装设计的上市公司。柏堡龙拥有省级企业技术中心、省级服装用特殊功能纤维材料工程技术研究开发中心和省级工业设计中心，与多所高校建立了产学研合作关系，拥有多项专利、技术和设计版权。服装行业是一个竞争激烈、变化快速的行业，对财务报表的真实性、准确性和及时性有较高的要求。服装行业的特点决定了其财务管理和审计面临一些挑战和风险，如库存管理、成本核算、收入确认、内部控制等。因此，服装行业的审计机构和注册会计师需要具备专业知识和技能，保持职业怀疑，执行有效的审计程序，获取充分、适当的审计证据，对财务报表是否存在重大错报发表审计意见。

本案例以柏堡龙为例，探讨其在2018—2019年期间涉嫌虚增银行存款、营业收入和利润等财务造假行为，以及其审计机构中兴财光华未勤勉尽责导致未能发现财务舞弊的问题。本案例旨在通过分析柏堡龙的财务数据、审计工作底稿、中国证监会行政处罚决定书等资料，帮助学生理解并运用相关的审计知识和方法，提高审计质量和效率。

（三）制度背景

《证券法》《中国注册会计师审计准则》《企业会计准则》。

三、教学组织方式

（一）问题清单及提问顺序

1.中兴财光华在对柏堡龙货币资金的审计中，未能获取银行存款对账单，也未采取有效的替代审计程序，这违反了哪些审计准则的规定？应该采取哪些替代审计程序？

2.中兴财光华在对柏堡龙技术许可业务的审计中，未关注到技术许可协议的签订日期早于股东大会审议日期、收货日期早于发货日期等异常情形，这表明中兴财光华缺乏什么样的职业素质？应该如何保持和提高这种职业素质？

3.中兴财光华在对柏堡龙技术许可业务的审计中，未获取重大、非常规收入交易标的作价依据，也未考虑实施其他替代程序，这可能导致什么样的审计风险？应该如何评估和控制这种审计风险？

4.中兴财光华在对柏堡龙技术许可业务的审计中，函证和访谈获取的证据可靠性受到被审计单位的影响，这可能导致什么样的审计证据效力问题？应该如何保证函证和访谈获取的证据效力？

5.中兴财光华为柏堡龙出具了标准无保留意见的审计报告，但柏堡龙存在虚增银行存款、营业收入、利润总额等虚假记载，这属于什么类型的审计差错？应该如何纠正和披露这种审计差错？

（二）课时分配

1.课前完成案例阅读和初步思考：约3小时。

2.小组讨论并提交分析报告提纲：约3小时。

3.课堂小组代表发言，主题讨论：约3小时。

4.进行归纳总结：约0.5小时。

(三) 讨论方式

本案例可以采用小组形式进行讨论。

(四) 课堂讨论总结

课堂讨论总结的关键是：归纳、评价发言小组的主要观点；重申重点及亮点；提醒学生对关键问题或有争议的观点进行进一步思考和讨论；鼓励学生发散思维，对案例素材进行扩展研究和深入分析。

案例21　金融产品的审计穿透性与审计风险：以风华高科为例

案例正文

专业领域/方向

审计学

适用课程

审计理论与实务

编写目的

1.熟悉审计的基本方法和技术，特别是金融产品的审计方法和技术。

2.理解和掌握审计风险概念，识别审计风险，进行风险应对。

3.理解和掌握审计穿透概念，将审计方法和技术与审计风险有效结合。

知识点

审计穿透、审计风险

关键词

审计穿透、审计风险、金融产品

案例摘要

2019年11月，广东风华高新科技股份有限公司（以下简称风华高科）收到中国证监会广东监管局行政处罚决定书，该公司通过虚假关联贸易业务和衍生金融工具，将应收账款包装成金融产品，虚增巨额资产（应收账款）。注册会计师未识别该业务所存在的风险，出具了无保留意见审计报告。利用虚增应收账款等往来款达到虚增主营业务收入和利润的目的，是上市公司财务造假的“老套路”，注册会计师通过往来款函证、审核销售记录和银行流水等，不难判断往来款的真实性，并根据往来款的账龄计提坏账。但在风华高科案中，应收账款已从基本的资产演变成衍生金融工具，单纯采用函证等审计流程已不能规避审计风险。注册会计师应该按照《中国注册会计师审计准则第1632号——衍生金融工具的审计》，将基础性金融资产进行出售、转移类交易审计风险设置为高级别，并采用穿透式审计方法。

一、引言

高质量的审计是维护资本市场公平、公正和健康发展的重要制度安排。随着我国市场经济的发展，企业生产经营涉及的领域越来越广。金融工具和衍生金融工具的使用增多，企业的资产越来越金融化，企业之间的交易越来越隐蔽，这也使得审计工作的难度越来越大、风险越来越高。应收账款作为一种常规债权资产，注册会计师通过函证、审阅交易凭证，就可以降低审计风险；但如果通过复杂的金融工具手段，将其包装成金融产品，审计风险必然会增大。

审计穿透性的概念来源于金融市场的穿透式监管。穿透式监管的理论来自金融市场功能监管理论和行为监管理论。功能监管理论由哈佛大学商学院默顿教授于1993年提出，主要针对金融市场分业监管体制下机构监管的缺陷。行为监管理论由英国经济学家泰勒于1995年提出，主要针对金融机构审慎性风险和机会主义行为，由此形成了包含审慎监管和行为监管的"双峰"设想。穿透式监管就是透过金融产品的表面形态，看清金融业务和行为的实质，将资金来源、中间环节与最终投向穿透连接起来，按照"实质重于形式"的原则甄别金融业务和行为的性质，根据产品功能、业务性质和法律属性明确监管主体和适用规则，对金融机构的业务和行为实施全流程监管。审计穿透性就是借鉴穿透式监管的理念和流程，在对上市公司金融产品的资产管理审计中，恰当把握被审计项目和交易的实质，合理评估审计风险，从而采取适当的审计流程和方法，出具合理的审计意见。注册会计师应该按照《中国注册会计师审计准则第1632号——衍生金融工具的审计》，将基础性金融资产进行出售、转移类交易审计风险设置为高级别，并采用穿透式审计方法。

二、风华高科案例分析

（一）案例资料

风华高科于1996年在深圳证券交易所上市，注册资本为89 523万元，位于广东省肇庆市风华路18号风华电子工业城，是生产电子元器件、电子材料及电子专用设备等电子基础产品的高科技企业。该公司从1985年进入电子元器件的生产与制造领域后快速发展，已经成为全国重要的电子元器件生产供应商。截至2019年年底，该公司的营业收入达329 317万元，总资产为700 151万元。2019年11月22日，风华高科收到中国证监会广东监管局的行政处罚决定书，称风华高科开展贸易业务时，从中捷通信有限公司采购电子产品，再销售给案外人林某控制下的广东新宇金融信息科技有限公司（以下简称广东新宇）、广州亚利电子有限公司（以下简称广州亚利）、广州天河高新技术产业开发区华力科技开发有限公司（以下简称广州华力）、广州鑫德电子有限公司（以下简称广州鑫德）。上述4家公司从2014年下半年起无法向风华高科（含具体经办部分相关业务的风华高科下属子公司肇庆风华机电进出口有限公司）支付到期货款。在风华高科催收下，林某实际控制的上述公司向风华高科开具了商业承兑汇票，2015年2—3月份，商业承兑汇票先后到期，上述债务仍未清偿。从2015年4月起，风华高科组织专门人员对上述债务进行催收，截至2015年12月31日，仍未能收回前述应收广州华力、广州鑫德、广东新宇和广州亚利合计约6 319万元的款项（以下称本案所涉应收账款），且对应债权并没有抵押物等担保。为了解决应收账款账目挂账问题、延长应收账款计提坏账准备时间，风华高科于2016年3月1日召开总裁办公会，决定通过以下两种方式对本案所涉应收账款进行处置：一是通过粤盛资产管理有限公司（以下简称粤盛资产）和宁夏顺亿资产管理有限公司（以下简称宁夏顺亿）配合操作，由风华高科于2016年3月出资5 500万元，购买粤盛资产委托宏信证券有限责任公司（以下简称宏信证券）发行的一项理财产品；粤盛资产收到该笔资金后，即全部转至宁夏顺亿；宁夏顺亿以2015年12月31日为基准日，原价受让风华高科对广州亚利、广东新宇合计约5 470万元应收账款，并以支付受让款的名义，将收到的上述款项全部转回风华高科。二是通过案外人刘某华实际控制的深圳市全聚能实业有限公司（以下简称深圳全聚能）配合操作，由该公司以2015年12月31日为基准日，以八折（6 803 168.69元）的价格受让风华高科应收广州鑫德、广州华力合计约850万元应收账款，其所支付的受让款，来源于风华高科向刘某华实际控制的另一家公司支付的预付款约250万元以及对该公司的应收账款约430万元。风华高科在分别与宁夏顺亿、深圳全聚能签署债权转让合同时，另分别签署补充协议，均明确约定：自合同生效之日起，风华高科仍负有追收对应应收账款的权利和义务；若款项未足额收回，损失由风华高科承担。风华高科2015年、2016年审计业务均由立信会计师事务所执行。

（二）风华高科应收账款交易的实质

根据中国证监会广东监管局行政处罚决定书，风华高科涉及应收账款金额6 319万元。

从交易形式上看，风华高科通过对6 319万元应收账款进行转让，减少了会计账面需进行坏账处理的应收账款，虚增了当年财务报告的利润，但实质上，交易并未建立在公允、公平基础上。风华高科通过宁夏顺亿、粤盛资产以明显有坏账风险的5 470万元应收账款交换5 500万元理财产品且未折价，不符合等价交换、风险收益对等原则。风华高科以明显有坏账风险的680万元应收账款交换刘某同一控制下的往来款，尽管进行了折价，但仍不符合等价交换、风险收益对等原则。实际上，风华高科与各交易对象约定：自合同生效之日起，风华高科仍负有追收对应应收账款的权利和义务；若款项未足额收回，损失由风华高科承担。因此，从实质上看，风华高科6 319万元应收账款的转让出售并未转移相应的所有风险和报酬，在会计上不应确认。

（三）风华高科应收账款转让的审计风险评估

1.转让出售应收账款的真实性

如前文所述，如果风华高科继续持有该应收账款，就需要计提巨额坏账，大大降低其年末报表利润，上市公司有动机通过转让出售应收账款粉饰报表；风华高科转让出售应收账款是基于应收账款发生坏账的可能性极大，交易本身有失公允、公平。注册会计师应高度怀疑该应收账款转让出售的真实性。

2.购买理财产品的真实性

上市公司购买理财产品一般是在货币资金充足且短期无较大投资支出的情况下，6 319万元应收账款一旦计提坏账，将大大降低风华高科当年报表利润（占比70%以上），在流动性资金出现如此高风险时，风华高科却动用大笔资金购买粤盛资产5 500万元理财产品的动机令人生疑。

（四）注册会计师的穿透性审计策略

在将上述应收账款的转让出售评估为高风险后，注册会计师应采取穿透性审计策略。

1.检查相关交易合同

通过检查交易合同，明确各方在交易中的权利和义务，进一步分析交易实质。

2.函证相关交易对象

函证广东新宇、广州亚利、广州华力、广州鑫德4家公司，确认6 319万元应收账款权利和义务是否发生转移；函证粤盛资产，确认5 500万元理财产品的性质、收益；函证刘某，确认刘某对该应收账款的转让出售交易动机。

3.追踪相关交易资金流向

本案例中，风华高科购买粤盛资产的理财产品所需资金来自宁夏顺亿，注册会计师应询问交易各方，对交易资金流向进行确认，进而明确交易的实质。

三、案例总结和思考

审计风险是证券市场审计中的重要问题，审计风险的控制既是保证审计质量的前提，也是审计人员保护自身的关键措施。随着经济全球化和科学技术的发展，金融产品创新层出不穷，上市公司利用金融产品进行资产管理已成为家常便饭。面对眼花缭乱的金融创新，注册会计师如何完善对传统资产审计的流程、把控金融产品的审计风险已成为证券市场审计迫切需要解决的问题。

本案例是关于传统应收账款审计与衍生金融产品审计技术和方法之别的典型案例。一般情况下，注册会计师通过往来款函证、审核销售记录和银行流水等，不难判断往来款的真实性，并根据往来款的账龄计提坏账，注册会计师执行的是《中国注册会计师审计准则第1312号——函证》。但在风华高科案中，应收账款已从基本的金融资产演变成衍生金融工具，单纯采用函证等审计流程已不能规避审计风险，因此，注册会计师如何识别基础性金融资产（应收账款、预付账款等）演变成衍生金融工具的审计风险，并采用穿透性审计流程，是防范审计风险、提高审计质量、维护注册会计师权益和资本市场秩序的重要举措。

正常情况下，应收账款、预付账款是最容易变现的流动资产，上市公司持有这些资产直至变现收回现金是最符合经营目标的。但在应收账款、预付账款等对应企业出现严重财务困境的情况下，预计会产生大量坏账。上市公司为虚增营业收入和利润，可能伪造交易和应收账款、预付账款；为规避计提大量坏账，上市公司可能铤而走险，采用先将应收账款、预付账款虚假出售、转移（风险未完全转移），再通过外部资产管理公司、保理公司将应收账款、预付账款包装成理财产品、保理产品等衍生金融工具。

当出现下列情况时，注册会计师可将审计风险设置为高级别：第一，基础性金融资产出现变现困难，账龄较长，甚至长期（超过一年）未有现金流入；第二，上市公司将上述基础性金融资产进行出售、转移；第三，上述基础性金融资产进行出售、转移具有一定连续性，交易对象具有一致性。

注册会计师应该按照《中国注册会计师审计准则第1632号——衍生金融工具的审计》，将基础性金融资产进行出售、转移类交易审计风险设置为高级别，并采用穿透式审计方法，可采取以下应对策略：

1.了解上市公司衍生金融工具的内外部环境

基础性金融资产虚假演变成衍生金融工具时，具有交易链条长，经过金融、保险、证券、资产管理等不同行业的特征，容易形成监管真空，具有极强的隐蔽性。注册会计师可通过咨询专家，了解金融、保险、证券、资产管理等不同行业、部门的业务流程、监管措施。

2.追溯基础性金融资产虚假出售、转移的过程

上市公司在将基础性金融资产虚假出售、转移后，会通过金融、保险公司进行包装，变成理财产品或保理产品，而理财产品或保理产品的资金最终又回到上市公司，出售或转移、理财产品或保理产品包装、资金回流形成一个闭环回路。

3.执行穿透性审计流程，“看清”基础性金融资产虚假出售、转移实质

注册会计师可通过行业专家、监管数据系统等对基础性金融资产虚假出售、转移进行穿透性审计，交易合同、交易对象、资金流向、关联方交易等可提供支撑证据。基础性金融资产虚假出售、转移的实质是通过演变成外部金融衍生工具，逃离审计视野，为虚增利润创造条件。

四、分析与讨论

1.利用虚增应收账款、预付账款等往来款达到虚增主营业务收入和利润的目的，是上市公司财务造假的“老套路”。注册会计师理应有较成熟的审计方法和流程，为何连立信、瑞华这些大会计师事务所也会连连受挫？

2.如何识别应收账款虚假演变成衍生金融工具？

3.如何识别基础性金融资产（应收账款、预付账款等）演变成衍生金融工具的审计风险？

4.注册会计师如何应对基础性金融资产（应收账款、预付账款等）演变成衍生金融工具的审计风险？

五、参考文献

［1］常健．论“穿透式”监管与我国金融监管的制度变革［J］．华中科技大学学报（社会科学版），2019（01）．

［2］龚俊丹．关联方应收账款保理业务审计的风险识别与评估研究［D］．成都：四川师范大学，2020．

［3］中国注册会计师协会．中国注册会计师执业准则（2017）［M］．北京：中国财政经济出版社，2017.

［4］中国注册会计师协会．中国注册会计师执业准则应用指南（2017）［M］．北京：中国财政经济出版社，2017.

案例说明书

一、本案例要解决的关键问题

1.掌握金融产品审计的基本方法和技术；

2.理解和掌握审计风险概念，识别审计风险，进行风险应对；

3.理解和掌握审计穿透概念，将审计方法和技术与审计风险有效结合。

二、案例讨论的准备工作

（一）理论背景

注册会计师审计的基本理论与实务知识。

（二）行业背景

风华高科于1996年在深圳证券交易所上市，是生产电子元器件、电子材料及电子专用设备等电子基础产品的高科技企业。该公司从1985年进入电子元器件的生产与制造领域后快速发展，已经成为全国重要的电子元器件生产供应商。电子元器件上下游商家众多，客户集中度较低，商家信誉度参差不齐，往来款极易形成坏账，这给风华高科的经营带来较高风险和较大不确定性。

（三）制度背景

《证券法》《中国注册会计师审计准则》《企业会计准则》。

三、教学组织方式

（一）问题清单及提问顺序

1.本案例中，风华高科如何将应收账款包装成金融产品？

2.应收账款和金融产品的审计目标、程序有何不同？

3.如何把握金融产品的审计风险？

4.如何理解金融产品审计穿透性？

（二）课时分配

1.课前完成案例阅读和初步思考：约4小时。

2.小组讨论并提交分析报告提纲：约3小时。

3.课堂小组代表发言，主题讨论：约2小时。

4.进行归纳总结：约0.5小时。

（三）讨论方式

本案例可以采用小组形式进行讨论。

（四）课堂讨论总结

课堂讨论总结的关键是：归纳、评价发言小组的主要观点；重申重点及亮点；提醒学生对关键问题或有争议的观点进行进一步思考和讨论；鼓励学生发散思维，对案例素材进行扩展研究和深入分析。

案例22　中天运审计山东胜通案例

案例正文

专业领域/方向

审计学

适用课程

审计理论与实务

编写目的

1.了解财务造假的危害和风险，增强财务管理和审计意识。

2.理解会计师事务所作为第三方审计机构的职责和义务，以及在财务造假事件中应该采取的措施和态度。

3.掌握我国对财务造假行为的法律规定和监管措施，维护资本市场的公平、透明和诚信。

知识点

债务融资、信息披露、主营业务收入、利润

关键词

中国证监会、中天运、胜通集团、行政处罚

案例摘要

本案例以山东胜通集团股份有限公司（以下简称胜通集团）和中天运为主要涉案主体，探讨了财务造假及审计失职的原因、过程和后果。胜通集团是一家主营钢帘线、化工、光学材料等产品的上市公司，2013—2017年，通过虚构账套、虚增收入和利润等方式实施财务造假，累计虚增主营业务收入615.40亿元，累计虚增利润总额119.11亿元。中天运是胜通集团的审计机构，未勤勉尽责地对胜通集团的财务报表进行审计，未发现其存在重大错报风险，出具了标准无保留意见的审计报告。本案例从两个角度分析了胜通集团和中天运的行为动机、行为方式和行为后果，以及它们在财务造假和审计失职中所面临的法律责任和市场惩罚。本案例旨在通过分析，提高学生对财务造假和审计失职的认识和警惕，增强学生对财务信息质量和审计质量的重视，培养学生对财务信息和审计报告的分析能力和批判性思维能力。

一、引言

财务造假是指企业为了达到某种目的，故意编制或披露不真实、不完整、不准确的财务信息，误导投资者、债权人、监管机构和社会公众，从而获取不正当利益的行为。财务造假不仅损害了企业的信誉和形象，也破坏了市场秩序和公平竞争，侵害了投资者和债权人的合法权益，危害了社会稳定和经济发展。审计是对企业财务信息进行独立、客观、公正的审查和评价的活动，是防范和发现财务造假的重要手段。审计机构和注册会计师应当勤勉尽责地履行审计职责，对企业财务报表发表真实、准确、完整的审计意见，保障财务信息质量，维护市场诚信。如果审计机构和注册会计师失职或舞弊，将面临法律责任和市场惩罚。本案例以胜通集团和中天运为主要涉案主体，介绍了它们在财务造假和审计失职中所采取的行为方式、所面临的法律责任和市场惩罚，以及它们在此过程中暴露出的问题和教训。胜通集团是一家主营钢帘线、化工、光学材料等产品的上市公司，2013—2017年，通过虚构账套、虚增收入和利润等方式实施财务造假，累计虚增主营业务收入615.40亿元，累计虚增利润总额119.11亿元。中天运是胜通集团的审计机构，未勤勉尽责地对胜通集团的财务报表进行审计，未发现其存在重大错报风险，出具了标准无保留意见的审计报告。中国证监会对胜通集团和中天运进行了立案调查，并依法作出了行政处罚决定。深圳证券交易所也对中天运采取了书面警示的监管措施。此外，胜通集团还因债务违约而陷入破产重整。

二、胜通集团的违法事实

根据《中国证监会行政处罚决定书（山东胜通集团股份有限公司、王秀生等6名责任主体）》（〔2021〕58号）披露的信息，胜通集团存在以下违法事实：

（一）胜通集团在交易所市场发行债券和在银行间债券市场发行债务融资工具情况以及信息披露情况

1.交易所市场

胜通集团在交易所市场发行了面向合格投资者公开发行的公司债券（以下简称小公募债）和非公开发行的公司债券（以下简称私募债）。

2016年5月至2017年8月，胜通集团在深圳证券交易所发行了“16胜通01”“16胜通03”和“17胜通01”共3期小公募债。上述小公募债的募集说明书披露了胜通集团2013年度、2014年度、2015年度、2016年度的财务数据。在上述小公募债存续期内，胜通集团披露了2016年年度报告和2017年年度报告。

2017年10月至2018年3月，胜通集团在上海证券交易所发行了“17鲁胜01”“18鲁胜01”和“18鲁胜02”共3期私募债。上述私募债的募集说明书披露了胜通集团2015年度和2016年度的财务数据。在上述私募债存续期内，胜通集团披露了2017年年度报告。

2.银行间债券市场

胜通集团在银行间债券市场公开发行（包括中期票据和短期融资券）和定向发行

（包括定向债务融资工具）债务融资工具。

2014年10月至2017年11月，胜通集团在银行间债券市场公开发行了“14胜通MTN001”“15胜通MTN001”“16胜通MTN001”“17胜通MTN001”“17胜通MTN002”“16胜通CP001”和“17胜通CP001”债务融资工具。上述公开发行的债务融资工具的募集说明书披露了胜通集团2013年度、2014年度、2015年度和2016年度的财务数据。在上述公开发行的债务融资工具存续期内，胜通集团披露了2013年年度报告、2014年年度报告、2015年年度报告、2016年年度报告和2017年年度报告。

2016年12月，胜通集团在银行间债券市场定向发行了“16胜通PPN001”债务融资工具。在该定向发行的债务融资工具存续期内，胜通集团披露了2015年年度报告。

“16胜通01”“16胜通03”“17胜通01”“17鲁胜01”“18鲁胜01”“18鲁胜02”的募集说明书（以下简称案涉公司债券募集说明书）中载明，该公司全体董事、监事、高级管理人员承诺募集说明书不存在虚假记载、误导性陈述或者重大遗漏，并对其真实性、准确性和完整性承担相应的法律责任，并附有签字页。“14胜通MTN001”“15胜通MTN001”“16胜通MTN001”“17胜通MTN001”“17胜通MTN002”“16胜通CP001”“17胜通CP001”的募集说明书（以下简称案涉银行间债券市场非金融企业债务融资工具募集说明书）中载明：“……本公司企业负责人和主管会计工作的负责人、会计机构负责人保证本募集说明书所述财务信息真实、准确、完整、及时。”在2013年年度报告、2014年年度报告、2015年年度报告、2016年年度报告和2017年年度报告所附的财务报表上，有王秀生、董本杰和李国茂分别作为法定代表人、主管会计工作的负责人和会计机构负责人的签字或人名章。

以上案涉公司债券募集说明书和案涉银行间债券市场非金融企业债务融资工具募集说明书以下统称为案涉募集说明书，2013年年度报告、2014年年度报告、2015年年度报告、2016年年度报告和2017年年度报告以下统称为案涉年度报告。

（二）胜通集团财务造假，导致上述信息披露文件存在虚假记载

1.通过制作虚假财务账套等方式虚增收入和利润

因融资需要，2013—2017年，在胜通集团时任董事长、法定代表人及实际控制人王秀生决策并组织下，胜通集团以山东胜通钢帘线有限公司（以下简称胜通钢帘线）、山东胜通化工有限公司（以下简称胜通化工，于2013年停产）和山东胜通光学材料科技有限公司（以下简称胜通光科）3家子公司为造假实体，通过复制真实账套后增加虚假记账凭证生成虚假账套及虚构购销业务等方式实施财务造假，胜通集团将虚假账套数据提供给审计机构。

（1）虚增主营业务收入情况。2013—2017年，胜通集团通过上述3家子公司虚增主营业务收入共计615.40亿元，各年度分别为86.53亿元、98.87亿元、142.53亿元、141.84亿元、145.62亿元，占当年对外披露营业收入的比例分别为59.44%、67.30%、71.41%、70.20%、68.50%。

（2）虚增利润情况。2013—2017年，由虚增主营业务收入扣除虚增主营业务成本、税金及附加，胜通集团虚增利润总额共计113.00亿元，各年度分别为16.54亿元、20.24亿元、20.67亿元、23.06亿元、32.49亿元，占当年对外披露利润总额的比例分别为

121.61%、138.39%、142.23%、117.64%、164.24%。

2.通过直接修改2016年度、2017年度经审计的合并会计报表的方式虚增利润

胜通集团在审计机构中天运（特殊普通合伙）出具2016年、2017年年度审计报告后，直接修改经审计的胜通集团合并会计报表，在修改后的财务报表上加盖虚假的中天运印章后将报表对外披露。通过这种方式，胜通集团2016年度虚减营业成本4.41亿元，导致虚增利润总额4.41亿元；2017年度虚减销售费用2.30亿元，虚增财务费用0.60亿元，共计虚减费用总额1.70亿元，导致虚增利润总额1.70亿元。

通过上述两种方式，胜通集团2013—2017年累计虚增主营业务收入615.40亿元，累计虚增利润总额119.11亿元；扣除虚增利润后，胜通集团各年利润状况为亏损。各年度虚增主营业务收入金额为86.53亿元、98.87亿元、142.53亿元、141.84亿元、145.62亿元，占当期对外披露收入的比例为59.44%、67.30%、71.41%、70.20%、68.50%；各年度虚增利润总额为16.54亿元、20.24亿元、20.67亿元、27.47亿元、34.19亿元，占当期对外披露利润的比例为121.61%、138.39%、142.23%、140.14%、172.83%。上述行为导致胜通集团案涉募集说明书和案涉年度报告存在虚假记载。

中国证监会认为，胜通集团披露的案涉公司债券募集说明书以及案涉公司债券存续期内披露的2016年年度报告、2017年年度报告存在虚假记载的行为，违反了2005年《证券法》第六十三条有关“发行人、上市公司依法披露的信息，必须真实、准确、完整，不得有虚假记载、误导性陈述或者重大遗漏”和《公司债券发行与交易管理办法》（中国证监会令第113号）第四条有关“发行人及其他信息披露义务人应当及时、公平地履行披露义务，所披露或者报送的信息必须真实、准确、完整，不得有虚假记载、误导性陈述或者重大遗漏”的规定。胜通集团披露的案涉银行间债券市场非金融企业债务融资工具募集说明书和案涉银行间债券市场非金融企业债务融资工具存续期内披露的2013年年度报告、2014年年度报告、2015年年度报告、2016年年度报告和2017年年度报告存在虚假记载的行为，违反了《银行间债券市场非金融企业债务融资工具管理办法》（中国人民银行令〔2008〕第1号）第七条“企业发行债务融资工具应在银行间债券市场披露信息。信息披露应遵循诚实信用原则，不得有虚假记载、误导性陈述或重大遗漏”的规定。根据相关规定，对胜通集团涉及银行间债券市场非金融企业债务融资工具的信息披露违法违规行为，依据2005年《证券法》第一百九十三条的规定进行认定和处罚。胜通集团的案涉行为构成2005年《证券法》第一百九十三条第一款所述“发行人、上市公司或者其他信息披露义务人未按照规定披露信息，或者所披露的信息有虚假记载、误导性陈述或者重大遗漏”的行为。

三、中天运的违法事实

根据《中国证监会行政处罚决定书（中天运会计师事务所、杨锡刚、张友富）》（〔2021〕91号）披露的信息，经查明，中天运的违法事实如下：

（一）中天运出具的胜通集团2013—2017年年度审计报告存在虚假记载

经中国证监会另案查明，2013—2017年，胜通集团以胜通钢帘线、胜通化工、胜通光科3家子公司为造假实体，通过复制真实账套后增加虚假记账凭证生成虚假账套、

虚构购销业务等方式实施财务造假，虚增主营业务收入共计615.40亿元；由虚增主营业务收入扣除虚增主营业务成本、税金及附加，胜通集团虚增利润总额为113.00亿元。胜通集团将虚假账套数据提供给审计机构。

此外，胜通集团在审计机构中天运出具2016年度、2017年度审计报告后，直接修改经审计的胜通集团合并会计报表，在修改后的财务报表上加盖虚假的中天运印章后将报表对外披露。通过这种方式，胜通集团2016年度虚增利润总额4.41亿元，2017年度虚增利润总额1.70亿元。

通过上述方式，胜通集团2013—2017年累计虚增主营业务收入615.40亿元，累计虚增利润总额119.11亿元。扣除虚增利润后，胜通集团各年利润状况为亏损。上述行为导致胜通集团案涉年度报告存在虚假记载。

中天运作为胜通集团2013—2017年年度财务报表的审计机构，均出具了标准无保留意见的审计报告，每年收费115万元，合计收费575万元，签字注册会计师为杨锡刚、张友富。

（二）中天运在对胜通集团2013—2017年年度财务报表审计时未勤勉尽责

1.在识别、评估重大错报风险因素方面存在缺陷

（1）胜通化工为胜通集团重要组成部分，中天运未按照审计程序实地察看被审计单位主要生产经营场所，未发现胜通化工实际上已处于停产状态。

胜通化工构成胜通集团合并报表重要组成部分。在2013—2017年审计期间，中天运未执行“实地察看被审计单位主要生产经营场所”的审计程序，未能发现胜通化工处于停产状态，进而未发现胜通化工虚构销售和采购的事实。中天运上述行为无法实现风险评估的审计目的，不符合《中国注册会计师审计准则第1211号——通过了解被审计单位及其环境识别和评估重大错报风险》第九条、《中国注册会计师审计准则第1301号——审计证据》第十条的规定。

（2）未对前五大供应商集中且同时为客户的异常情况保持职业怀疑并有效实施进一步审计程序。

胜通钢帘线2013—2017年前五大供应商集中且与胜通化工前五大供应商存在重合，均有东营市汇通国际贸易有限公司（以下简称汇通贸易）、上海翌丰商贸有限公司（以下简称上海翌丰）、青岛邦瑞奇商贸有限公司（以下简称青岛邦瑞奇）。供应商中汇通贸易、上海翌丰在2015—2017年同时为胜通钢帘线的客户且发生额较大，3个年度以汇通贸易为客户共发生主营业务收入20.46亿元、以上海翌丰为客户共发生主营业务收入21.96亿元。

依据上述3家公司与胜通钢帘线、胜通化工的业务往来规模，在审计过程中，中天运应当获取上述3家公司的工商信息却未获取，并将有关函证交由被审计对象发送，其实施的审计程序不足以对3家公司与胜通集团之间的交易不存在重大错报风险予以合理保证。

作为胜通集团的全资子公司，汇通贸易、上海翌丰、青岛邦瑞奇均存在工商信息异常情况。汇通贸易的法定代表人为胜通钢帘线会计人员胡某泉，青岛邦瑞奇法定代表人在2018年4月以前为胜通光科总经理周某阳，上海翌丰法定代表人为胜通集团办公室主

任王某芝。鉴于胡某泉是胜通钢帘线的会计人员，项目组在审计时与胡某泉接触较多且相互认识，中天运应当对汇通贸易的法定代表人为胡某泉的事项保持职业怀疑并实施进一步审计程序。综上，中天运未对汇通贸易等3家公司存在重大错报风险保持职业怀疑，未有效实施进一步审计程序，未能发现汇通贸易为胜通集团子公司以及胜通集团利用上述3家公司虚构销售和采购业务的事实。

中天运上述行为不符合《中国注册会计师审计准则第1101号——注册会计师的总体目标和审计工作的基本要求》第二十八条、《中国注册会计师审计准则第1141号——财务报表审计中与舞弊相关的责任》第二十三条的规定。

2.内部控制审计程序存在缺陷

中天运对胜通集团2013—2017年的审计工作只在胜通集团层面进行控制测试，没有在胜通集团各子公司实施控制测试，未在了解被审计单位及其环境、内部控制审计程序中获取胜通钢帘线、胜通光科的ERP系统数据，没有对ERP系统实施内部控制审计程序，未获取充分、适当的审计证据。

胜通钢帘线、胜通光科的ERP系统数据均可反映两家公司的实际业务情况。通过获取胜通钢帘线、胜通光科的ERP系统数据，可以发现胜通钢帘线、胜通光科存在虚假采购、销售业务的事实。

中天运在审计过程中未了解与财务报告相关的信息系统（包括相关业务流程），未进行重大业务内部控制测试，在控制测试环节的结论为“控制有效，可适当简化实质性测试”，选择了对控制有效性的高度信赖，该评价没有充分、适当的审计证据支持，不符合《中国注册会计师审计准则第1211号——通过了解被审计单位及其环境识别和评估重大错报风险》第二十一条，《中国注册会计师审计准则第1231号——针对评估的重大错报风险采取的应对措施》第八条、第九条的规定。

3.实质性审计程序存在缺陷

（1）应收账款审计程序存在缺陷。

中天运在对胜通钢帘线、胜通化工、胜通光科应收账款进行审计时，对销售客户期末应收账款余额进行了函证。中天运在2013—2017年应收账款函证程序的设计和实施中存在以下缺陷：

第一，函证设计存在缺陷。仅函证当期余额，未按照计划实施审计程序选择主要客户函证当期销售额。

第二，未对函证实施过程保持控制。审计工作底稿显示，寄发的应收账款询证函均交由胜通集团的工作人员代为发出，审计人员除在填写现场函证工作记录中向企业获取个别被询证单位地址外，在其他审计过程中都没有取得被函证单位的地址，没有形成过函证地址或核对函证地址的审计工作底稿，没有填写过发函快递单。审计人员将询证函交给胜通集团的工作人员后到函证发出的整个过程，都没有参与和监督胜通集团人员发函的过程，也没有向被函证单位以电话或其他形式问询或催收过函证（胜通集团随后安排将虚假回函交给中天运）。审计工作底稿中涉及的现场函证均不属实。中天运将应收账款函证交由胜通集团代为发出的行为，导致其未能发现应收账款期末余额与客户账面余额不符的异常情况，进而未能发现胜通集团利用下属3家子公司虚构销售的事实。

第三，未对取得的回函进行评价，无法保证回函的可靠性。审计工作底稿显示，部分回函由胜通集团人员提供，部分回函附有邮寄至中天运的快递单，但由于审计人员未直接发出函证，无法保证回函来源于被询证者或经其授权，同时未关注到询证函回函客户印章存在明显异常。

中天运在应收账款实质性程序中，未对函证保持控制，未对回函异常情况保持职业怀疑，实施函证程序的结果无法对应收账款和营业收入提供可靠的审计证据，违反了《中国注册会计师审计准则第1101号——注册会计师的总体目标和审计工作的基本要求》第二十八条，《中国注册会计师审计准则第1301号——审计证据》第十条，《中国注册会计师审计准则第1312号——函证》第十四条、第二十三条的规定。

（2）营业收入实质性程序未保持职业怀疑。

①未对纳税申报资料异常情况保持职业怀疑。

中天运取得的2013—2015年胜通钢帘线的增值税纳税申报表、企业所得税纳税申报表为胜通集团伪造的纳税申报表。

2013年，中天运取得的胜通钢帘线相关增值税纳税申报表存在以下异常：第一，注册会计师取得2013年2月、4月、6月、9月的增值税纳税申报表的税务机关接收日期分别为2013年3月17日、2013年5月12日、2013年7月14日、2013年10月13日，上述日期皆为周日；2013年11月的增值税纳税申报表接收日期为2013年12月14日，该日期为周六。第二，相关纳税申报表的接收人员签字、接收日期、税务机关的盖章都未在指定位置。针对胜通钢帘线2013年的企业所得税审计中，未见中天运取得税务部门出具的汇算清缴报告或者税务代理机构出具的纳税鉴证报告。中天运取得的年度企业所得税纳税申报表存在以下异常：第一，企业所得税年度纳税申报表（A类）相关金额只有审核数没有申报数，相关签名、盖章部分没有“主管税务机关受理专用章”“受理人”“受理日期”相关栏目。第二，企业所得税纳税申报表无主管税务机关接收的相关填写内容，税务机关却有盖章。

2014年，中天运取得的相关增值税纳税申报表存在以下异常：第一，增值税纳税申报表的主管税务机关接收人、接收日期均未签字或者签章。第二，胜通钢帘线提供的2014年6—12月的增值税纳税申报表的接收机关的印章与之前的印章有明显的区别，未见注册会计师就该变化对企业进行询问。针对胜通钢帘线2014年的企业所得税审计中，未见中天运取得税务部门出具的汇算清缴报告或者税务代理机构出具的纳税鉴证报告。中天运取得的年度企业所得税纳税申报表存在以下异常：第一，企业所得税年度纳税申报表（A类）相关金额只有审核数没有申报数，相关签名、盖章部分没有“主管税务机关受理专用章”“受理人”“受理日期”相关栏目。第二，企业所得税纳税申报表无主管税务机关接收的相关栏目，却有税务机关盖章、签字。

2015年开始该公司采用网上申报，但是中天运取得的胜通钢帘线相关增值税纳税申报表存在“档次”一列的行宽被人为压缩的情况。另外，在网上申报的情况下，未见注册会计师将该公司提供的资料与该公司报税系统数据进行比对的审计过程。在网上申报的情况下，中天运取得了胜通钢帘线、胜通化工2015年企业所得税纳税申报表，未见注册会计师将该公司提供的资料与该公司报税系统数据进行比对的审计过程，未见注册会计师取得企业的纳税申报鉴证报告。

中天运在获取相关资料时未能保持应有的职业怀疑，未能发现该公司向其提供的纳税申报表存在异常情况，违反了《中国注册会计师审计准则第1101号——注册会计师的总体目标和审计工作的基本要求》第二十八条，《中国注册会计师审计准则第1141号——财务报表审计中与舞弊相关的责任》第十四条，《中国注册会计师审计准则第1301号——审计证据》第十条、第十一条的规定。

②未获取产能资料并执行产能分析程序。

中天运在2013—2017年的审计过程中，均未获取胜通钢帘线及胜通光科的产能相关资料，也未对产能利用率与产成品入库当期增加数量进行分析，导致其未能发现两家公司产能利用率大幅超过其实际最大产能的异常情况。

中天运未保持应有的职业怀疑，违反了《中国注册会计师审计准则第1101号——注册会计师的总体目标和审计工作的基本要求》第二十八条、《中国注册会计师审计准则第1301号——审计证据》第十条的规定。

③未对合同异常情况保持职业怀疑。

胜通化工账套中客户名称、胜通化工2014年度和2015年度主营业务收入实质性测试审计工作底稿中，山东赛托生物科技股份有限公司（以下简称赛托生物）合同中印章均为“菏泽塞托生物科技有限公司”，经查系“塞”字存在错误，名称应为“菏泽赛托生物科技有限公司”。

2010年1月19日至2014年10月16日，赛托生物曾用名为“菏泽赛托生物科技有限公司”，后更名为“山东赛托生物科技股份有限公司”，推定该公司印章同步进行更换。审计工作底稿中的客户印章存在明显异常。

中天运在审计过程中未能发现上述异常，未保持应有的职业怀疑，违反了《中国注册会计师审计准则第1101号——注册会计师的总体目标和审计工作的基本要求》第二十八条，《中国注册会计师审计准则第1141号——财务报表审计中与舞弊相关的责任》第十四条，《中国注册会计师审计准则第1301号——审计证据》第十条、第十一条的规定。

④未对发票异常情况保持职业怀疑。

在胜通钢帘线2013年审计工作底稿中，中天运抽取了胜通钢帘线对好友轮胎有限公司开具的增值税专用发票共19张，合计金额为16 581万元，远大于2013年胜通钢帘线对好友轮胎有限公司的真实销售收入632.85万元，且存在将销售发票的收票人地址“河南省焦作市”写成“河北省焦作市”的情况。经核实，上述发票及对应业务皆为虚构。

中天运在审计过程中对凭证附件的检查流于形式，未关注相关销售发票的异常情况并保持职业怀疑，违反了《中国注册会计师审计准则第1101号——注册会计师的总体目标和审计工作的基本要求》第二十八条，《中国注册会计师审计准则第1141号——财务报表审计中与舞弊相关的责任》第十四条，《中国注册会计师审计准则第1301号——审计证据》第十条、第十一条的规定。

⑤未对上市公司客户、可比公司的公开资料进行查询并未对异常情况保持职业

怀疑。

三角轮胎股份有限公司为胜通钢帘线2012—2015年前五大客户，其公开披露的2013年度、2014年度向胜通钢帘线采购数据与胜通钢帘线提供的对三角轮胎股份有限公司销售收入存在巨大差异。同时，中天运未对钢帘线销售均价远超过同行业排名第一的江苏兴达钢帘线股份有限公司的异常情况保持职业怀疑，未能实施进一步审计程序。

中天运未保持应有的职业怀疑，违反了《中国注册会计师审计准则第1101号——注册会计师的总体目标和审计工作的基本要求》第二十八条的规定。

（3）应付账款审计程序存在缺陷。

中天运在对胜通钢帘线应付账款进行审计时，对供应商期末应付账款余额进行的函证程序存在以下缺陷：第一，未对函证实施过程保持控制，将供应商汇通贸易、上海翌丰、青岛邦瑞奇、山东圣丰物资有限公司、潍坊特钢集团有限公司询证函交由胜通集团工作人员发出，具体过程与应收账款询证函代为发出情况一致（胜通集团随后安排将虚假回函交给中天运）。第二，未对取得的回函进行评价，无法保证回函的可靠性。审计工作底稿显示，部分回函由胜通集团人员提供，部分回函附有邮寄至中天运的快递单，但由于审计人员未直接发出函证，无法保证回函来源于被询证者或经其授权。中天运将应付账款函证交由胜通集团代为发出的行为，导致其未能发现应付账款期末余额与供应商账面余额不符的异常情况，进而未能发现胜通集团利用胜通钢帘线、胜通化工虚构采购业务的事实。

中天运在应付账款实质性程序中，未对函证保持控制，实施函证程序的结果无法对应付账款提供可靠的审计证据，违反了《中国注册会计师审计准则第1101号——注册会计师的总体目标和审计工作的基本要求》第二十八条，《中国注册会计师审计准则第1301号——审计证据》第十条，《中国注册会计师审计准则第1312号——函证》第十四条、第二十三条的规定。

上述违法事实，有相关审计报告、收费凭证及发票、相关审计工作底稿、财务报告、情况说明、当事人和相关人员询问笔录等证据证明。

中国证监会认为，中天运的上述行为违反了2005年《证券法》第一百七十三条的规定，构成2005年《证券法》第二百二十三条所述的“证券服务机构未勤勉尽责，所制作、出具的文件有虚假记载、误导性陈述或者重大遗漏”的行为。

四、案例总结和思考

这是一起涉及财务造假和审计失职的典型案例，它分析了胜通集团和中天运的行为动机、手段、后果和教训。本案例有以下几点启示：

（1）财务造假是一种严重的违法违规行为，不仅损害了企业的信誉和形象，也破坏了市场秩序和公平竞争，侵害了投资者和债权人的合法权益，危害了社会稳定和经济发展。胜通集团通过复制真实账套后增加虚假记账凭证生成虚假账套、虚构购销业务等方式实施财务造假，连续5年虚增主营业务收入615.40亿元，虚增利润总额119.11亿元。胜通集团还在审计机构出具审计报告后直接修改经审计的财务报表，在修改后的财务报表上加盖虚假的中天运印章后将报表对外披露。这种行为严重违反了《中华人民共和国会计法》《证券法》等法律法规，受到中国证监会的严厉处罚。企业应当遵守会计法律法规，真实、完整、准确地编制和披露财务信息，提高财务信息质量，防范财务风险。

（2）审计失职是一种严重的职业失责行为，不仅损害了审计机构和注册会计师的信誉和形象，也影响了审计鉴证功能的发挥，削弱了市场监管效力，助长了财务造假行为。中天运作为胜通集团2013—2017年财务报表的审计机构，均出具了标准无保留意见的审计报告，但在审计过程中，未勤勉尽责地履行审计职责，未对胜通集团存在的重大错报风险保持职业怀疑，未有效实施进一步审计程序。中天运在识别、评估重大错报风险因素方面存在缺陷，内部控制审计程序存在缺陷，实质性审计程序存在缺陷。这种行为严重违反了《中国注册会计师审计准则》等相关规定，受到了中国证监会的严厉处罚。财务造假和审计失职往往是相互关联的。胜通集团的财务造假得到了中天运的默许和掩盖，中天运的审计失职又为胜通集团的财务造假提供了便利和条件。这种情况不仅损害了双方的利益，也对市场造成了严重的负面影响。因此，需要加强对企业和审计机构的监管，提高违法违规的成本和风险，保障市场的公开、公平、公正。

（3）财务造假和审计失职也反映了企业和审计机构的道德缺失和价值取向偏差。胜通集团为了追求利润而不惜牺牲诚信和社会责任，中天运为了获取收入而不惜丧失专业性和独立性。这些行为不仅违背了会计和审计的本质和宗旨，也违背了社会主义核心价值观。因此，需要加强对企业和审计机构的教育和引导，培养其良好的职业道德和价值观，提升社会信用水平。

五、分析与讨论

1.胜通集团的财务造假手段有哪些？你认为胜通集团的财务造假动机是什么？

2.中天运在对胜通集团的财务报表进行审计的过程中，存在哪些审计程序的缺陷？你认为中天运的审计失职动机是什么？

3.根据《中国注册会计师审计准则》，审计机构和注册会计师应当如何识别和评估重大错报风险？应当如何设计和实施有效的内部控制审计程序和实质性审计程序？

4.根据《中国注册会计师审计准则》，审计机构和注册会计师应当如何保持职业怀疑和独立性？应当如何获取充分、适当的审计证据？应当如何对企业财务报表发表真实、准确、完整的审计意见？

5.根据《证券法》等相关法律法规，中国证监会对胜通集团和中天运采取了哪些行政处罚措施？你认为这些处罚措施是否合理和有效？为什么？

六、参考文献

［1］中国证券监督管理委员会．中国证监会行政处罚决定书（山东胜通集团股份有限公司、王秀生等6名责任主体）〔2021〕58号［R/OL］.（2021-07-30）［2022-12-31］. http：//www.csrc.gov.cn/csrc/c101928/c6aad6eef9c6248b4a3970577bd2c961e/content.shtml.

［2］中国证券监督管理委员会．中国证监会行政处罚决定书（中天运会计师事务所、杨锡刚、张友富）〔2021〕91号［R/OL］.（2021-11-04）［2022-12-31］. http：//www.csrc.gov.cn/csrc/c101928/c1560139/content.shtml.

[3] 中国注册会计师协会. 中国注册会计师执业准则（2017）[M]. 北京：中国财政经济出版社，2017.

[4] 中国注册会计师协会. 中国注册会计师执业准则应用指南（2017）[M]. 北京：中国财政经济出版社，2017.

案例说明书

一、本案例要解决的关键问题

1.了解上市公司财务造假的常见形式、动机和后果，注册会计师在审计中应当遵守的法律法规、职业道德和审计准则，以及违反规定可能导致的法律责任和职业风险；

2.理解两份行政处罚决定书涉及的财务造假问题，以及审计程序、审计证据、审计风险评估和应对、审计报告等方面的基本概念和原则；

3.在审计实务中运用审计知识和技能，识别财务造假的迹象和手段，收集和分析有效的审计证据，出具合规的审计报告。

二、案例讨论的准备工作

（一）理论背景

注册会计师审计的基本理论与实务知识。

（二）行业背景

本案例涉及的是钢帘线和化工业务。钢帘线是一种金属制品，主要用于轮胎、输送带、橡胶管等橡胶制品的骨架材料，具有高强度、高韧性、高耐磨性等特点。化工业务是指以石油、天然气、煤炭等为原料，通过化学反应或物理分离等方法，生产各种基础化学品、精细化学品、特种化学品等产品的工业活动。钢帘线和化工业务都属于传统产业，但也有一定的技术含量和创新空间。钢帘线和化工业务都是竞争激烈且受市场波动影响较大的行业。近年来，这些行业面临着需求下降、成本上升、利润压缩等困境。为了应对市场挑战，提升竞争力，一些企业选择通过创新产品、优化结构、降低成本等方式提高效益；而另一些企业则选择通过财务造假等不正当手段美化财务状况，欺骗投资者和债权人。这种行为不仅违反了会计法律法规，也损害了市场秩序和公平竞争，给投资者和债权人带来了巨大损失。胜通集团就是这样一家通过财务造假掩盖真实经营状况的企业，其财务造假行为持续了5年之久，虚增利润高达119亿元，涉及多个项目和账户，涉及多家中介机构和多名个人。其财务造假行为最终被中国证监会查实，并受到了严厉的行政处罚和民事诉讼。本案例分析了胜通集团的财务造假手段、动机和后果，以及中天运等中介机构的审计失职原因、影响和责任，以期对学习者有所启示和警示。

（三）制度背景

《证券法》《中国注册会计师审计准则》《企业会计准则》。

三、教学组织方式

（一）问题清单及提问顺序

1.胜通集团的财务造假手段有哪些？你认为胜通集团的财务造假动机是什么？

2.中天运在对胜通集团的财务报表进行审计的过程中，存在哪些审计程序的缺陷？你认为中天运的审计失职动机是什么？

3.根据《中国注册会计师审计准则》，审计机构和注册会计师应当如何识别和评估重大错报风险？应当如何设计和实施有效的内部控制审计程序和实质性审计程序？

4.根据《中国注册会计师审计准则》，审计机构和注册会计师应当如何保持职业怀疑和独立性？应当如何获取充分、适当的审计证据？应当如何对企业财务报表发表真实、准确、完整的审计意见？

5.根据《证券法》等相关法律法规，中国证监会对胜通集团和中天运采取了哪些行政处罚措施？你认为这些处罚措施是否合理和有效？为什么？

（二）课时分配

1.课前完成案例阅读和初步思考：约3小时。

2.小组讨论并提交分析报告提纲：约3小时。

3.课堂小组代表发言，主题讨论：约3小时。

4.进行归纳总结：约0.5小时。

（三）讨论方式

本案例可以采用小组形式进行讨论。

（四）课堂讨论总结

课堂讨论总结的关键是：归纳、评价发言小组的主要观点；重申重点及亮点；提醒学生对关键问题或有争议的观点进行进一步思考和讨论；鼓励学生发散思维，对案例素材进行扩展研究和深入分析。